集人文社科之思　刊专业学术之声

集 刊 名：数字经济与法治
主办单位：南开大学竞争法研究中心
　　　　　天津市市场监督管理委员会－南开大学"竞争治理技术科技创新实验室"

DIGITAL ECONOMY AND LAW (Vol.2)

编辑委员会

主　　任	王晓晔（中国社会科学院法学所）
	佟家栋（南开大学）

委　　员（姓氏笔画为序）

王先林（上海交通大学）	孟雁北（中国人民大学）
冯　果（武汉大学）	林　平（山东大学）
刘　刚（南开大学）	林秀芹（厦门大学）
刘大洪（中南财经政法大学）	陆小华（天津大学）
何　霞（中国信息通信研究院）	陈　兵（南开大学）
宋华琳（南开大学）	姚　羽（东北大学）
宋建宝（中国应用法学研究所）	赵　星（南开大学）
张　敏（西北工业大学）	高晋康（西南财经大学）
张占江（浙江大学）	咸丰东（北京师范大学）
张玉志（南开大学）	梁　正（清华大学）
张守文（北京大学）	盛　斌（南开大学）
时建中（中国政法大学）	黄　勇（对外经济贸易大学）
李　青（中国经济体制改革研究会）	谢登科（吉林大学）

编辑部

主　　任	陈兵
成　　员	程前　赵青　徐文　马贤茹　林思宇
	郭光坤　董思琰　傅小鸥　刘永集　林逸玲
本辑编辑	董思琰

2024年第1辑（总第2辑）

集刊序列号：PIJ-2022-472
中国集刊网：www.jikan.com.cn/数字经济与法治
集刊投约稿平台：www.iedol.cn

集刊全文数据库（www.jikan.com.cn）收录

数字经济与法治

DIGITAL ECONOMY AND LAW (Vol.2)

2024年第1辑（总第2辑）

主编 陈 兵

社会科学文献出版社
SOCIAL SCIENCES ACADEMIC PRESS (CHINA)

数字经济与法治

2024 年第 1 辑　总第 2 辑
2024 年 5 月出版

《反不正当竞争法》圆桌学术

封禁行为反不正当竞争规制立场的转向 …………………………… 张占江／3
《反不正当竞争法》恶意不兼容规范的适用要件 …………………… 杜　颖／12
"恶意不兼容"条款的解释维度 …………………………………… 刘　维／17

数据流通主题

数字中国建设背景下个人健康数据利他模式的构建
……………………………………………………… 张　艳　孔瑞晶／25
数据跨境流动中标准合同制度研究 ………………………… 董亚楠／49
刑事司法领域数据跨境流动规则的冲突与调和 ……… 姚秀文　王　燃／70

新兴领域法治专栏

《电子商务法》"15 日静默期"适用困境与勘正
……………………………………………………… 李超光　王　婷／99
我国校外教育培训机构的信用监管路径与优化 ……………… 张　雨／122
数字版权独家授权何以治理：缘起、困因与破局
……………………………………………………… 陈胜蓝　崔家龙／138

青年沙龙

电子商务中刷单炒信的演化、成因及平台规制 ……………… 林慰曾／161
非上市公司 ESG 体系构建必要性及实现进路 ………………… 曹　峥／175

1

会议综述

经济高质量发展需要经济法治创新
——2023年中国法学会经济法学研究会年会综述
.... 陈 兵 董思琰 / 191

Abstracts ………………………………………………………… / 211
约稿函 …………………………………………………………… / 218

《反不正当竞争法》圆桌学术

封禁行为反不正当竞争规制立场的转向

张占江[*]

摘 要：在强调互联互通的语境下，封禁行为几乎成了众矢之的。一时之间，似乎只要实施封禁，就会因为与互联网开放的特质相悖，而具有反不正当竞争法上的当然违法性（恶意不兼容）。事实上，这种认定逻辑显然是站不住脚的。开放是以保护自主经营为基础的。一味地强调平台开放，侵害了企业的营业自由，最终必将抑制平台企业的持续创新，导致互联网行业发展的停滞不前。尽管封禁行为的确可能存在一些负面效果，但它同样具有很多正面价值。只有在"扭曲竞争秩序而市场自身无法克服"的情形下，封禁才应被反不正当竞争法禁止。

关键词：封禁行为 恶意不兼容 反不正当竞争 互联网平台

一 作为正当商业行为的封禁

首先，需要明确何谓封禁。一般认为互联网平台通过采用各式技术手段限制其他平台链接、内容或相关标识等在自己平台上展示、传播，该限制行为可被称作封禁。[①] 其中"不予直链"式封禁所受到的关注比较多，引发的争议也更大。例如，存在一些互联网平台经营者限制向部分第三方平台开放"直链分享接口"的情况，以及用户在平台上无法直接打开第三方平台链接地址的情况。此时，用户可通过复制并粘贴第三方平台链接地址的方式进行分享，以及通过将链接地址复制到其他浏览器来打开网址。

---

[*] 张占江，浙江大学光华法学院教授。
[①] 殷继国：《互联网平台封禁行为的反垄断法规制》，《现代法学》2021年第4期。

应当承认，网络效应的本质属性和运行逻辑，要求互联网平台的经营者、用户、管理者正视并重视开放性这一平台经济的基本特性。提升互联网平台的开放性可以吸纳更多第三方开发者入驻平台，平台用户相应地可以获得更多收益，包括获得多维用户服务、收获更为丰富的用户体验。现今互联网发展的大趋势即是平台、用户、第三方之间愈发"互联互通"，互联网平台愈发倾向采用开放平台模式，对第三方开放提供接口，支持第三方为平台用户开发更多产品和应用。有报道显示，腾讯、阿里虽然彼此相互封闭系统多年，近期极有可能会陆续开放自有的平台供对方使用。①

然而，即便平台经济确实具有开放性这一基本特征，封禁行为存在的正当性不应受到否定。在面对不同的竞争环境时，不同主体都可能会自主做出封禁的商业决策。②就大平台而言，它们在更多的场景中，通常倾向选择不开放。对于大平台而言，选择开放意味着允许作为对手的互补商品或服务的接入，这在一定程度上等于亲手为自己培养竞争对手。如果大平台完全开放外部链接，不难想象外部竞争企业可能以极低的成本"搭便车"，直接竞争对手甚至可以借此机会"弯道超车"。贸然全面开放的行为对于平台的生存发展而言，无疑是巨大的挑战与威胁。③大平台需要考量网络效应，当然也需考量竞争效应。当大平台与外部商品或服务之间主要呈现竞争关系时，大平台自然很难做出允许开放的决策。而只有当网络效应更具主导地位时，大平台才有可能加大开放力度、减少封禁。与此同时，对于网络环境的新进入者以及小平台而言，与大平台进行互通直观上看似乎可以快速共享网络效应，共享大平台随附的流量效应和利益。但是网络环境的新进入者或小平台完全可以拒绝互通，以创设全新生态模式的形式直接参与互联网生态中的竞争。④

---

① 孔祥俊：《网络恶意不兼容的法律构造与规制逻辑——基于〈反不正当竞争法〉互联网专条的展开》，《现代法学》2021 年第 5 期。
② 周汉华：《互操作的意义及法律构造》，《中外法学》2023 年第 3 期。
③ 董建忠：《从"链接封禁"到"互联互通"：平台经济的商业逻辑与法治监管》，《商业经济研究》2022 年第 4 期。
④ Hiram Melendez-Juarbe, DRM Interoperability, *Boston University Journal of Science & Technology Law*, Vol. 15, No. 2, 2009, p. 209.

二 对封禁行为的责难

有观点认为应适用反不正当竞争法的"恶意不兼容"对封禁行为进行规制。理由主要集中在如下几个方面。

第一，限制互联网行业发展。持这种观点的人认为，互联网企业依托网络效应获得快速发展，平台经济在本质上就是一个互联互通的商业生态。受益于平台之间的互联互通，一平台的用户可以在不脱离单一平台的同时，浏览其他平台的信息。因此，加强平台间的互通一方面可以增加平台既有用户的黏性，另一方面，也可能对更多潜在用户形成吸引力，扩大自身的用户群体。而相互封禁则会限制上述正向网络效应的放大，[1]令用户不能自由地在平台间穿梭，降低了用户的体验感与互联网平台自身运作和完善的效率。

第二，加剧不平等竞争。一些论者认为，对于实施封禁行为的平台而言，封禁会不断维持并扩展其竞争优势，导致其市场份额日益增加。对于被封禁的平台而言，封禁行为会导致其难以获得更多用户流量，无法自由参与市场竞争。由此，显现出"强者愈强、弱者愈弱"的马太效应。中小平台最终不得不退出市场，不利于平台领域的多样化发展。[2]

第三，阻碍创新。一些观点认为，实施封禁短期上看似乎可以暂时稳固其资源优势，对于巩固其竞争优势有所助力。但是，长此以往互联网的竞争环境将会受到根本动摇，尤其大平台和"超级平台"将逐渐丧失外部竞争压力，进而逐渐丧失自主创新动力。[3]

第四，损害消费者的自主选择权。一些观点认为封禁行为将会损害消费者的自主选择权，给消费者增设不合理的负担。例如对网络平台用户的链接分享行为进行封禁，一方面，会阻碍消费者自主选择所需的产品或服务，使得消费体验更为繁复，提高消费者获取商品的成本。另一方面，在网上消费已成为主流消费形式的今天，采用封禁行为将迫使广

---

[1] 侯利阳、贺斯迈：《平台封禁行为的法律定性与解决路径》，《财经法学》2022年第3期。
[2] 刘继峰、张佳红：《平台封禁行为的竞争法分析》，《当代经济科学》2023年第1期。
[3] 张波、郭琴：《平台链接封禁行为的规制困境与制度因应》，《西南石油大学学报》（社会科学版）2023年第2期。

大消费者接受来自不同平台的限制，加剧平台和消费者之间的不对等地位。①

三 被忽略的封禁行为正当性

禁止封禁行为的理由很多情况下徒具表面上的合理性，实际上是片面或站不住脚的。平台经济的发展必须以企业的营业自由为基础。封禁很多时候就是自主商业决策。这种行为不是破坏竞争而是促进竞争，不是阻碍创新而是驱动创新，表面看似乎是削弱了消费者选择权，但其实是在深层次上维护了消费者的决策自由。

第一，体现企业的营业自由。竞争行为在很大程度上应当属于营业自由所保护的范畴。互联网平台是商业主体，有逐利需要，而现代互联网生态环境又极具竞争性。在此背景下采用相对封闭的经营模式、竞争策略，包括加强吸引流量、加强锁定用户注意力、强化锁定效应，既可反映出互联网平台充分实施了其应当享有的自主经营权，同时又可以体现出相应平台在准确适应现时商业环境、积极发挥自身优势并参与竞争。②对于平台经营者，不应赋予其向竞争对手开放自身平台的义务，经营者应当天然享有对自己建立的平台行使支配权的权利。③平台作为一个私主体，基于用户体验、运营安全，有权决定是否向第三方开放，有权制定开发者协议、外链管理规定等平台管理规范，有权对接入的第三方应用采取平台内管理措施等。这是一个平台企业面对复杂的技术、竞争环境，确保为用户提供更好的服务，建立自身竞争优势、获得更大发展的需要。在微博诉脉脉非法抓取使用微博用户信息不正当竞争纠纷案中，法院裁判认可网络平台对其 API 接入的控制权。法院认为，互联网平台应当享有选择权，其有权阻止他人使用其 API 接口、有权不开放其 API 接口。④

---

① 张佳红：《平台封禁行为下消费者利益的保护》，《中国流通经济》2023 年第 1 期。
② 刘乃梁、吕豪杰：《平台经济互联互通：规制源流、进路与中国方案》，《中国特色社会主义研究》2022 年第 4 期。
③ 薛军：《"头腾大战再起"，社交媒体平台有义务向竞争者开放吗？》，https://www.bjnews.com.cn/detail/161235027815631.html。
④ 参见北京微梦创科网络技术有限公司诉北京淘友天下技术有限公司、北京淘友天下科技发展有限公司案，北京市海淀区人民法院（2015）海民（知）初字第 12602 号民事判决书；北京知识产权法院（2016）京 73 民终 588 号民事判决书。

第二，促进竞争。大平台的封禁行为被指责为通过非市场化的手段获取或巩固了竞争优势，损害了竞争秩序，但这种认识显然只是一种过于悲观的忧虑。事实上，大平台采取封禁行为反而有可能积极促进竞争。具言之，平台封禁行为可以活跃市场竞争，刺激其他平台积极推出新产品、提供更为优质的服务，以期吸引并留存自身的用户。这无异于有益相关平台的创新发展，进而将助力整个行业的发展进步。[1] 此外，平台各自封禁、闭环经营的市场生态也可能带来消费者选择空间增多的附加效益。加强封禁将强化相关市场的"鲶鱼效应"，加强市场主体之间的活跃竞争。[2]

第三，驱动创新。对于实施封禁的平台而言，其地位的取得，一定是创新与竞争的结果。实施封禁可能是一种维护竞争优势、获取商业回报的行为。"一刀切"地禁止封禁行为、要求大平台间必须进行互通，无异于对成功抢占优势市场地位的平台实施"劫富济贫"。大平台"劳而无获"，对于其自身乃至全社会的创新积极性、投入热情和信心，恐怕会产生严重动摇。[3] 特别是，如果交易的相对人违反了平台的管理规则，而平台仍旧被"一刀切"地要求与之进行交易，在平台利益受损害、市场投资创新积极性受影响等多层面的负面效应都将更加明显。[4] 对于被封禁者而言，强制开放无疑会给其带来"搭便车"的契机，纵容其毫不费力地借助开放平台的资源和流量优势，推广自己的产品或服务。"不劳而获"很可能会抑制其创新的积极性。

第四，维护用户的决策自由与信息安全。正如有的学者所言，平台经营者采取适当措施对其平台内容进行管理，是正当的。适度的封禁行为可以协助用户避免做出非理性的决策，可以保障用户的信息安全。适度实施封禁行为可以反映平台经营者具有法律赋予其的平台管理者地位，并且在积极行使法律赋予管理者的权利。恰当的封禁行为是正当的商业行为，是对平台参与网络空间治理相关要求的合理回应，应当受到保护。[5] 这有助

---

[1] 刘继峰、张佳红：《平台封禁行为的竞争法分析》，《当代经济科学》2023年第1期。
[2] 陈兵、赵青：《反垄断法下互联网平台"封禁"行为适法性分析》，《兰州学刊》2021年第8期。
[3] 周汉华：《互操作的意义及法律构造》，《中外法学》2023年第3期。
[4] 袁波：《走出互联网领域反垄断法分析的七个误区——以"微信封禁飞书"事件为中心》，《竞争政策研究》2020年第1期。
[5] 刘继峰、张佳红：《平台封禁行为的竞争法分析》，《当代经济科学》2023年第1期。

于强化平台在非价格维度上的竞争。Facebook（脸书）曾遭遇的"剑桥分析事件"，即是源于其 API 接口对用户授权第三方访问脸书好友信息的行为未予限制。为此，Facebook 不但在声誉上遭受了极大质疑，还需付出高达 50 亿美元的巨额和解代价。①

四　对封禁行为的禁止只能是一种例外

通过上文分析，可以总结出无论互联网经营者是否选择实施封禁、限制互联互通，都是其经过成本收益比较、利害分析后做出的自主选择、自有选择。鉴于市场竞争充分具有逐利和优胜劣汰的"丛林法则"，互联网经营者对于是否实施封禁的选择也通常是理性的选择、合理的选择。对此，法律通常不应当也不必要进行过多干预，不必进行强制"一刀切"规范。② 换言之，互联网平台首先是私人产品，是否开放是平台的经营自主权，不是法定义务。③ 封禁行为原则上是被法律允许的，平台没有通过互操作帮助对手的义务。

互联网的开放性并不意味着可以普遍性地强制平台之间的互操作。普遍性地强制平台企业开放，将削弱企业投资、创新的激励。这样的开放无异于"杀鸡取卵"，其所产生的只是短期的价值，最终只能是制约数字经济的发展。正如对知识产权的保护，如果不创设一定条件下的知识独占，允许企业获得足够的创新回报，而直接要求其向社会贡献其智力成果，又有谁愿意承担创新风险，整个社会又谈何不断进步？

在 Itunes 案中，法院直截了当地指出，一家企业没有法律义务去帮助竞争对手，这包括了要保证产品的可互操作性、向竞争对手授权或共享信息等。④ 在 Facebook 案中，哥伦比亚特区联邦地区法院进一步强化了这一

---

① FTC, FTC Imposes ＄5 Billion Penalty and Sweeping New Privacy Restrictions on Facebook, https://www.ftc.gov/news-events/news/press-releases/2019/07/ftc-imposes-5-billion-penalty-sweeping-new-privacy-restrictions-facebook, last visited on June 6, 2023.
② 孔祥俊：《网络恶意不兼容的法律构造与规制逻辑——基于〈反不正当竞争法〉互联网专条的展开》，《现代法学》2021 年第 5 期。
③ 孔祥俊：《网络恶意不兼容的法律构造与规制逻辑——基于〈反不正当竞争法〉互联网专条的展开》，《现代法学》2021 年第 5 期。
④ Notice of Motion and Motion to Grant Judgment as A Matter of Law in Favor of Defendant Apple Inc. (No. C 05-00037 YGR).

立场。在该案中，美国联邦贸易委员会（FTC）及 46 个州指控 Facebook 将 API 接口提供给第三方开发商，允许其提供接入并使用 Facebook 自己的部分功能和数据，但同时拒绝向竞争对手开放 API 接口，并且禁止第三方利用 Facebook 的 API 接口去推广竞争对手的产品。与 FTC 的态度截然相反，哥伦比亚特区联邦地区法院认为，即便将 Facebook 认定为垄断者，它仍然应当享有参与市场竞争的权利，而不应当负担任何帮助竞争对手的义务。[1]

对于一个竞争行为的禁止需要以市场失灵为前提。反不正当竞争法对竞争的干预被限定于穷尽市场救济的情形。按照经济法学者的说法，它属于市场调节失效后的"二次调整"。[2] 如果企业面对封禁行为时，存在技术对抗的空间，具有可以绕开封禁的措施，则根本不需要干预。例如面对社交平台的封禁，视频服务商难道就没有任何技术上的应对可能？更何况，社交平台绝非视频服务推广的主要方式。具体而言，面对微信、QQ 的相关封禁行为，抖音等视频平台服务仍保持快速、稳步发展，尤其抖音更是长期稳居行业领先地位，进一步证明社交平台显然不是视频平台推广的主要渠道。法律保护的是一种有弹性的竞争，以生死存亡为界。基于特定竞争者的损害，就认定行为的不正当竞争性，很可能导致对竞争的破坏，实际效果是"以反不正当竞争之名制造不正当竞争"。

反不正当竞争法对弱势的被封禁方的保护是有限度的，绝不是"谁弱谁有理"。法律所要确保的是企业凭"真本事"在竞争中胜出，禁止企业不当利用他人市场成果为自己谋取商业机会，获得竞争优势。企业在竞争中对他人在先商业成果的使用，一定要存在对社会有意义的价值增量；毫无意义的"搭便车"只能是一种投机或盗窃，不可能受法律保护。在这一意义上，当一个内容服务商提供的视频服务相对于其他企业毫无优势，有什么理由强制要求社交平台对其开放、推广其服务？

没有创造性劳动（或取得创造性成果）即无法利用别人商业成果（或要求别人开放商业模式），这一理念在淘宝诉美景大数据产品不正当竞争纠纷案中得到了清晰体现。法院在该案中认定，"开发者对合法采集的网络用户数据信息和网络原始数据信息，进行深度分析处理整合加工而形成

---

[1] Federal Trade Commission v. Facebook, Inc., 560 F. Supp. 3d 1, 22 (D.D.C., 2021).
[2] 刘大洪、段宏磊：《谦抑性视野中经济法理论体系的重构》，《法商研究》2014 年第 6 期。

的可为经营者实际控制和使用，并带来相应经济利益的大数据产品享有合法权益。其他经营者未付出创造性劳动，直接利用他人开发的大数据产品盈利的，既违反诚实信用原则及公认的商业道德，又损害了产品开发者的合法权益，同时也扰乱了相关行业市场竞争秩序。因此，上述经营者未付出创造性劳动，直接利用他人大数据产品盈利的行为构成不正当竞争，须承担相应的民事责任"。①

不是任何消费者利益受损都可以作为不当竞争认定的理由。消费者利益作为不正当竞争认定的独立考量因素具有独特的判断逻辑。例如，通过对比反不正当竞争法和消费者权益保护法可见，前者旨在经由维护公平竞争秩序，从整体上实现消费者福利的最大化。而后者侧重于直接赋予具体消费者明确、特定的保护。② 只要消费者理性决策机制不被破坏，反不正当竞争法就没有介入的正当性。越过竞争机制直接讨论消费者具体权益，模糊了反不正当竞争法与消费者权益保护法的界限。

虽然封禁行为降低了操作便利性（增加了跨平台的操作成本），但促进了平台间的竞争，消费者仍然可以从平台间的竞争中获益。具体而言，用户将更有可能享有"多平台接入"（multi-homing）的选择权，即可以通过下载多个应用程序，接入多个服务平台，进而获得多样化的服务。这可以消除限制互通操作的潜在负面影响。恰如有学者指出，双边的多平台接入程度，是形成平台竞争强度的重要因素。如果其他限制条件均相同，当双边用户都有更多的多平台可供选择接入时，互为竞争对手的平台之间自然会展开更为积极的竞争，进而将降低市场的整体价格水平。③ 这于消费者而言无疑是有益的。

经营者基于竞争自由立场而拒绝与竞争对手接入具有很大的正当性。例如，微信、抖音之间存在竞争关系。微信若选择拒绝抖音短视频的链接接入，其考量的因素可能包括微信的自主经营权、微信平台生态纯净性、安全性、微信和抖音之间存在竞争关系等。

---

① 参见浙江省高级人民法院（2019）浙民申1209号民事裁定书。
② 孟雁北：《论反不正当竞争立法对经营自主权行使的限制——以〈反不正当竞争法（修订草案送审稿）〉为研究样本》，《中国政法大学学报》2017年第2期。
③ Erik Hovenkamp, Platform Antitrust, *Journal of Corporation Law*, Vol. 44, No. 4, 2019, p. 727.

结 论

总之,"一刀切"式地将封禁行为定位为恶意不兼容等不正当竞争行为,会侵害平台企业的自主经营权和营业自由。平台企业应当有权自主决定是否采取封禁,抑或允许互操作,以及具体与哪些主体进行互操作。只有在极少数的特定情况下,例如在反垄断法的具体语境下,法律才会对具体平台赋予强制性要求。现阶段,我国互联网应用层面的市场竞争极为激烈,互联网平台的底层创新还需更为丰富,互联网行业发展应避免呈现过度同质化的倾向。① 在这种情况下,从更广泛的视野看待封禁,推进平台间的竞争更具实践价值。"一刀切"式地否定封禁、对互联网平台强制施加互操作义务,恐怕难以避免产生"鼓励搭便车"和"鞭打快牛"等负面影响。② 正像已有学者指出,一律禁止所谓不开放而不对善良行为人的正常市场竞争行为和特定经营者故意实施的不正当竞争行为加以区分,将不利于互联网行业的发展。③

---

① 孔祥俊:《网络恶意不兼容的法律构造与规制逻辑——基于〈反不正当竞争法〉互联网专条的展开》,《现代法学》2021年第5期。
② 周汉华:《互操作的意义及法律构造》,《中外法学》2023年第3期。
③ 赵霞:《请求权竞合视域下电子商务平台"二选一"行为的三元规制路径及其完善》,《法律适用》2021年第10期。

《反不正当竞争法》恶意不兼容规范的适用要件

杜 颖[*]

摘 要：《反不正当竞争法》第 12 条第 2 款第 3 项的规定是"恶意不兼容"规范，即"恶意对其他经营者合法提供的网络产品或者服务实施不兼容"，与前两项规范一样，该规范所针对的行为也属于"经营者利用技术手段，通过影响用户选择或者其他方式，实施妨碍、破坏其他经营者合法提供的网络产品或者服务正常运行"的行为，但与前两项规定相比，该项"恶意不兼容"的规定表述上不够具体，在适用上也引发了争议。本文聚焦"恶意"和"不兼容"两个要件，做简单分析。

关键词：恶意 不兼容行为 《反不正当竞争法》 互联网平台

一 两个要件之间的关系

"恶意不兼容"要件中"不兼容"是客观要件，体现为行为特征；"恶意"是主观要件，体现为主观评价。判断"恶意不兼容"需要主客观相结合，"不兼容"本身并不一定违反第 12 条第 2 款第 3 项的规定，只有"恶意"状态下实施的"不兼容"行为才是这一项所规制的不正当竞争行为。

二 "不兼容"要件

兼容性本身是一个信息技术领域的概念，是指硬、软件之间或者硬软

---

[*] 杜颖，中央财经大学法学院教授。

件组合的系统能够稳定协调地工作。早期兼容性的探讨主要关注软件的兼容，是衡量软件性能的指标，软件的兼容性检验通过软件兼容性测试实现，测试软件在特定的软硬件系统上和不同的应用软件之间能否协调工作。① 2017年《反不正当竞争法》修改时引入了互联网条款，关于"不兼容"概念的探讨超越了纯粹的信息技术层面的理解，开始适用于互联网竞争场域。有专家将互联网环境下与不兼容问题相关的竞争现象归纳为五种典型场景，这些场景不仅体现了互联网产品设计上的相互限制，也反映了互联网竞争市场结构与商业模式之间的复杂关系：1. 产品与直接替代产品之间的不兼容。例如杀毒软件，它们之间不可避免地会发生冲突，用户选择其中一个，则另一个品牌的产品可能就会被视为潜在威胁，这种情况下就造成"相互查杀"。2. 产品与平台之间的不兼容。以餐饮业为例，许多商家由于各种原因无法入驻外卖平台，但又需要外卖服务来增加客流和销量。这就导致了一系列的经营难题，比如如何在多个平台上展示自己的服务，以及如何保证订单的有效处理等。3. 产品与数据之间的不兼容。随着数据成为新的竞争焦点，依靠数据分析的企业就想要获取其他经营者的数据。例如，部分经营者掌握数据资源，但经营者之间因为竞争并不共享这些数据，数据流通遭到阻碍。4. 产品与具有关联关系的其他产品之间的不兼容。例如，视频播放软件通常只支持特定格式或分辨率的视频资源，而那些依赖于网络直播平台的视频内容则受限于各自的技术标准，使得内容提供者难以在不同平台之间自由切换。5. 用户供应平台之间的不兼容。这种场景可以概括为不同的运营模式和服务理念之间的对立。部分平台以用户的互动体验为核心，通过打造具有自身特质的产品，从而拥有核心竞争力，吸引用户。因此，这部分平台就会拒绝与其他经营者分享用户数据和渠道资源。② 由此可见，对兼容性问题的关注已经从主要技术限制层面向通过技术限制审视平台是否允许其他网络产品或服务接入的商业竞争策略转移，所谓的"互联互通"问题也经常被放置于"恶意不兼容"的框架下讨论。这可能引发的问题是：对于"恶意不兼容"认定范围过广，如果适用不当会导致良性的市场竞争遭到影响，并且过度加重平台责任，违背保

---

① 赵勇、张智强、严俊等：《软件兼容性测试的故障定位分析》，《计算机科学与探索》2013年第5期。
② 陶钧、韩乔亚：《试论"恶意不兼容"条款的司法适用及规制路径》，《交大法学》2021年第3期。

护自由竞争的立法初衷。

需要强调的是，兼容并不能直接与互联互通画等号，不兼容也不应被认定为违反互联互通原则。以上述第五种应用场景为例，拒绝开放端口行为如果要在"恶意不兼容"条款下进行评价，首先需要解决拒绝开放端口主体的主观恶意条件，即是否满足下述"恶意"要件，只有恶意不开放的行为才可能违反互联网互联互通的原则。平台为了在市场上能够获取核心竞争力，有些时候会倾向于内部封闭生态，如果没有共赢的驱动，大部分平台还是不愿向其他经营者的产品和服务开放。同时，考虑到外部平台的产品或服务与平台自主经营的产品或服务范围相似，对平台自主经营的产品或服务构成较大威胁，所以平台不开放的倾向较为明显。对于企业的不开放，法律应当审慎介入，不能将开放、包容作为判断行为正当性的标准，只有当不开放的损害足够大且具有恶意时，法律才应当对不开放行为在"恶意不兼容"项下进行规制。当然，拒绝开放端口也是一把双刃剑，封闭生态、自成一市有其固有的局限性，这也是平台在决定是否开放、以及如何开放时要考量的商业因素。

三 "恶意"要件

"恶意不兼容"规范中的"恶意"在主观恶性方面与故意不同，也不可能是"过失"或者"过错"。经营者无意的不兼容行为应该由市场自我调节，不属于该规范调整的范畴。同时，即使经营者的不兼容行为存在故意，法律也不需要介入，只有经营者的不兼容行为被认定为恶意时才有可能受到法律的否定评价。因此，对"恶意"的界定不能仅局限于表面的认知判断，应探究其背后所蕴含的深层次心理因素。这种认定不仅是基于行为人所展现出的表象行为，而且要通过多维度去分析和评估其内心的真实意图和动机。对于"恶意"的认定应当坚持更严格的标准，行为人在实施不兼容行为时要存在不正当竞争的意图，具有可谴责性。反不正当竞争法的核心目的不仅是维护特定个体或群体的私人利益，更深层次的是构建和维护具有公共利益属性的市场竞争秩序。当一行为被认定为构成不正当竞争时，国家有权介入并采取相应的措施进行干预，不正当竞争行为包含了破坏市场竞争秩序的意图，通过实施恶意手段来达到不正当的竞争目的。[1]

---

[1] 焦海涛：《互联网不兼容行为中"恶意"的解释与认定》，《法学家》2022年第4期。

将"恶意"作为违法行为的认定标准，增加了认定的难度，"恶意"属于主观要素，存在于经营者内心的心理活动，只能通过客观外在表现形式来推知其主观状态。在判断经营者是否存有恶意时，要分析其行为背后的动机。是否是出于对竞争对手的打压，或是追求不正当利益的最大化。同时，还需判断其行为是否符合商业活动中最基本的诚信原则，以及是否遵循了商业道德的相关规范。只有当经营者的行为超越了这些标准时，才能认定其具有恶意。"恶意"针对"阻碍竞争者"的意图而言，不仅包括认识上的"知情"，而且包括意志上的"积极追求"。"阻碍"则指导致产品的消灭或受到实质性损害。市场竞争产生的损害，也即竞争性损害，是中性的，不具有是非色彩，竞争行为给其他竞争者造成损害是常态，损害本身通常不属于评价竞争行为正当性的倾向性要件，只有特定的损害才是判定不正当竞争的考量因素。① 如果竞争行为只是为产品或服务的供应增加了一种可能性，并未剥夺经营者在特定场景中展示其商品的机会，则其处于正常的竞争进程，最终由消费者自主决定是否选择该商品或服务，不需要法律的干预。

四　结语

除了上述"恶意""不兼容"要件，对"恶意不兼容"的认定还必须考虑"妨碍、破坏其他经营者合法提供的网络产品或者服务正常运行"的结果要件，当不满足"妨碍、破坏其他经营者合法提供的网络产品或者服务正常运行"的结果要件时，不应认定构成"恶意不兼容"。而且在判断行为是否属于恶意不兼容条款规范时也要做好竞争效果的测试，衡量判断结果对企业自主经营权和正常的竞争秩序的影响，考虑数据安全、互联网健康生态、消费者福利和社会总福祉等。市场监管总局《禁止网络不正当竞争行为规定（公开征求意见稿）》第 16 条将认定经营者是否恶意对其他经营者合法提供的网络产品或者服务实施不兼容的综合判断因素归纳为如下七个方面：不兼容行为的主观意图；不兼容行为实施的对象范围；不兼容行为实施对市场竞争秩序的影响；不兼容行为对其他经营者合法提供

---

① 孔祥俊：《网络恶意不兼容的法律构造与规制逻辑——基于反不正当竞争法互联网专条的展开》，《现代法学》2021 年第 5 期。

的网络产品或者服务正常运行的影响；不兼容行为对消费者合法权益以及社会福利的影响；不兼容行为是否符合诚信原则、商业道德、特定行业惯例、从业规范、自律公约等；不兼容行为是否具有正当理由。"恶意不兼容"的判断具有多方面的考量，是一个较为复杂的综合因素考虑，不能仅通过单一行为进行判断。互联互通原则也需要以恰当的方式进行法律界限的设定，不能无限制扩大化理解；[1] 应当给予经营平台是否兼容的适度选择权，虽然实现兼容有利于用户使用便捷化，但也面临数据安全等风险，平台有义务对实现兼容的外链进行审查、评估和监管，如果确实存在较大风险，可以通过不兼容来规避。如果完全放开外链，平台对于其他网络经营者可能带来的外部输入风险要有所管控。实现互联互通不能一蹴而就，应该分阶段、有步骤并在考虑好安全措施、监管措施、明晰相应责任的情况下实现。

---

[1] 王艳芳：《警惕以"互联互通"名义进行不正当竞争》，https://www.zhichanli.com/p/97348542。

"恶意不兼容"条款的解释维度

刘 维[*]

摘 要：《反不正当竞争法》第12条第2款第3项禁止"恶意对其他经营者合法提供的网络产品或者服务实施不兼容"（"恶意不兼容"），以"恶意"和"产品不兼容"为要素。本项规定的支撑性案例来自最高人民法院第78号指导案例"奇虎诉腾讯案"，最高人民法院在反垄断法的框架中得出涉案行为不违反《反垄断法》的结论。《反不正当竞争法》的立法者将这种行为规定为不正当竞争行为，学术上和实践中针对该条款的适用产生了很多疑惑，笔者认为可以结合目的解释、体系解释和反对解释等三个维度，确定本项的规范内涵。

关键词：恶意不兼容 《反不正当竞争法》 目的解释 体系解释

一 《反不正当竞争法》案例群的目的解释

"恶意不兼容"条款在《反不正当竞争法》中确立之前，我国监管部门已经尝试规范网络环境中的软件干扰现象。工信部在《规范互联网信息服务市场秩序若干规定》第5条第1款规定：互联网信息服务提供者不得恶意干扰用户终端上其他互联网信息服务提供者的服务，或者恶意干扰与互联网信息服务相关的软件等产品的下载、安装、运行和升级。[①] "不兼容"，与上述规定中的"干扰下载、安装、运行和升级"，在技术上存在重

---

[*] 刘维，上海交通大学凯原法学院副教授。
[①] 学术和实践中针对本条中"干扰"的含义，存在不同认识。可参见刘维《软件干扰的竞争法规制》，《法商研究》2018年第4期。

叠之处，在法律评价上应无实质差异。从比较法规定看，这些行为应可归入"恶意阻碍竞争者"的案例群。基于比较法中关于"恶意阻碍竞争者"案例群的解释，有助于理解"恶意不兼容"条款的规范意旨。

《德国反不正当竞争法》第4.4条明确规定了"恶意阻碍竞争者"的不正当竞争行为。[①] 德国法院认为，当被告的行为不是为了营利（promote business）而只是损害他人的竞争能力时，"恶意阻碍"才能成立[②]，《反不正当竞争法》需要确保竞争不受阻碍地展开的可能性以及因此而获得市场机会的可能性，《反不正当竞争法》所禁止的"阻碍"是干涉他人参与竞争进程的能力，如果他人能够采取替代性措施，如技术方法以减少或避免损害的产生，则被告的行为不属于《反不正当竞争法》中的"阻碍"。[③] 可以看出，经营者妨碍、损害或排挤竞争者的每种手段（网络环境中的干扰）并非总是构成阻碍竞争的手段，唯当一种竞争手段使竞争者的业绩在市场上不能或者完全不能发挥作用，由此使竞争者不能依其自由意志进行真正的业绩比较时，方存在法律意义上的阻碍。[④] 在德国法中，不正当阻碍的例子有联合抵制、出于排挤目的而有目的地低价倾销、破坏他人广告、不合法的知识产权侵权警告、抢注域名及为阻碍外国商标权人进入德国市场目的而恶意注册外国商标。[⑤]

"恶意阻碍竞争者"在反法中的违法性体现为，经营者通过阻止他人参与竞争的进程而获得竞争优势，这种行为违反了业绩竞争原理，扭曲了公平的竞争秩序。仅仅从技术手段的表现形态看，"恶意阻碍竞争者"似乎可以涵盖多种多样的干扰行为，但在法律评价上看，应当基于业绩竞争理论评价行为的不当性，侧重于对"恶意"和"阻碍"进行解释，避免宽泛地将竞争业态中常见的故意干扰行为认定为不正当。"恶意不兼容"条款的解释适用，应当同其理，通过目的限缩的方式实现技术用语的法律化。

[①] The Act Against Unfair Competition Section 4.4: Unfairness shall have occurred where a person deliberately obstructs competitors. 该法的英文版本，参见 www.wipo.int/wipolex/en/text.jsp?file_id=462506, 2018-3-19。

[②] Russell A. Miller, The Legal Fate Of Internet Ad-Blocking, 24 B. U. J. Sci. & Tech. L. 299, 338 (2018).

[③] Russell A. Miller, The Legal Fate Of Internet Ad-Blocking, 24 B. U. J. Sci. & Tech. L. 299, 341 (2018).

[④] 范长军：《德国反不正当竞争法研究》，法律出版社，2010，第118页。

[⑤] 范长军：《德国反不正当竞争法研究》，法律出版社，2010，第10页。

二 构成要素的体系解释

"恶意不兼容"条款被立法者规定在《反不正当竞争法》第 12 条第 2 款中，可以从该款的整体结构解释"恶意不兼容"的内涵。

本款在主观上要求行为人具有"恶意"。"恶意"是针对"不兼容"的意图而言，有疑问的是，"恶意"是否与"故意"具有同一含义？从《反不正当竞争法》的文本看，立法者在第 17 条关于惩罚性赔偿的规定中亦有"恶意实施侵犯商业秘密行为"的规定，该条中的"恶意"与第 12 条中的"恶意"是否具有相同含义？笔者认为，对以上两问均应持否定答案。商标与反不正当竞争法中的"恶意"存在多种内涵，应当依照具体条文和语境进行判断。在关于惩罚性赔偿的条文中，"恶意"与"故意"同义，最高人民法院在有关司法解释中对此已经明确，其理由在于，立法者没有必要在计算损害赔偿数额的情景中区分行为人的道德动机（恶意或故意），认识因素上的"明知或应知"与意志因素上的"积极追求"（"故意"的两因素）就足以触发对行为人实施惩罚性赔偿，损害赔偿责任的承担原则上只需要关注行为人是否具有主观过错。然而，在判断一种竞争行为是否具有不当性时，行为人所具有的不同类型的主观状态却很关键，是通过"过错"判断行为的违法性（过错吸收不法），道德动机的判断是行为不当性认定的重要方面，而且由于反不正当竞争法所保护的法益具有多样性，不同类型的不正当竞争行为具有不同程度的"过错"的要求，"不正当竞争行为的认定对过错的要求与反不正当竞争法保护法益的成熟程度成反比关系。"[①] 在"恶意不兼容"条款中，立法者所保护的法益是一种抽象的业绩竞争的利益，这种法益的成熟度相当低，因此特设了"恶意"要件的门槛限制，应当理解为这是该法中的一种最高程度的主观要求，超出了"故意"的内涵，侧重于对行为人竞争动机的考察。

以上关于"恶意"的论述，可以得到德国和美国一些法院的支持。在德国法中，根据个案中的具体情况，除阻碍竞争者的目的之外，再没有其他主观意图，则可认定"有目的"地阻碍存在。如果经营者出于促进自己

---

① 王文敏：《反不正当竞争法中过错的地位及适用》，《法律科学》（西北政法大学学报）2021 年第 2 期。

竞争的意图，即使他知道其行为会造成对竞争者的阻碍，也不构成不正当的阻碍。① 美国第三巡回上诉法院指出：Stanley 当初进入市场发起其激进的项目计划时，是基于竞争的动机；竞争本质上是无情的、无原则的、不可原谅的，是对社会的恩惠。② 美国加州上诉法院指出，恶意是指出于不正当动机而采取的行动或策略，如果法院认定一方的行为意图造成不必要的延误，或仅以骚扰对方为目的，则可成立不当动机，法院的调查无须进一步进行。③ 反之，当行为人具有竞争的动机时，即便竞争行为对他人造成损害，通常也不能认定为具有"恶意"。

在《反不正当竞争法》第 12 条第 2 款中，"不兼容"的表述首先是指"妨碍、破坏其他经营者合法提供的网络产品或者服务正常运行"，从而与第 2 款的前序规定相吻合；但其毕竟是一项特别规定，程度上不限于前序规定内容，理由在于"妨碍破坏网络产品或服务运行"的条件只是网络不正当竞争行为造成的一般损害，如第 12 条第 2 款第 1 项和第 2 项中的"插入链接、强制跳转""修改、关闭、卸载网络产品或服务"，就是"妨碍、破坏网络产品或服务运行"的具体体现。笔者认为，"不兼容"的程度应当高于第 1 项和第 2 项中的具体损害，它更关注竞争行为对竞争进程的阻碍，导致一种产品或服务无法向消费者展示，或者消费者无从判断这种产品或服务的价格、体验、质量等。如果一种竞争行为只是为产品或服务的供应增加了一种可能性，并未剥夺经营者在特定场景中展示其商品的机会，则其处于正常的竞争进程，最终仍然可以由消费者自主决定是否选择该商品或服务，不需要法律的干预。从第 12 条第 2 款前两项规定看，"不兼容"的条件应该被理解为一种严重的破坏妨碍产品或服务功能的行为，以至于该产品或服务无法正常地运行。网络平台对链接的封禁，应该不属于《反不正当竞争法》第 12 条第 2 款中的"不兼容"，被封禁链接的功能并未受到损害，消费者仍然可以在网络环境中接触到该链接，进而判断相关产品或服务的价格和质量。

三 企业自主经营的反对解释

经营者通过商品或服务的优质优价或经营活动的业绩展开竞争，业绩

---

① 范长军：《德国反不正当竞争法研究》，法律出版社，2010，第 165 页。
② Roton Barrier v. Staniley Works, 79 F. 3d 1112（1996）.
③ Gemini Aluminum Corp. v. California Custom Shapes, 95 Cal. App. 4th 1249.

竞争为经营者留下了充分的竞争自由和自主的经营空间。在一个自由竞争的市场中，竞争自由和自主经营是原则，是解释竞争法规则的基本理念。解释竞争法规则的一个基本方法是列出最有可能损害竞争或者对竞争损害最严重的行为，其余均交给自由竞争调整。比如，欧盟（如 UCPD 第 8 条）和德国的反不正当竞争条文中强调"显著"损害竞争、经营者利益或者消费者利益，就是为不正当竞争的认定设定最低门槛，暗示着谦抑解释竞争法规则的基本立场。只有当行为人有目的地阻碍了他人商品或营业的正常开展时，或者以其他明显不正当手段扰乱市场的信息传递机制时，才需要《反不正当竞争法》干预市场的竞争。基于这种理念，可以从反面分析企业经营自主权，在解释上析出对竞争损害最严重的行为，确定"恶意不兼容"的内涵。

我国法院在企业设置 Roberts 协议禁止特定企业抓取数据的不正当竞争案件中，曾经阐述了企业自主经营权与不正当竞争之间的关系。2021 年 10 月，北京高院对"今日头条"诉"微博"设置唯一黑名单限制字节跳动公司抓取相关网页内容不正当竞争案做出二审判决，认为微博是在行使企业自主经营权范畴内的正当行为，不构成不正当竞争。[①] 笔者认为，这里可以借鉴反垄断法中的必需设施理论加以分析，当网络平台构成必要设施时，封禁链接（导致链接无法直接分享或播放）是最有可能损害竞争的情形，此时的网络平台富有更高的开放性和容忍度，相应地行使经营自主权的范围更为狭窄，法律对网络平台的竞争行为应当施以更强的监管或干预。反之，当网络平台不构成必需设施时，应当坚持谦抑性解释立场，以自由竞争、经营自主或平台自治为底色，从而将封禁链接（导致无法直接分享或播放）行为排除在"恶意不兼容"条款之外。

《国务院反垄断委员会关于平台经济领域的反垄断指南》（2021 年 2 月 7 日印发）第 14 条第 2 款明确采纳了"必需设施"的表述：认定相关平台是否构成必需设施，一般需要综合考虑该平台占有数据情况、其他平台的可替代性、是否存在潜在可用平台、发展竞争性平台的可行性、交易相对人对该平台的依赖程度、开放平台对该平台经营者可能造成的影响等因素。[②] 可见，网络平台是否具有"可替代性"是判断其为必需设施的关键

---

① 北京高院（2021）京民终 281 号民事判决书。
② 殷继国：《互联网平台封禁行为的反垄断法规制》，《现代法学》2021 年第 4 期。

指标。在网络平台封禁链接的场景中，被封禁的链接不仅可以在自身平台上播放，也通常可以在其他可替代平台（竞争性平台）上播放，实施封禁的网络平台不构成必需设施，在此基础上，封禁链接的行为宜被认定为企业经营自主的行为。需要注意的是，从必需设施角度判断企业经营自主与恶意不兼容的边界时，已经蕴含了竞争行为对竞争自由的影响评价，超出了公平竞争的评价范畴。在解释上，应以"恶意""不兼容"的目的解释和体系解释为优先，只要满足这两种解释方法中的内涵，则可判定行为符合"恶意不兼容"；如果不满足前两种解释方法中的内涵，则可进一步依照必需设施理论进行判断。

数据流通主题

数字中国建设背景下个人健康数据利他模式的构建[*]

张 艳 孔瑞晶[**]

摘 要：个人健康数据利他是数字中国战略不可或缺的组成部分。在利他组织的助力下，数据利他能够构建信赖基础、打破数据垄断、创设多元同意机制，使可信、便捷、合规、规模化的数据共享成为可能。应搭建包含数据资源层、技术支持层、服务系统层和应用场景层的"四层次"数据利他平台，确定数据汇集、数据匹配与数据共享"三阶段"运行流程。数据利他法律关系包括数据主体和利他组织的数据公益信托法律关系与利他组织和数据用户的数据许可法律关系。为确保利他模式的有序运行，需在供给、管理、使用以及监管四个维度提供制度保障。具言之，通过数据转移权与激励机制增强数据主体的控制力并激发参与动力，搭建中立、透明、合规的利他平台以增进主体互信，严格规范访问行为以确保公益目的使用，构建全面的公共监管体系以加强合规监管。

关键词：健康数据　数据利他　数据利他组织　数据利他平台　数据公益共享

一　问题的提出

个人健康数据（以下简称"健康数据"）是能够反映个人生理与心理

---

[*] 基金项目：上海市 2022 年度"科技创新行动计划"软科学研究项目（22692111400）；上海社会科学院 2023 年度院重大系列课题。

[**] 张艳，上海社会科学院法学研究所副研究员；孔瑞晶，上海社会科学院法学研究所硕士研究生。

健康状态的个人数据，具体涵盖医院诊疗数据、健康档案数据、可穿戴物联网设备数据等多种类型。健康数据蕴含着极高的公益使用价值。一方面，对海量健康数据进行分析与价值挖掘可在科学研究、公共卫生等方面极大增进人类健康福祉，促进人类健康事业高质量发展；另一方面，将健康大数据用于机器学习可加快推动我国医学与生命科学领域创新，在提升国家竞争力的同时使全体人民共享数字红利，同时促进社会资源优化配置，实现数据资源效益提升。健康数据公益共享又被称为健康数据"利他"，指个人自愿、免费将其健康数据提供给包括科学界在内的其他主体进行公益目的使用。近年来各国愈发关注健康数据利他对人类健康利益的促进作用，不少国家已相继开展相关实践。据知名咨询公司麦肯锡统计，欧盟境内的健康数据利他每年将为欧洲节省至少1200亿欧元的财政支出。[1]

我国是世界第一人口大国，拥有世界上数量最多、价值最丰富的健康数据资源。但医疗机构与健康物联网公司等对健康数据的垄断性控制与《个人信息保护法》中僵化的单独同意规则使健康数据在利用价值链上障碍重重，数据孤岛比比皆是。针对健康数据如何平衡共享利益与知情同意规则的制度改进，当前的讨论可归纳为以下三种方案。一是将个人数据经过匿名加工变为非个人数据，豁免知情同意规则适用。[2] 二是对知情同意规则进行多元解释与灵活应用。[3] 三是动态同意，实现告知与知情动态化效果。[4]

前述方案虽有可取之处，但存在明显的负外部性。其一，匿名化的核心在于无法识别且无法复原，意味着数据使用效果减损进而损害数据价值。[5]

---

[1] McKinsey. Shaping the digtal transformation in Europe, p. 26, https://digital-strategy.ec.europa.eu/en/library/shaping-digital-transformation-europe.

[2] 李润生：《论个人医疗信息的匿名化处理制度——兼评〈个人信息保护法〉相关条款》，《交大法学》2022年第4期；高富平：《论医疗数据权利配置——医疗数据开放利用法律框架》，《现代法学》2020年第4期。

[3] 知情同意除解释为既告知又征询同意，亦可依据具体场景适用同意征询豁免或者仅给予同意与否的机会而不必正式取得个人同意。参见王立梅《健康医疗大数据的积极利用主义》，《浙江工商大学学报》2020年第3期。

[4] 田野：《大数据时代知情同意原则的困境与出路——以生物资料库的个人信息保护为例》，《法制与社会发展》2018年第6期。

[5] Paul Ohm, Broken Promises of Privacy：Responding to the Surprising Failure of Anonymization, *UCLA Law Review*, 2010, 57, p. 1071.

同时，匿名化数据仍然存在不可小觑的再识别风险，难以有效消解"剩余风险①。其二，知情同意多元解释实则架空了《个人信息保护法》关于敏感信息处理单独同意的规定，属于对法律的违反。另外，获取同意蕴含对数据主体的人格尊重，单独同意原则动摇一定程度上损害数据主体人格利益。② 其三，虽然动态同意兼具灵活、方便功能，但对于实现路径所言阙如，也无学者可以清晰阐述其内涵。③

鉴于此，着眼于现有法律框架，立足于动态同意观点引入数据利他制度，能够兼顾高质量数据利用与高标准保护。实证研究表明，尽管我国公民有较为强烈的利他动机，④ 但由于利他机制缺失、信赖基础欠缺等原因，健康数据的公益价值并未得到充分挖掘，在造成严重资源浪费的同时亦损害了人民的预期健康利益。为提升我国公民的健康利益，构建能够增进互信、打破数据垄断、走出特别知情同意困境的健康数据利他机制已迫在眉睫。

2023年2月，中共中央、国务院印发了《数字中国建设整体布局规划》，高度重视我国健康数据价值的充分释放，强调应畅通健康数据资源大循环，建设公共卫生数据资源库，使医疗数据全面赋能社会经济发展。在此背景下，尽快构建符合我国实际情况的健康数据利他模式高度契合数字中国总体规划，是数字中国战略不可或缺的组成部分。本文致力于从组织与制度上搭建我国健康数据利他模式框架，便利个人数据利他行为，充分释放数据价值，为数字中国建设添砖加瓦。本文分为三部分，首先深入阐述健康数据利他的主要功能与正当性基础，其次在基本架构与法律关系两个层面进行路径构建，最后铺设具体的制度保障路径。

二 个人健康数据利他的主要功能与正当性基础

健康数据利他对提升我国医疗健康行业数字化发展水平意义重大，宜

---

① 齐英程：《我国个人信息匿名化规则的检视与替代选择》，《环球法律评论》2021年第3期。
② 张宝新：《〈民法总则〉个人信息保护条文研究》，《中外法学》2019年第1期。
③ 马新彦、张传才：《知情同意规则的现实困境与对策检视》，《上海政法学院学报（法治论丛）》2021年第5期。
④ 马诗诗、于广军、陈敏、崔文彬、魏明月：《患者医疗健康数据开放与隐私保护的问卷调查研究》，《中国卫生信息管理杂志》2019年第2期；周慧颖、侯胜超、马敬东：《患者共享个人健康档案数据意愿实证研究》，《中华医学图书情报杂志》2020年第3期。

确立为数字中国规划在医疗健康领域的重要建设项目。作为一项新制度，健康数据利他的主要功能与正当性基础亟待阐释，下文将从主要功能、理论证成两个方面进行论证。

（一）个人健康数据利他的主要功能

数据利他是"利他主义"① 理论在数据公益共享领域的创新性发展。"数据利他"这一概念最初在《欧洲数据战略》中被提出，后在《数据治理法》中正式入法并形成相对完整的制度框架。健康数据利他指以个人同意为前提，将健康数据提供给相关主体以实现公益目的的使用，而不寻求超出必要限度的费用补偿。② 数据利他与数据捐赠的主要区别体现在数据主体是否仍保有对数据的控制权。数据捐赠指数据控制权的全面转让，包括处分权的丧失。数据利他机制中，数据主体不仅享有数据利用的知情权，也包括对数据的有限处分权。③

目前，健康数据利他已在多个国家开展具体实践并已见成效，如英国的 SHARE 项目④、UK Biobank 项目⑤以及德国的 Corona 应用程序⑥。数据利他能够克服健康数据公益共享的难题，使数字中国建设背景下可信、合规、便捷、规模化的健康数据共享成为可能，具体包含以下三个方面的功能。

第一，为健康数据公益共享创建信赖基础，提供灵活的可信执行环境。长期以来，持有数据的医疗机构与企业彼此之间缺乏互信使得数据共享难上加难。现有各大数据交易所主要是以企业为主体的商业目的的数据

---

① "利他主义"属于伦理学体系，由 19 世纪法国"社会学之父"奥古斯特·孔德在《实证政治体系》一书中首次提出，泛指将社会利益置于首位，为社会利益牺牲个人利益的生活态度与行为准则。

② European Parliament. Data Governance Act, p.6, https://eur-lex.europa.eu/legal-content/EN/TXT/PDF/?uri=CELEX:32022R0868&qid=1697596271693.

③ Lalova-Spinks, Teodora, Janos Meszaros, and Isabelle Huys. The Application of Data Altruism in Clinical Research through Empirical and Legal Analysis Lenses, *Frontiers in Medicine*, 2023, 10: 1141685, p.4.

④ Hansen, J., Wilson, P., Verhoeven, E., et al. Assessment of the EU Member States' Rules on Health Data in the Light of GDPR, 2021, p.116, https://research.tilburguniversity.edu/en/publications/assessment-of-the-eu-member-states-rules-on-health-data-in-the-li.

⑤ Uk-Biobank-App, https://www.ukbiobank.ac.uk/learn-more-about-uk-biobank/governance.

⑥ Corona-Datenspende-App, https://corona-datenspende.de/faq/.

交易，由其从事公益性质的数据共享管理，很难保障健康数据应用的公益性，缺乏信赖基础。因此，有必要探讨数据公益利用的独立机制。其一，在组织层面，利他机制在共享健康数据的个人与使用数据的用户之间引入由政府背书设立的第三方数据利他组织（以下简称"利他组织"），提供独立的数据储存与管理平台，不仅能够增加公众信任，同时得以提升数据的安全性和数据利用的公益性。其二，在制度层面，通过安全、透明的数据处理制度增强双方互信。利他组织采用制度与技术双重保障为数据公益共享提供安全港，持续高水平的信息披露将提升信息处理的透明度并规范非对称结构下的处理行为，进而增加数据主体与数据用户之间的互动，打消数据主体的隐私疑虑。

第二，打破数据垄断，纾解数据孤岛困境，为公益目的的数据使用提供庞大的数据供给。当前以医疗机构与健康物联网公司为主导的数据持有主体，出于数据共享与流通建设成本高、数据标准不一、部门利益保护等原因呈现不愿共享数据态势，产生数据垄断。一方面，利他制度扩大了数据共享的主体来源，高度重视个人在健康数据治理中的参与，在现有的医疗机构与健康物联网企业外开辟了由个人参与数据共享的蹊径。通过落实数据转移权赋能个人参与数据共享，益于打破当前数据垄断局面。另一方面，利他制度下引入专业的利他组织提供数据储存、管理等服务，拥有建设数据共享与流通的能力，实现数据的可用不可见，拓宽数据共享的应用场景。在利他组织的助力协调下，一定程度上从源头降低了数据的利用成本（如沟通成本、数据使用费用成本），提升了共享效率。

第三，构建多层次、交互式、动态化同意机制，满足合规要求。现行法中僵化的单独同意机制导致健康数据利他面临严峻的合规困境。签署知情同意书与信息实际利用存在时间上的先后顺序，导致初始授权目的无法涵摄后续处理。在进行超出原同意边界的数据处理时，缺乏灵活可靠的认证与授权机制以及数据安全共享的体系化技术支撑。出于成本与利益等因素考虑，往往不会重新获取个人知情同意，或者即便履行告知义务，也难以确保其使用数据范围、处理方式和处理目的的准确性，滋生了大量数据灰产交易。[1] 利他制度依托现代网络技术打造利他平台，在技术助力下使知情同意成为持续、动态、开放的过程，满足了合规要求。首先，健康数

---

[1] 陈怡：《健康医疗数据共享与个人信息保护研究》，《情报杂志》2023 年第 5 期。

据利他通过匿名化、去标识化、分级分类等多种手段对数据进行不同处理，构建多层次同意机制。其次，通过设置交互式界面创设持续的信息披露机制，保障数据主体的知情权。最后，采取灵活、完善的动态同意机制，使数据主体得以随时变更授权范围甚至撤回利他同意。[1]

综上所述，健康数据利他制度以构建信赖为基石，利于打破数据垄断，在合规前提下确保数据高效共享，为有意共享健康数据的个人提供完备的基础设施，使其便捷、无障碍地共享数据。

（二）个人健康数据利他的理论证成

虽然我国目前尚未实施健康数据利他制度，但制度的正当性基础可通过理性利他理论、正外部性理论与全过程人民民主理论得到充分论证。

1. 理性利他理论

个人是否存在利他动机是健康数据利他制度运行的前提。对此，理性利他理论给出了肯定回复。"正如人们对思想有理性的要求，对行动同样有理性的要求，而利他主义就是这样一种要求。"[2]该理论认为，利他对理性人而言是一种理性要求，是明智之举。申言之，人的双重属性决定了人具有主观视角与客观视角两个视角。[3]

第一，个体从主观视角出发，能够通过审慎选择进而做出利他行为。这是由于人是历时性的存在，于每个个体而言，生命周期内的每个时间点都具有同等的真实性。基于对自我同一性的肯定，人将会产生"审慎"态度，能够对自己过去、当下和未来的利益进行权衡，因此一个理性的个体不会忽视自己的未来利益，即当R（理由）对A（事件）为真时，则P（所有人）就有理由去促成A。无论事件A是现实的抑或是可能发生的，只要T（时间）对R具有永恒的真实性，我们就有理由推动事件A的发生。[4] 因为健康数据利他能够促进人类健康事业的繁荣发展，这涉及每个

---

[1] Wee, Richman, Dynamic Consent in the Digital Age of Biology, *Journal of Primary Health Care*, 2013, 5（3）, pp.259-261.

[2] 〔美〕托马斯·内格尔：《利他主义的可能性》，应奇、何松旭、张曦译，上海译文出版社，2015，第3页。

[3] 柴琳：《从"主观视角"到"客观视角"——论内格尔利他主义的可能性》，《浙江学刊》2016年第1期。

[4] 〔美〕托马斯·内格尔：《利他主义的可能性》，应奇、何松旭、张曦译，上海译文出版社，2015，第36~80页。

人的长期利益。通过利他组织的宣传与实践，考虑到健康数据利他对个人利益的潜在影响，理性的个人则有可能产生共享健康数据的动机，做出"审慎"的利他决定。

第二，客观视角下的数据利他行为是一种理性的要求。与情感主义路线不同，理性利他理论认识到人性中除存在爱他人、亲社会的倾向和趋势外，亦从理性人假设角度出发解释利他动机来源。① 因为人类社会具有整体性与相互依存性，每个个体都是社会整体的一部分，若每个人都只追求自身利益最大化，则整个社会将不可避免地陷入"霍布斯丛林"② 困境。因此，为避免上述困境，理性的个人会超越个人立场，将自己视为社会共同体的一部分，并明智地实施利他行为。③ 在实践中，个体行为存在非理性特征，但并不影响个人能够成为理性人。人的社会性是利他行为生长的土壤，"一个经历了社会化过程的人不仅具有先天的利己动机，还具有一个经过后天价值内化而形成的利他动机"④。利他行为既是人本性的自然表达，也是时代发展的呼唤，不仅仅需要个体的自觉，更依赖于制度的引导、推动和规范。⑤

因此，健康数据利他制度的落实能够推动个人在理性的基础上做出数据利他决定，以充分释放健康数据的潜在价值，实现个人利益与公共利益的平衡。

2. 正外部性理论

正外部性指市场主体的经济活动导致其他主体获得额外利益，而受益者无须付出相关代价。⑥ 健康数据利他存在明显的正外部性特征。通过共享健康数据，个人不仅能够获得来自他人的有益信息，同时也为他人的医

---

① 康腾岳：《理性利他主义的可能性探究——试论从康德到内格尔的逻辑进路》，《常熟理工学院学报》2019 年第 6 期。
② "霍布斯丛林"是英国哲学家托马斯·霍布斯在《利维坦》中描述的社会状态，指在没有中央政府或集权统治的社会，人们生活在无序与混乱中，每个人都追求个人利益并争夺资源和权力，因此生活在自然状态中的人们必然陷入"每一个人对每一个人的战争"。参见〔英〕霍布斯《利维坦》，黎思复、黎廷弼译，商务印书馆，1985，第 94 页。
③ 〔美〕托马斯·内格尔：《利他主义的可能性》，应奇、何松旭、张曦译，上海译文出版社，2015，第 97~152 页。
④ 王天恩：《重新理解"发展"的信息文明"钥匙"》，《中国社会科学》2018 年第 6 期。
⑤ 卢德之：《论资本与共享：兼论人类文明协同发展的重大主题》，东方出版社，2017，第 182 页。
⑥ 〔美〕保罗·萨缪尔森、威廉·诺德豪斯：《经济学》，萧琛等译，人民邮电出版社，2008，第 31~32 页。

疗服务和健康决策提供有益支持，从而促进社会公共利益。但在正外部性理论视域下，健康数据利他中同时存在突出的利益失衡问题，数据利他制度设计中通过有效的措施能够对其实现有效矫正。

利益失衡主要体现在两个方面。其一，健康数据利他在对他人产生正外部效应的同时恐损害个人隐私权。其二，若要求个人基于"道德人"标准无偿共享数据，则将损害个人预期利益。利益失衡可能导致数据提供方利他动力不足，同时数据需求方如此轻而易举地获得数据，恐产生"公地悲剧"[①]。

为使失衡的利益关系恢复平衡，数据利他在制度设计上不仅需采取数据安全保障措施，而且应配合税收优惠、医疗保险报销等激励措施。一则利他制度将共享数据的权利赋予个人，规避了强制性义务可能带来的不利后果，使个人理性地决定是否进行数据共享。二则利他制度通过精神肯定与物质补偿矫正失衡的利益关系，能够实现对公益行为的有效激励，利于迅速提升数据公益事业的规模。通过精神肯定与物质激励，则有可能实现对数据利他这一正外部行为的有效激励，使得由个人参与的数据公益共享在我国落地开花。

3. 全过程人民民主理论

有别于"西方式一次性民主"，全过程人民民主理论作为中国的新民主政治观，"是全链条、全方位、全覆盖的民主，是最广泛、最真实、最管用的社会主义民主。"[②] 该理论强调将民主贯穿于国家政治生活各领域、各方面与各环节，适用范围已超越政治范畴延伸至社会生活的各个层面。

健康数据利他高度契合我国的全过程人民民主理论精神，是该理论在健康数据共享领域的典型实践。

第一，在理论价值层面，健康数据利他与全过程人民民主理论的理论内核不谋而合。全过程人民民主理论注重人民在政治和社会事务中的参与，强调人民的权利和利益应该得到充分的保障和表达。个人有机会参与健康数据共享，不仅能够促进医疗机构之间的信息流通，还可以推动产业界、学界等多方合作，共同推动医学研究和医疗技术的发展。这种协同治

---

① "公地悲剧"是经济学概念，指每个人都有权使用不具排他性、专属性的资源或财产，但没有人有权阻止他人使用，由此导致的资源过度使用的现象。参见 Garrett Hardin, The Tragedy of the Commons, *Science*, 1968, 13, p.1244.

② 习近平：《习近平谈治国理政（第四卷）》，外文出版社，2022，第260~261页。

理的理念与全过程人民民主理论中倡导的协同参与、共同治理相一致，符合全过程人民民主理论中关于广泛参与和集体智慧的理念。

第二，在具体实践层面，数据利他是该理论/全过程人民民主理论在健康数据共享领域的治理实践。让-雅克·巴弗莱克认为，"若欲促进参与民主的发展，最重要的方法就是开设一些渠道，使个人或机构能够通过这些渠道获得必要的条件，以便掌握权力并在改变生活与环境中发挥真正的作用。"[①] 数据利他充分体现人民需求，在法律与制度层面为实现、维护和发展人民健康数据权益提供参与机制。在传统的家长式数据治理中，医疗机构、物联网企业实际持有数据并主导数据使用，以一次性的"知情同意书"概括说明数据使用场景，数据主体与数据用户之间往往是单向度的信息传递关系，利他制度有效实现了二者的交互沟通，让不同主体能够参与到多种民主实践当中。个人健康数据利他制度的确立能够保障人民当家作主，激发人民创造活力。通过个人在健康数据治理领域的广泛参与，个人既是数据的生产者也是数据的治理者、使用者，数字互利的新型社会应运而生。

以上理论证成分别从个体参与数据利他的可能性、可行性以及利他实践应当被鼓励三个方面为数据利他制度在我国的确立提供了正当性基础。这表明数据利他在理想的状态下，完全有可能在我国生根发芽，拓宽健康数据公平利用的渠道。

三 个人健康数据利他模式的实现路径

立足我国实际，尽快构建健康数据利他模式是当务之急，亦是建设数字中国的迫切要求。下文将从基本架构与法律关系两个层面对健康数据利他模式的路径实现进行细致阐释。

（一）个人健康数据利他模式的基本架构

1. 平台搭建

健康数据利他模式的高效运转离不开数据、技术、服务、应用四个关

---

① 〔法〕让-雅克·巴弗莱克：《参与民主：今日的实践预示明日的理想》，赵超译，《当代世界与社会主义》2008年第4期。

键要素的通力配合。参考数据流通的底层逻辑，可将健康数据利他模式构建为包含数据资源层、技术支持层、服务系统层和应用场景层的"四层次"数据利他平台（见图1）。①

```
┌─────────────────────────────────────────────┐
│              应用场景层                      │
│  ┌────────┐  ┌──────────┐  ┌────────┐       │
│  │医学教育│  │医学研究创新│  │公共卫生│       │
│  └────────┘  └──────────┘  └────────┘       │
└─────────────────────────────────────────────┘
                      ↑
┌─────────────────────────────────────────────┐
│              服务系统层                      │
│  ┌──────────┐  ┌──────────┐  ┌──────────┐   │
│  │服务访问系统│  │数据流通系统│  │流通监管系统│   │
│  └──────────┘  └──────────┘  └──────────┘   │
│  ┌──────────┐  ┌──────────┐  ┌──────────┐   │
│  │流通上链系统│  │使用评估系统│  │数据退出系统│   │
│  └──────────┘  └──────────┘  └──────────┘   │
└─────────────────────────────────────────────┘
                      ↑
┌─────────────────────────────────────────────┐
│              技术支持层                      │
│  ┌────────┐  ┌────────┐  ┌────────┐         │
│  │处理技术│  │共享技术│  │保密技术│         │
│  └────────┘  └────────┘  └────────┘         │
└─────────────────────────────────────────────┘
                      ↑
┌─────────────────────────────────────────────┐
│              数据资源层                      │
│  ┌──────────┐  ┌──────────┐  ┌──────────┐   │
│  │个人属性数据│  │健康状况数据│  │医疗应用数据│   │
│  └──────────┘  └──────────┘  └──────────┘   │
└─────────────────────────────────────────────┘
```

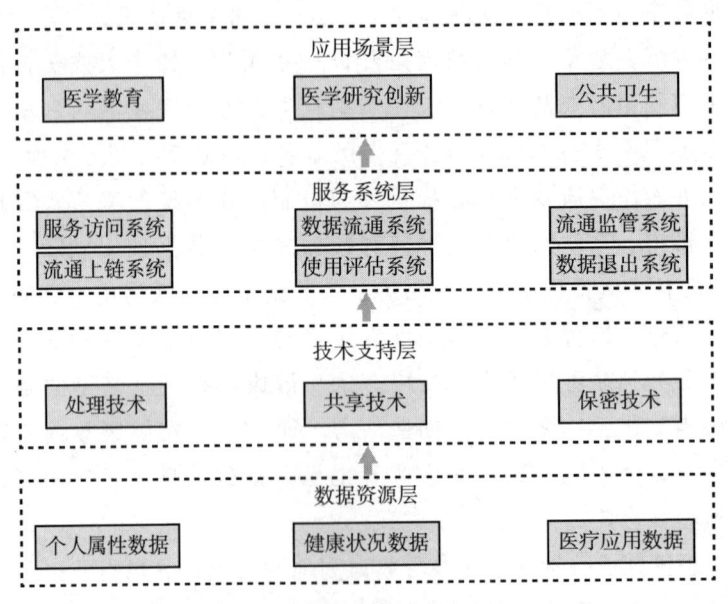

图 1　健康数据利他平台架构层次

图片来源：自制。

在平台搭建前，有必要介绍利他模式的三类参与主体，即数据主体、利他组织和数据用户。数据主体是实施利他行为的个人，医疗机构、物联网公司等数据持有者无权直接将健康数据予以利他共享。利他组织是独立于数据主体与数据用户的中立方，提供数据管理与技术支持，监督数据利用，旨在增进供需双方的互信。广义的利他组织还包括协助组织运行的第三方服务提供者，如提供法律、会计和技术服务的专业机构。数据用户是为了实现公共利益目标需要访问数据的实体，如科研机构、政策制定者等。

数据资源层是平台运行的基石，数据来源于数据主体自愿分享的个人

---

① 冉从敬、唐心宇、何梦婷：《数据信托：个人数据交易与管理新机制》，《图书馆论坛》2022年第3期。

属性数据、健康状况数据以及医疗应用数据。① 利他组织应当对数据质量与数据安全负责。在数据质量方面，利他组织应提供技术支持，以帮助数据主体更正与补充数据，从而确保数据的准确性与完整性。② 数据安全方面，利他组织在存储数据库之前须进行集成化与脱敏处理，剔除个人直接标识符并进行隔离存储。③

技术支持层是平台运行的重要技术保障，涵盖处理技术、共享技术和保密技术等多种类型。具言之，处理技术负责对数据进行挖掘、分析与整合，将小数据按类别加工聚集为极具科研价值的大数据。共享技术旨在促进数据高效流通。其中，区块链存证是实现数据流通过程可溯性的核心技术，通过区块链的分布式账本技术保证在被攻击时不会出现大规模的数据泄露；共识机制保障数据流通过程的不可篡改性和透明性，并利用智能合约提高数据共享效率。保密技术专注于数据安全，利用多方安全计算、联邦学习、安全沙箱等现代化信息技术，对数据进行假名化、匿名化与随机化处理，在数据可用不可见的情形下保障数据价值的充分释放，并保护数据免受未经授权的访问与篡改。④

服务系统层是平台运转的核心，是三方主体交流的主要渠道，设立前台与后台两个子系统。⑤ 前台系统旨在提供数据服务，可分设数据访问系统、数据流通系统与流通监管系统。数据访问系统由 Web 浏览器、专用客户端和无线终端为数据主体和数据用户提供数据利他和数据访问需求服务；数据流通系统致力于推进数据的一对多共享；流通监管系统则负责监督个人数据的储存和应用过程。后台系统应将前台系统收集到的数据进行

---

① "个人属性数据"包括个人身份信息、通信信息、个人生物信息识别信息以及个人健康传感设备 ID 等；"健康状况数据"包括主诉、病史、症状、检验检查数据等数据；"医疗应用数据"指病历、医嘱、检查检验报告、用药信息、病程记录、手术记录等数据。参见中华人民共和国国家质量监督检验检疫总局、中国国家标准化管理委员会《信息安全技术—健康医疗数据安全指南》，GB/T39725-2020。

② See European Commission. Proposal for a Regulation of the European Parliament and of the Council on the European Health Data Space（EHDS），2022，p. 33.

③ 毛剑、李坤、徐先栋：《云计算环境下隐私保护方案》，《清华大学学报》（自然科学版）2011 年第 10 期。

④ 刘扬、胡学先、周刚、魏江宏：《基于多层次区块链的医疗数据共享模型》，《计算机应用研究》2022 年第 5 期。

⑤ 冉从敬、唐心宇、何梦婷：《数据信托：个人数据交易与管理新机制》，《图书馆论坛》2022 年第 3 期。

深度分析，其下可设流通上链系统、使用评估系统与数据退出系统。其中，流通上链系统用于记录参与主体的行为；使用评估系统用于健康数据价值评估；数据退出系统旨在为数据主体提供快速且有效的数据退出手段。前后台系统通力配合，旨在确保个人数据的高效流通、准确监管以及科学分析，从而为整个健康数据利用生态系统提供稳健的管理支撑。

应用场景层是利他目的实现的重要手段。该层的主要任务是排除非公益性数据利用，保证健康数据仅应用于医学研究创新、医学教育、公共卫生等公益目的场景。应用场景层使健康数据成为增进社会福祉的有力工具，推动了人类健康事业的持续进步。

2. 运行流程

依照数据流通过程，利他平台运行流程可从数据汇集、数据匹配与数据共享三个阶段着手设计。

在数据汇集阶段，最关键的流程是合同订立、数据传输与数据管理。首先，利他组织应提供技术支持，允许个人以假名方式在平台上注册，并通过智能合约与利他组织签订公益信托合同。为确保个人身份的真实性，合同订立阶段可采用双重身份认证。① 其次，为便利数据传输，数据主体应当有权选择直接或者间接传输两种方式完成数据传输，既可以自行完成平台传输，也可授权利他组织从数据实际持有主体处间接获取数据。最后，为便利用户检索，利他组织可通过数据标准化处理得出数据集概要，向用户传达现有数据集目录信息。

数据匹配阶段致力于供需双方的供需快速匹配。数据用户可在前述前台系统实名注册后浏览数据集目录与摘要，以寻找所需数据。若所需数据已存在，则数据用户可向利他组织申请样本数据测试或提出访问申请。为确保数据访问的合规性，应当赋予利他组织资质审核的权利，重点审查数据用户是否具备相应安全保障能力以及是否存在可能影响数据安全的违法违规记录。审核通过后，利他组织向数据主体告知《个人信息保护法》第17条和第30条规定的内容，获取个人的单独授权。在此基础上，利他组织采取智能合约与数据用户签署数据许可合同。若用户所需数据不在现有数据库中，则其可在前台系统中发起数据需求申请。利他组织在进行审查后将在前台系统中发布数据需求信息，以供个人自愿加入数据利他项目。

---

① Corona-Datenspende-App，https：//corona-datenspende.de/faq/。

在数据共享阶段，利他组织授权数据用户访问健康数据。为最大程度释放数据价值，同时降低数据安全风险，可通过数据使用必要性评估，提供传统和新型数据共享两种方式。经评估后认为需对原始数据进行分析处理的，可对数据进行最小化与脱敏处理，完成数据的保密性与完整性校验，以数据包静态传输、API调用动态传输等方式完成数据的流通，并同步加密传输链路。① 否则，利他组织可提供数据安全沙箱或者隐私计算，实现数据的可用不可见。数据安全沙箱创设了一个类似于沙盒的独立作业环境，提供了一个隔离的数据处理环境，数据用户只能在受控环境内提交处理逻辑，进行数据分析，并在其权限范围内获取数据分析结果，解决了数据安全问题。隐私计算主要采取可信执行环境，工作原理与安全沙箱同理，在此不做赘述。

（二）个人健康数据利他法律关系

深入探究利他法律关系有助于明晰数据主体、利他组织以及数据用户三类主体之间的权利义务关系。在数据汇集阶段，数据主体与利他组织之间形成数据公益信托法律关系。在数据匹配与共享阶段，利他组织与数据用户通过签订数据许可合同形成数据许可法律关系。

1. 数据主体与数据利他组织：数据公益信托法律关系

在数据汇集阶段，数据主体与数据利他组织形成数据公益信托法律关系，签署数据公益信托合同，委托人是具备完全民事行为能力的自然人，受托人是利他组织，潜在受益人则涵盖所有社会大众。在数据信托法律关系中，信托标的是健康数据的公益目的使用权。

在该关系中，数据主体将数据公益使用权让渡于利他组织，但应当保有以下三项权利：一是知情权，数据主体有权查阅与复制健康数据的管理运用、处分及收支情况，并有权要求利他组织做出说明。二是调整权，当数据管理不利于实现利他目的或侵害数据主体利益时，数据主体有权要求利他组织调整管理措施②或暂停、撤回数据共享。三是救济权，利他组织

---

① 刘扬、胡学先、周刚、魏江宏：《基于多层次区块链的医疗数据共享模型》，《计算机应用研究》2022年第5期。

② 《中华人民共和国信托法》第21条规定，因设立信托时未能预见的特别事由，致使信托财产的管理方法不利于实现信托目的或者不符合受益人的利益时，委托人有权要求受托人调整该信托财产的管理方法。

因违反受托目的或管理不善导致数据主体权益遭受侵害时，后者有权要求前者承担侵权或违约责任。特别是在利他组织不当获取利益情形，数据主体可要求将上述收益归入信托财产①。此外，在第三方引发数据侵权时，为降低诉讼成本，数据主体还可要求利他组织对侵权主体提起诉讼或采取保全措施。②

值得注意的是，信托合同相较普通合同中的注意义务，利他组织对数据主体所负有信义义务更为严格。③ 因此，建议以一般数据主体的合理期待为判断标准，将利他组织的义务细化为以下三个方面。一是非营利义务。利他组织须谨遵公益性宗旨，只能将数据用于公益目的，这不仅包括不得滥用权力为自身谋利，也包括不得将盈余进行分红。二是忠实义务，应当涵摄不操纵、信息披露、通知以及访问审查四项子义务。其中，不操纵义务指利他组织在获取授权时不得干扰数据主体的自主决策，亦不得为自身利益损害数据主体的利益；④ 信息披露义务要求以简洁易懂的方式清晰展示数据收集和利用范围，并揭示潜在风险；通知义务指在发生个人信息泄露时，利他组织应立即通知数据主体；⑤ 访问审查义务要求利他组织对数据用户的资质等方面进行严格的形式审查。三是审慎义务。利他组织应谨慎、勤勉地管理数据，确保个人数据的存储和处理具有适当的安全级别，依法保障数据主体核验、访问、修正、转移等权利。

2. 数据利他组织与数据用户：数据许可法律关系

在数据匹配阶段与共享阶段，利他组织就数据许可使用与数据用户进行洽谈，签署数据许可合同，其许可权利基础源于个人信托。该合同旨在明确数据使用目的、使用期限、使用方式、安全措施以及潜在法律责任等关键要素。

在数据许可法律关系中，为保障高质量的数据利用，利他组织应当承

---

① 窦冬辰：《中国信托法基本问题 信托财产之法律规定》，人民法院出版社，2021，第143页。
② 赖源河、王志诚：《现代信托法论》，五南图书出版公司，2002，第105页；冯果、薛亦飒：《从"权利规范模式"走向"行为控制模式"的数据信托——数据主体权利保护机制构建的另一种思路》，《法学评论》2020年第3期。
③ 席月民：《数据安全：数据信托目的及其实现机制》，《法学杂志》2021年第9期。
④ 蔡秉坤、王昱瑾：《数据信托：一种可能的数据治理框架》，《齐齐哈尔大学学报》（哲学社会科学版）2022年第3期。
⑤ European Parliament, Data Governance Act, Article 21（5）.

担数据合规保证与瑕疵担保的义务。① 其一，利他组织应当提供数据来源合法性的保证。具体实现可在数据汇集阶段由数据用户提交数据来源合法性的声明。其二，利他组织应当确保入托和出托数据无瑕疵，保证数据真实性、准确性与完整性，符合数据用户的要求。前述瑕疵可从以下三个方面把握：一是效用性瑕疵，即技术、主观因素等导致数据在质量、数量等方面与标准或合同约定不一致；二是交易性瑕疵，时效性、完整性、连接性等原因造成数据的交换价值减少或完全丧失；三是服务性瑕疵，即数据未达到数据用户的最低预期效果，导致利他组织无法提供数据。② 为保障数据利他的可持续性，利他组织亦可依数据利他过程中所花费的人力、技术等成本向用户收取必要费用。

为确保数据利用的合规性，应当在数据许可使用合同中对数据用户义务予以确定。笔者认为应当至少包含以下三个方面的义务：一是目的限制，应当严格限制数据使用目的，不得将数据用于未经授权的用途。二是安全保障，数据用户应严格遵守法律对数据处理者义务的规定，加强安全管理。例如一旦发生数据安全事件，应立即采取应对措施，并在规定期限内向主管部门报告。③ 三是公示义务。社会监督能够强化数据利他目的的实现，数据用户应当在约定期限内公布数据使用的结果、成果或者服务，并支持利他组织有效披露该信息。④ 当发生义务违反时，利他组织可采取撤销许可、增加访问限制期等方式限制数据访问并且追究其法律责任。

四 个人健康数据利他模式的制度保障

利他模式的有序运行离不开完善的制度保障。从数据利他链条上的供给、管理、使用、监管等环节出发，宜从以下四个方面构建相关制度保障。

---

① 杨应武：《数据信托：数据交易法律规制的新路径》，《东南大学学报》（哲学社会科学版）2023 年第 6 期。
② 许可：《数据交易流通的三元治理：技术、标准与法律》，《吉首大学学报》（社会科学版）2022 年第 1 期。
③ 参见《中华人民共和国网络安全法》第 27、29 条。
④ European Commission, Proposal for a Regulation of the European Parliament and of the Council on the European Health Data Space（EHDS），2022，Article 46（11）.

（一）强化个人健康数据控制，激发个人参与动力

数据利他制度的重要基础和必要前提是数据主体能够和愿意共享数据，故应当从数据主体的参与能力和参与意愿着手，一是确保数据的可转移权，强化数据主体对数据转移和再利用行为的控制；二是构建数据主体的激励机制，激发个人的参与动力。

1. 落实数据可转移权

《个人信息保护法》第 45 条确立了我国的数据可转移制度，[①] 包含查阅复制权与转移权两项子权利。但该条为一般性规定，并未针对健康数据设置特别规范。为构建完善的数据利他模式，有必要结合健康数据的特殊性并借鉴域外成熟规范，完善我国数据可转移权在健康领域的规则。

首先，在数据转移义务主体的确定上，应当逐步推进，避免一刀切式做法。实证研究表明，数据转移权的落实可能导致软件及应用程序供应商成本增加。[②] 对于小微及初创企业而言，完全履行数据转移义务不利于其在市场中的公平竞争。因此，在确定数据转移义务主体时，原则上限定义务主体是实际持有并控制健康数据的国内医疗机构或物联网企业。但为减轻中小企业的合规负担与经营成本，应当对义务主体范围进行限缩，在制度落地之初可适当豁免中小企业的数据转移义务。[③]

其次，应厘清转移权的客体范围。数据转移权的客体范围应当适中，既不能过于宽泛，亦不可过于狭窄。过于宽泛的数据范围可能导致医疗机构等义务主体负担过重，在与其他主体产生权利冲突的同时亦恐违背公平原则。过于狭窄的数据范围则难以实现数据利他制度的实质效果。因此，确定妥当的转移权客体范围是利他制度数据来源的重要保障。健康数据中因自愿数据与观测数据不涉及其他主体的数据权益，但派生数据中往往凝结着他人的智慧结晶与数据权益。从避免权利冲突的角度出发，可转移的

[①] 朱真真：《数据可携权与知识产权的冲突与协调》，《科技与法律》（中英文）2022 年第 5 期。

[②] L. Christensen, A. Colciago, et al., The Impact of the Data Protection Regulation in the E.U, Intertic Policy Paper, 2013, pp. 1–90.

[③] 王锡锌：《个人信息可携权与数据治理的分配正义》，《环球法律评论》2021 年第 6 期。

数据范围应仅限于自愿数据与观测数据，排除派生数据。①

最后，应当强化数据转移权的技术保障措施。技术保障是数据利他机制中的关键环节，一方面，应当建立健康数据的全生命周期标准体系。多模态异构的健康数据缺乏统一的标准是数据孤岛难题的一大重要成因，标准化的数据格式能够促进平台之间的交互性，实现互联互通。我国可由监管者通过软法形式助推健康数据转移权的尝试，可以借鉴欧盟"结构化、通用化、可机读格式"②标准，在一定阶段形成数据转移的最低限度标准。另一方面，采用加密等技术保障数据转移的安全性。有学者指出，数据转移权使数据主体可以一次性获取个人数据，恐增加数据泄露风险。③但因落实数据转移权可能增加数据泄露的风险而放弃数据转移权进路则有因噎废食之嫌，可以采取现代化技术予以保障。例如，在数据转移之初，可以设置额外信息认证，由医疗机构等数据实际持有主体核查确认数据主体身份，并在传输高度敏感数据和传输环境被判定为高风险时采取暂缓或冻结数据传输等风险缓释措施。此外，在数据传输过程中，有必要根据目标数据的敏感程度、携转数据的范围，建立与之相适应的数据加密标准，以降低数据转移的风险。

2. 构建利他激励机制

合理的激励机制是引导数据主体开展数据利他行为的重要制度保障。通过剖析利他动机并结合域外经验，精神与物质并重的双重激励能最好地实现激励效果。

在精神激励层面，可构建精神奖励与"医疗方案获悉优待"相结合的机制。一方面，强化精神奖励，通过向个人颁发捐献证书、荣誉证书等形式，激发其荣誉感与社会责任感，引导与鼓励公民积极实施数据利他行为；另一方面，构建医疗方案获悉优待制度。借鉴《欧洲数据健康空间》第38条第3款的规定，构建医疗方案反馈机制。当数据用户在数据使用过程中发现疾病治疗方案等可能对个人健康产生积极影响的信息时，应当提

---

① "自愿数据"是指由个人自愿主动提供的数据，如姓名、年龄、用户名等数据；"观测数据"是指通过对个人行为、生理、心理等进行观测产生的可直接识别出个人的健康数据；"派生数据"是指基于观测数据进一步分析可间接识别出个人的数据。

② Article 29 Date Protection Working Party, Guidelines on the Right to Data Portability, 16/EN, WP 2042, rev01.

③ 高富平、余超：《欧盟数据可携权评析》，《大数据》2016年第4期；化国宇、杨晨书：《数据可携带权的发展困境及本土化研究》，《图书馆建设》2021年第4期。

供便捷的反馈机制以供数据用户将前述内容反馈至利他组织，利他组织在接收相关信息后应及时告知特定数据主体。

在物质激励层面，重点在于使数据主体切实获得经济利益上的实惠。首先，可借鉴目前理论层面较有影响力的数据价值评估策略形成完善的利他价值评估机制，例如从共时维度细化健康数据层次，评估不同维度的数据价值；或者由历时维度出发，在不断的数据许可中形成健康数据要素的市场价值评估模型，推动各项健康数据公允价值的确定。[①] 在此基础上，利他组织可联合税收、医疗保险等主管部门，融合税收优惠与医疗保险报销政策建立间接互惠[②]的健康数据利他补偿机制。在税收优惠方面，可借鉴公益性捐赠所得税扣除制度，引入健康数据利他所得税扣除制度。[③] 另外，还可与医疗保险报销体系紧密衔接，制定实施细则，提供一定比例的医疗费用报销。

（二）打造可信数据利他平台，实现数据公平利用

数据利他平台的构建应着重关注数据主体与利他组织之间的信任关系，具体来说，应建立保障制度以确保利他组织的中立性、透明度和安全性。

1. 确保利他组织的中立性

利他组织的中立性是赢得个人信任的必要条件，其中最为关键的是组织性质与人员管理。

在组织性质方面，首先应当明确利他组织的非营利性质。在利他组织的运营上，建议参照我国公益性质国有企业的运作模式。在初始设立阶段，由政府牵头进行公益募资，吸引国有资本投资，确保利他组织由国有资本全资控股。在运营过程中，采用市场化的公益模式运作，允许利他组织收取必要的数据使用费用，实现自主创收。参考国有企业的运作模式主要源于以下两点考虑，一是相较机关法人，国有企业开展数据利他活动不仅能减轻国家的经济负担，还能在一定程度上降低数据安全事件对政府公

---

① 李智、张津瑶：《数据信托本土化的现实困境与路径构建》，《学术交流》2023 年第 7 期。
② 间接互惠又称第三方利他，指数据主体并不直接从利他组织处获得数据捐献补偿，而是由税收部门或者医疗报销管理部门给予一定的优惠政策。
③ 曲君宇：《数据公益捐赠所得税扣除的理论证成与制度构想》，《税务研究》2022 年第 11 期。

信力的冲击。二是相较于营利法人或自发成立的社团法人，公益性质的国有企业具备强有力的政府背书，更容易获得社会公众的信任。

在人员管理方面，应借助区块链技术为操作人员建立统一的区块链身份，实现所有记录实时上链，形成真实、可靠、完整溯源的监管基础信息。[1] 同时，重点把握对管理层与核心岗位人员的管理。一方面，利他组织的从业人员，尤其是董事、监事、高级管理人员，应排除以用户身份访问利他平台健康数据的权利。另一方面，明确利他组织的核心岗位，严格把控人员质量。制定从业人员准入管理规定，在入职前进行全面背景调查，确保入职人员不存在影响公正执业的不良记录。入职时签署严格的安全保密协议，建立完备的人员转岗和离岗管理制度，确保员工账号和权限及时回收。[2] 入职后定期进行安全考核与行为审计，确保从业人员尽责履职。

2. 构建多元同意机制

健康数据属敏感数据，由《个人信息保护法》中的单独同意规则统领。鉴于数据主体在进行利他共享时仅做出概括同意，从合规角度考量，在特定数据用户使用数据之前，利他组织必须告知数据主体一系列法定信息并取得其单独同意。为实现规模化、便利化的合规数据利他，宜构建多层次、交互式、动态化的同意机制。

多层次同意机制意味着，利他组织需结合健康数据的类别、用户身份、使用场景与潜在风险，有针对性地对健康数据进行匿名化、去标识化与分级分类处理，构建多层次同意机制。一方面，在匿名化处理不影响数据使用效果的前提下，利他组织可直接对数据进行匿名化处理。由于匿名化数据不属于《个人信息保护法》的调整范围，故后续使用无须经过个人同意。另一方面，利他组织可结合数据类别、使用场景与潜在风险对数据进行分级分类，分为高、中、低三个敏感度类别。对于低敏感度数据，经去标识化处理后可视为匿名化数据，无须进一步获取个人同意。对于中、高敏感度数据，需严格遵循《个人信息保护法》中的单独同意规则，二者的差异化对待可由利他组织在法定框架下自行设定。

---

[1] 李智、张津瑶：《数据信托本土化的现实困境与路径构建》，《学术交流》2023年第7期。
[2] 参见国家市场监督管理总局、国家标准化管理委员会《信息安全技术—数据交易服务安全要求》征求意见稿，GB/T37932-2019。

交互式同意机制意味着，通过设置交互式界面，创设持续的信息披露机制，使数据主体在获知充分信息的情况下做出利他决定，并能够持续追踪数据利他流程。利他组织应就正在进行及拟开展的数据利他项目向数据主体进行持续披露，以提高数据利用的透明度。披露内容上，利他组织应着重披露对个人授权产生实质性影响的信息。① 披露方式上，利他组织应当以明显的方式、通俗易懂的语言对数据利他项目实施有效披露，同时对难点、重点内容进行解释说明。②

动态化同意机制意味着，数据主体在做出利他意思表示后，仍享有随时改变同意内容的权利。③ 可变更的范围包括但不限于调整捐献数据的范围、重新授权超出原同意边界的数据处理、选择退出特定的数据利他项目，甚至撤回所有已共享的数据。为了保障数据使用的完整性与稳定性，应当明确数据主体的撤回行为不具有溯及力。这意味着已形成成果、产品、服务的数据，不应受到撤回数据行为的影响。④ 技术操作层面，利他组织应当设置便捷界面，以便数据主体更便捷地更改其同意。完善的动态同意机制可以解决传统健康数据利用中"同意即终身"的问题，更好地平衡数据安全与数据共享需求。

另外，为了更好地实现数据利他目的，建议我国借鉴GDPR的有益经验，引入公益目的数据利用情境下的概括同意制度。具言之，在数据公益目的利用场景中，数据主体做出的概括同意足以涵盖后续众多个别利用场景，故后续利用时无须再次征得个人同意。同时，为了避免对该制度的滥用，需同步规定数据主体退出权制度为概括同意保驾护航。⑤

3. 确立数据侵权的先行赔付规则

个人相较于利他组织，在地位上处于相对弱势。在信托违约或数据侵

---

① 参考《个人信息保护法》第17条、30条的规定，实质性信息应包括数据用户的名称或者姓名、联系方式、处理目的、处理方式、数据保存期限，信息访问必要性以及对个人权益的影响。
② 石佳友、刘思齐：《人脸识别技术中的个人信息保护——兼论动态同意模式的建构》，《财经法学》2021年第2期。
③ 参见田野《大数据时代知情同意原则的困境与出路——以生物数据库的个人信息保护为例》，《法制与社会发展》2018年第6期。
④ Corona-Datenspende-App, https://corona-datenspende.de/faq/，2023年10月16日访问。
⑤ Meszaros, Janos, and Chih-hsing Ho. Building Trust and Transparency? Challenges of the Opt-out System and the Secondary Use of Health Data in England, *Medical Law International*, 2019, 19 (2-3), pp.159-181.

权事件中，个人寻求私力救济困难重重，而寻求司法或者行政救济往往需经历漫长流程。有鉴于此，应从培育数据利他活动的信用体系出发，建议借鉴证券市场中的先行赔付制度，在健康数据利他模式中设立赔付基金，确立先行赔付规则。赔付基金来源可借鉴美国的公平基金制度，以违法违规数据用户的罚没收入设立赔偿基金，或者设立先行赔付保险基金。当发生数据侵权事件致个人权益受损时，利他组织应立即对数据主体的赔偿请求进行先行赔付；完成先行赔付后，利他组织可通过代位求偿等制度向实际侵权人追偿。

（三）规范数据用户访问行为，实现数据利他目标

数据的合规使用是实现公益利用目标的核心，总体上应遵循正当性、必要性和比例原则，具体应用中应当细化上述原则。为确保公益目的实现，建议在访问阶段采取严格措施限制数据访问目的，并对数据进行最小化处理。

1. 公益目的限定

健康数据利他制度中公益目的须特定、具体、明确。[①] 因公共利益概念宽泛，其边界一直是法学和其他社会科学领域的重要议题。我国可借鉴GDPR 的有益经验，采取白名单与黑名单相结合的方式明晰健康数据的公益利用界限。

在白名单方面，建议将健康数据公益利用目的限定在以下五个方面：一是卫生与护理领域的教学活动；二是公共健康、历史、科学研究活动，如医药研发、训练、测试与评估医疗器械等；三是公共健康监测与预警；四是临床医学；五是官方健康数据统计。

在黑名单方面，建议明确列举被禁止的数据使用目的。例如，不得做出不利于个人的决策（如提高保险费用）、不得开发可能对个人或社会产生危害的产品与服务（如违禁药物）、不得以违反公序良俗的方式设计或改造商品和服务、不得将数据用于营销目的。[②]

---

① 王利明：《敏感个人信息保护的基本问题——以〈民法典〉和〈个人信息保护法〉的解释为背景》，《当代法学》2022 年第 1 期。

② European Commission. Proposal for a Regulation of the European Parliament and of the Council on the European Health Data Space（EHDS），2022，Article 35.

2. 确保数据访问两个最小化

一方面，建立最小授权制度，实现可访问数据要素的最小化。数据使用合规最高效的方式的源头治理，即在授权阶段建立严格的最小授权机制，确保可访问数据仅以能够实现访问目的的最小范围数据为限，且与所授权的数据范围保持一致。首先，为最大程度确保数据安全，在授权数据用户访问前，利他组织有必要对数据使用方式与范围进行必要性评估。具言之，如果非原始数据足以实现数据用户所追求的处理目标，那么利他组织应尽可能通过安全沙箱或者隐私计算得出数据结果并提供至数据用户。如若前述方式无法满足处理要求，则数据利他组织尽可能提供匿名化的数据。当匿名化数据亦无法满足处理要求时，应当尽可能提供假名化数据，并严格禁止数据的识别。其次，利他组织提供给用户的数据应与数据主体事先授权的数据范围和内容保持一致。在授权范围有所缩小时，应要求数据用户重新递交访问申请，以确保数据使用与新的授权范围相符。①

另一方面，采取多层次安全措施，实现可访问数据处理风险的最小化。在数据传输阶段，建议采用非对称加密技术，保证在传输过程中截取数据的攻击者无法获取有用信息。在数据访问阶段，利他组织可依托隐私计算技术，为数据用户创造安全、可信的数据访问环境。同时，采用PIN码进行数据用户身份验证，确保只有得到明确授权的人员方可访问数据，从而加强对个人隐私的保护。

（四）构建数据利他监管机制，加强数据合规监管

在监管方面，应建立涵盖事前预防、事中监督与事后惩戒的全过程公共监管体系。

一是构建多元事前监管制度，采取刚柔并济的监管手段。在刚性监管方面，利他组织的设立应当满足监管部门的资质要求，并由后者进行资格认证，颁发营业许可证明。② 另外，监管部门亦可从干预数据公益信托格式合同的制定、公益目的范围细化等方面强化监管。在柔性监管机制中，监管机构应加强对数据利他活动的行政指导与激励。例如采用财政补贴分

---

① European Commission. Proposal for a Regulation of the European Parliament and of the Council on the European Health Data Space（EHDS），2022，Article 44.
② European Parliament. Data Governance Act, pp. 32–33.

档、薪酬标准分级等激励型监管工具，辅之以行政协助、标兵推荐等指导型监管措施，提升监管的总体效能。①

二是形成事中行政检查与监督机制。在利他组织的运行过程中，应当从数据利他组织的安全保障能力出发，采取主动与被动相结合的综合监管措施。主动措施包含建立全面报送制度，要求利他组织主动按照规定周期就特定内容向主管部门提交报告。② 在被动措施方面，通过不定期随机检查，对利他组织的运营合规性进行审计与审查。同时，建立有效便捷的举报和投诉机制，以加强对数据利用的社会监督。

三是构建刑事、行政、民事责任相结合的事后追责制度。其一，严格追究数据侵权刑事责任。《刑法》第253条和《关于办理侵犯公民个人信息刑事案件适用法律若干问题的解释》提供了个人信息网络犯罪的处罚依据。当利他组织或者相关人员非法获取健康数据、向他人提供或出售个人信息及拒不履行法定的安全管理义务时，可依法对单位判处罚金，并追究组织主管人员及直接责任人员的刑事责任。其二，应建立多元行政责任追究机制，具体包括责令改正、给予警告、没收违法所得、罚款、停业整顿、吊销营业执照等措施。当利他组织或从业人员的行为违反《个人信息保护法》《网络安全法》以及监管规定时，由监管部门视情节依法追究行政责任。其三，在民事责任认定方面，应采取过错推定原则，实行举证责任倒置。当发生数据侵权事件导致个人数据权益受损时，推定利他组织有过错，由利他组织承担已履行信义义务的证明责任。另外，在责任承担方面，可以参考知识产权侵权中的惩罚性赔偿制度，有限适用惩罚性赔偿制度③及法定定额赔偿制度④。当利他组织因故意、重大过失造成个人数据遭受大规模泄露等严重后果时，除填补损失外，还应承担严格的惩罚性赔偿责任或较高额度的法定赔偿。另外，因健康数据涉及人格权益，应允许数据主体在其人身利益受到损害时主张精神损害赔偿。⑤

---

① 曲君宇：《数据公益捐赠所得税扣除的理论证成与制度构想》，《税务研究》2022年第11期。
② European Parliament. Data Governance Act，p. 34.
③ 贺小石：《数据信托：个人网络行为信息保护的新方案》，《探索与争鸣》2022年第12期。
④ 邢会强：《数据控制者的信义义务理论质疑》，《法制与社会发展》2021年第4期。
⑤ 田奥妮：《第三方数据信托：数据控制者义务的困境及其破解》，《图书馆论坛》2022年第8期。

五　结语

　　作为数字中国建设战略的重要组成部分，个人健康数据利他模式可构建信赖基础、打破数据垄断、创设多元同意机制，使可信、便捷、合规、规模化的数据共享成为可能。本文通过平台搭建、流程设计、法律关系梳理与制度保障致力于构建一个更加切合本土实际、全面而系统的数据利他制度体系。具体而言，首先搭建包含数据资源层、技术支持层、服务系统层和应用场景层的"四层次"数据利他平台。其次确定数据汇集、数据匹配与数据共享"三阶段"运行流程。再次梳理数据主体与利他组织的数据公益信托法律关系与利他组织和数据用户之间的数据许可法律关系。最后在供给、管理、使用以及监管四个维度提供制度保障。建议在北京、上海、深圳等地率先进行个人健康数据利他模式的先行先试，在监管部门的指导和监督下积极创新实践，形成可复制可推广的经验，而后向其他地区和行业推进，实现各类数据公益价值的充分释放。

数据跨境流动中标准合同制度研究

董亚楠[*]

摘　要：随着数字经济的飞速发展，数据跨境流动呈爆发式增长。数据跨境流动成为数字化时代推动全球经济增长的重要引擎，同时也促使数据处理者的数据出境需求快速上升。在借鉴欧盟GDPR标准合同条款的基础上，我国制定并已正式实施《个人信息出境标准合同办法》以及《个人信息出境标准合同》示范文本。标准合同具备高效便捷、便于跨国公司合规制度衔接、争议解决方式灵活等优势，且对我国国家与公共利益的影响较低，较多适用于个人信息处理规模较小、出境需求频次较低的企业。当前实践中存在个人信息处理者未真正建立数据流动管理体系、数据双向流动中合同条款潜在冲突、个人信息跨境传输效率受到影响等挑战。针对以上现实挑战和立法在个人信息保护影响评估制度、数据分级分类、委托处理出境个人信息的责任承担方式等方面存在的问题，提出相关对策和建议，以期对未来立法有所裨益。

关键词：数据跨境流动　标准合同　个人信息保护影响评估　数据分级分类

一　问题的提出

随着数字经济迅猛发展，物联网、云计算、人工智能等新技术推动了全球网络互联和数据跨境流动。日益频繁的数据跨境流动，促使数据处理者的数据出境需求快速增长。为防范化解数据跨境安全风险、保护个人信

---

[*] 董亚楠，天津市司法局社区矫正中心七级职员。

息权益，有必要通过立法明确数据出境的具体要求。世界上许多国家和地区先后制定标准合同（或标准合同条款），通过合同的约束力将境内管辖权延伸到境外，一定程度上具有境内法域外适用的效果，以保护处于相对弱势地位的个人信息主体权益。本文研究的跨境流动的数据主要指个人数据。个人数据与个人信息并无本质差别。数据主要的形式是电子化或数字化的记录，是信息的形式，信息是数据的内容，两者侧重点不同，同时又密切联系①。

自20世纪80年代，一些欧洲大陆国家开始通过合同方法解决跨境数据流动涉及的法律问题。法国是最早广泛运用合同方法保护数据流动的国家②。德国铁路卡（Bahncard）案掀起了人们探讨通过合同促进数据跨境流动中个人信息保护的热潮。欧洲理事会、国际商会、香港个人隐私专员公署、加拿大商会相继制定并公布格式合同。在吸收借鉴以往立法经验的基础上，欧盟将标准合同条款纳入数据跨境流动法律框架中，并不断修改完善。目前，至少有20个合同模板、标准化合同条款，适用于全球71个国家及地区③。2021年11月，我国《个人信息保护法》首次规定了个人信息处理者与境外接收方签订标准合同作为数据出境的方式之一。2023年6月1日，我国正式颁布施行《个人信息出境标准合同办法》（以下简称《标准合同办法》），对《个人信息出境标准合同》（以下简称《标准合同》）的适用条件和备案监管等做出具体规定。在国际上政策法律和安全环境缺乏充分性认定，认证机构和结论的互通互认、信任基础存在较大差异的当前，标准合同因其灵活便捷和风险有限，可以成为个人信息跨境使用的重要法律工具，并在合同的相对性中回应各方利益需求的不断变化。在遵循数据跨境流动自由与安全两大原则的基础上，标准合同出台有利于加快中国融入世界数字经济发展，提升中国在国际社会中关于数字经济的话语权。作为数据安全与数据利用两种法益平衡下的产物，标准合同一方面能够为数据跨境流动提供更加便捷且自主性更高的流动方式，另一方面也能满足保护数据主体权益的需求。作为我国《个人信息保护法》项下数据跨境流动渠道之一，我国标准合同的发展对国

---

① 程啸：《个人信息保护法理解与适用》，中国法制出版社，2021，第74页。
② European Commission, Data Protection Working Party, WP 9, p. 2.
③ 赛博研究院：《全球采用"数据传输标准合同"的71个国家及地区》，https://mp.weixin.qq.com/s/IW4JSMmTZSTS9Jdh9wCWpQ。

内数据治理以及对接域外高水平区域贸易协定均具有重要作用。

在理论研究方面，有关数据跨境流动治理的研究不断涌现，但是关注数据跨境流动标准合同的研究成果相对较少。目前相关的讨论有：李艳华主张，标准合同条款是后 SchremsII 时代欧盟最为重要的数据跨境传输机制，我国应借鉴欧盟标准合同条款范本中的风险调控模块化方法，合理限制数据本地化，审慎设计标准合同条款，为本国参与全球数据竞争提供规则基础。[1] 金晶认为，作为个人信息跨境传输的监管工具，标准合同兼具个别规范和国家法规范的双重属性，旨在保护个人信息，防范跨境传输对国家安全、公共利益的特殊风险。国家网信部门制定标准合同条款构成对《个人信息保护法》的具体化适用，应限于授权范围，遵循比例原则，合理确定条款的强制使用机制和内容强制程度。[2] 赵精武主张，标准化合同规制逻辑是通过设定私法义务将数据安全保护这一公法义务的履行标准予以细化，并借助既有的数据分级分类制度归纳合同内容类型，实现跨境数据流动监管过程中"义务是否履行"向"义务履行如何"的判断标准转变。[3] 总的来说，现有关于数据跨境流动标准合同的讨论侧重于理论研究方面，有关数据跨境流动标准合同的实践性研究不足，有待从标准合同的实践现状、相关立法完善等方面展开深入探讨。

二 我国数据跨境流动标准合同的立法定位

（一）《标准合同》的法律属性

第一，《标准合同》是法律规定的当事人合意达成的民事合同。《标准合同》是缔约双方以自愿为基础达成的意思表示。《标准合同》共有 9 个条款，内容涵盖个人信息处理者和境外接收方的义务、境外接收方所在国家或地区政策和法规对合同履行的影响、个人信息主体的权利和救济、合

---

[1] 李艳华：《隐私盾案后欧美数据的跨境流动监管及中国对策——软数据本地化机制的走向与标准合同条款路径的革新》，《欧洲研究》2021 年第 6 期。
[2] 金晶：《作为个人信息跨境传输监管工具的标准合同条款》，《法学研究》2022 年第 5 期。
[3] 赵精武：《数据跨境传输中标准化合同的构建基础与监管转型》，《法律科学》（西北政法大学学报）2022 年第 2 期。

同解除、违约责任等方面[①]。从合同框架和条款看，标准合同属于典型合同，应受我国《民法典》合同编规范和约束。《个人信息保护法》是标准合同产生的依据，签订和履行标准合同是从民事合同层面约定各方权利义务，以及违反合同约定的民事责任，并不能当然减轻或免除个人信息处理者因违反《个人信息保护法》而应承担的其他法律责任。由于数据保护跨越了公法与私法的界限，数据跨境流动涉及的法律关系的性质也大不相同。个人信息处理者与境外接收方之间具有平等的民事法律关系。由于数据流转打破了个人与企业面对面信息传递中的权利均衡，为平衡二者对数据的控制力，提高个人对数据流动过程的参与，标准合同为个人信息主体设定了权利，为缔约双方当事人规定了相应的权利和义务。例如，个人信息处理者在个人信息处理上对个人信息数据主体负有义务，一旦其违法行为侵害个人信息主体的权利和利益，个人信息主体可通过诉讼、仲裁和调解等方式主张赔偿。通过合同文本，将原本公法层面的数据安全保护义务转化为私法层面的合同义务，间接实现公法义务履行方式的标准化[②]。合同义务法定化成为数据跨境传输监管的重要制度工具，强制性要求数据处理者在合同中约定数据安全保护义务。在各国数据保护水平不对等的情况下，标准合同不仅是立法的有效补充，也可以简化个人信息处理者与境外接收方订立合同的程序，降低缔约成本。欧洲理事会和欧共体委员会于1990年在卢森堡共同举办的会议曾指出，应利用合同方法促进跨境数据流动中的同等数据保护。基于数据本身具有人格与财产双重属性[③]，合同法不能取代数据保护的立法需要，但合同是数据保护和跨境数据流动立法的重要补充。

《标准合同》明确其制定的直接目的在于"确保境外接收方处理个人信息的活动达到我国相关法律法规规定的个人信息保护标准""明确个人信息处理者和境外接收方个人信息保护的权利和义务"[④]。基于此目的设置了个人信息出境活动中，作为境外接收方的外国企业、组织的最低合同义

[①] 国家互联网信息办公室：《个人信息出境标准合同办法》，《中华人民共和国国务院公报》2023年第11号，http://www.gov.cn/gongbao/content/2023/content_5752224.htm。

[②] 赵精武：《数据跨境传输中标准化合同的构建基础与监管转型》，《法律科学》（西北政法大学学报）2022年第2期。

[③] 彭诚信：《论个人信息的双重法律属性》，《清华法学》2021年第6期。

[④] 《个人信息出境标准合同办法》，国家网信办微信公众号，http://mp.weixin.qq.com/s/5T7pCReDif6tzCd56m3zKA。

务要求,并通过合同对各方权利义务分配、法律适用与违约责任等做出规定,保障了对个人信息出境活动的各方管理制度、安全技术措施的验证与追责,使得个人、境内外企业、组织等通过民事诉讼等方式维护自身合法权益,而无须动辄启动公权力。

第二,标准合同是示范合同。根据我国《民法典》第496条,格式条款是当事人为了重复使用而预先拟定,并在订立合同时未与对方协商的条款。格式条款合同一般是由居于垄断地位的一方所拟订,对方当事人处于从属地位。① 示范或标准合同是指通过相关专业法规、商业习惯等确立的,为当事人订立合同时参考的文本格式②。在我国,房屋买卖、租赁、建筑施工、政府采购等许多行业正在推行各类示范合同。从以上特征来看,格式条款合同不同于示范或标准合同。数据跨境流动标准合同的双方当事人具有平等的法律地位,可以通过协商补充合同条款,因而它不是格式条款合同。

第三,标准合同是意定合同。根据《标准合同办法》第6条第1款,标准合同的文本内容是不得修改的。也就是说,个人信息处理者以及境外接收方必须完全接受标准合同,不得修改或删除任一条款。如采用其他形式的个人信息出境协议送交备案的,很可能无法通过备案。该条第2款又规定,个人信息处理者可以与境外接收方约定其他条款,但不得与标准合同相冲突。因此,双方可以在标准合同的附录中补充合同条款,还可以签订额外的个人信息出境协议,或将标准合同纳入更广泛的协议中,但前提是此类额外协议的条款不得与标准合同相冲突。我国网信办发布的标准合同条款包括缔约双方不应变动的正文以及有待填写的附录说明。双方仅能对正文部分条款和附录进行补充,也可基于双方协商情况,在附录中增加补充约定。这在一定程度上体现了标准合同机制的设计逻辑,即通过民事合同约定权利义务督促境内个人信息处理者采取技术和管理措施来达到符合法规要求的数据保护水准,并通过备案等行政方式监督个人信息处理活动参与方的行为。

(二)《标准合同》的主要功能

标准合同旨在协调数据跨境流动中的一对基本矛盾,即促进跨境数据

---

① 杨立新主编《中华人民共和国民法典释义与案例评注——合同编(上)》,中国法制出版社,2020,第74页。
② 傅健:《略论格式条款提供方的法定义务》,《法学评论》2001年第4期。

流动，并同时保护数据安全。标准合同可以为不同法域内数据流动涉及的复杂法律问题提供有效解决模式，为国际经贸往来中涉及的数据流动提供安全和明确的法律环境，降低缔约成本，促进跨境数据流动中数据保护规则的融合与统一。由于不存在跨境数据保护统一标准，标准合同无疑成为个人信息处理者向境外输出个人信息的重要工具。标准合同涉及个人信息处理者和境外接收方两个直接当事方，需要分配两者在数据保护上的义务，确立了以个人信息处理者为主导的责任承担模式，由对个人信息处理的目的和方式具有决定权的个人信息处理者承担保护个人信息的主要责任。《标准合同》第2条明确了个人信息处理者应当履行的义务，并特别要求个人信息处理者对境外接收方承担监督管理者责任。也就是说，进行个人信息出境活动时，企业不仅是出境活动的主要责任方，更是监管机构的重点监管对象。对于境外接收方，《标准合同》将我国数据保护法律法规的要求转化为境外接收方的合同义务，以使境外接收方可以达到我国法律所要求的保护水平，并特别规定了境外接收方需要配合境内企业接受我国监管机构检查的义务和责任，与境内企业需要承担监督和检查责任相呼应。

（三）《标准合同》的地位分析

个人信息出境是企业日常运营中的常见场景，也是法律实务中的合规焦点之一。《个人信息保护法》第38条第1款确定了个人信息出境的四条路径：安全评估、认证、标准合同和其他[1]。数据出境安全评估、认证与标准合同虽然是平行的三种数据跨境传输机制，但其侧重点和适用范围有所不同。其中，数据出境安全评估侧重于维护国家安全和社会公共利益，因而其适用具有强制性。认证是经专业机构进行的个人信息保护认证。这三条合规路径中，触发安全评估路径的门槛相对较高[2]。如果企业存在重要数据或达到门槛的个人信息的出境，则必须进行安全评估。如果企业存在个人信息的跨境流动但没有触发安全评估路径，则可以根据自身情况选择认证或标准合同路径。认证路径将需引入第三方认证机构进行测评和监督。标准合同路径与数据出境安全评估路径互补，而与数据出境认证互

---

[1] 由于"其他"属于兜底性条款，下文不再予以分析。
[2] 参见《数据出境安全评估办法》第4条。

斥。而就数据出境认证与标准合同路径之间的适用关系，尽管法律法规未明确规定，但实务中均认为二者是彼此独立、相互替代的两种模式。鉴于合同签署本就是在企业开展个人信息出境业务过程中的必经之路，标准合同路径将是三条出境路径中最为广泛适用的出境路径。

(四)《标准合同》的适用范围

《标准合同办法》第 4 条明确了订立个人信息出境标准合同应当满足的四个条件。目前国内互联网企业或重视知识产权的企业往往涉及重要数据或者个人信息数量众多，不符合该条规定的标准，从而不能通过标准合同的流程将个人信息传输出境。因此，标准合同应用于个人信息出境量较少，对国家与公共利益的影响较低的非高风险场景，主要适用于中小型企业数据传输、跨国企业人力资源管理或一次性交易并购等。《标准合同办法》基于国家安全与个人信息保护的客观要求，对标准合同的适用做出规定。对于标准合同的缔约主体，标准合同将其规定为个人信息处理者与境外接收方两大类，并针对二者间的个人信息出境事务进行规制。

(五)《标准合同》的价值取向

根据《网络安全法》第 18 条和《数据安全法》第 11 条，国家鼓励开发网络数据安全保护技术，积极开展数据领域的国际合作，参与数据安全相关国际规则制定，促进数据跨境安全、自由流动。"十四五"规划提出，坚持放管并重，促进发展与规范管理相统一。从以上立法和文件精神可以得出，我国已经形成了"立足安全、重视自由"的数据跨境流动规制原则。对于正在快速发展的新兴国家来说，在面临相对较高的网络风险和相对较弱的国内信息技术产业竞争力条件下，优先保障发展和安全是最重要的目标[1]。但这并不意味着我国不重视数据自由流动。事实上，我国已在国际和国内平台以实际行动支持数据自由流动。我国于 2019 年在 G20 大阪峰会上签署了《数字经济大阪宣言》，积极回应了其中"基于信任的数据自由流动"的倡议。2020 年，我国签署的《区域全面经济伙伴关系协定》(RCEP) 第 15 条申明："不得阻止基于商业行为而进行的数据跨境

---

[1] 刘金河、崔保国：《数据本地化和数据防御主义的合理性与趋势》，《国际展望》2020 年第 6 期。

传输。"

近年来，我国学者对于数据立法借鉴欧盟《通用数据保护条例》（以下简称 GDPR）模式持有不同观点，有些学者对法律移植的风险表示担忧且尚未达成共识。例如，根据 GDPR，适用标准合同条款之前，要由欧洲法院对境外接收方的法律环境和实践情况是否违背欧洲宪法进行实质性审查，这对于无宪法审查传统或者违宪法审查制度不发达的国家来说，可能存在制度障碍①。从立法历史和起草说明也可以看出，我国在数据保护立法上借鉴了 GDPR 的监管思路，但欧盟的标准合同条款制度也存在合同义务落空、形式主义等问题。因此，我国标准合同的价值定位，应从我国数据跨境流动实际出发，以促进数字经济健康发展为目标，立足安全、重视自由，完善法规和监管方案，构建具有中国特色的法律制度。

三 标准合同适用于我国数据跨境流动的实践与挑战

（一）标准合同适用于我国数据跨境流动的实践

目前触发数据出境安全评估的门槛较高，适用主体和场景有限，我国个人信息保护认证路径还有待进一步检验。由于具备高效便捷、认可度高、便于跨国公司合规制度衔接、争议解决方式开放灵活等优势，标准合同适用的个人信息出境活动规模较小、对国家与公共利益的影响较低。外国公司驻华代表处、全资子公司等外商投资企业、分支机构以及中资出海企业，一般境内处理或跨境传输的个人信息较少，通常仅涉及员工个人信息、供应商或经销商个人信息，较多选择个人信息出境标准合同路径。标准合同适用的个人信息出境场景非常广泛，例如：跨国集团内部出于人力资源管理、业务统筹等需求，将个人信息传输或存储至境外，或给予境外总部访问境内存储的员工档案、客户信息等数据的权限。中国企业采购境外供应商提供的服务或产品，境外供应商在提供产品或服务过程中可接触个人信息或需使用个人信息。

截至 2023 年 7 月底，通过各地省级网信办、媒体机构和公司等公开渠

---

① 金晶：《个人数据跨境传输的欧盟标准——规则建构、司法推动与范式扩张》，《欧洲研究》2021 年第 4 期。

道查询到，经国家网信办审批或备案，数据出境申报成功的企业案例仅有15件，其中13件所涉企业申报了数据出境安全评估，占数据出境成功申报的87%，2件通过个人信息出境标准合同备案，占数据出境成功申报的13%。与国家网信办和各地省级网信办已受理的千余件申报相比，数据出境申报通过率仅为1%。① 数据出境安全评估申报被批准的企业数量远超过通过个人信息出境标准合同备案的企业。《数据出境安全评估办法》的发布和实施早于《标准合同办法》，触发数据出境安全评估条件的企业很早就开始了数据合规整改与申报，而适用于个人信息出境标准合同备案路径的企业仍处于法定整改期。这是申报数据出境安全评估被批准企业数量多于个人信息出境标准合同备案企业的重要原因。但事实上，数据出境标准合同备案更加便利，程序简单，备案也侧重于形式审查，将成为大多数企业个人信息出境的路径选择。

（二）标准合同适用于我国数据跨境流动的挑战

一是个人信息处理者需自证符合《标准合同办法》关于标准合同适用范围的规定。根据《标准合同办法》第4条②，符合该条规定情形的个人信息处理者可以不经网信办评估，选择适用专业认证机构认证或签订标准合同的方式实现个人信息跨境流动。这条规定为企业带来的真正挑战，并非限于个人信息数量如何计算、累计时间段被明确为最长两年等问题，而是企业面对潜在的监管审查时，如何能够自证其符合《标准合同办法》第4条，无须向网信办申报评估。实务工作中，由于企业部门之间存在一定的条块分割，很多企业尚未建立起有效的数据流动管理体系，企业对于经营中个人信息出境的数量无法做到全面、精确地掌握。另外，个人信息出境的场景纷繁复杂，可能涉及第三方用户、外部合作方、员工的个人信息，这些数据如果未经有效管理，对于业务与产品体系庞杂的企业来说，当面临监管机构审查时，可能难以自证个人信息出境的时间与数量。由此

---

① 王良：《企业数据出境申报趋势与成功案例分析》，https://mp.weixin.qq.com/s/4SEps5nweNCflAmRFVWEFQ。
② 《个人信息出境标准合同办法》第4条：个人信息处理者通过订立标准合同的方式向境外提供个人信息的，应当同时符合下列情形：（一）非关键信息基础设施运营者；（二）处理个人信息不满100万人的；（三）自上年1月1日起累计向境外提供个人信息不满10万人的；（四）自上年1月1日起累计向境外提供敏感个人信息不满1万人的。

看来，《标准合同办法》第 4 条不但限制了通过标准合同实现个人信息跨境流动的范围，还对企业提出了较高的合规要求。这或许是我国数据跨境流动监管体系的价值取向，即只有在确保个人信息安全以及个人信息主体权益的情况下，才可以进行个人信息的跨境流动。当企业意识到合规成本太高时，作为理性经济人，会平衡数据出境的成本与收益，而倾向选择管理成本更低的路径，即个人信息本地化存储。

二是数据双向流动中的合同条款潜在冲突。无论是在跨国公司集团内部还是境内主体与境外业务合作之间，数据往往是双向流动的——可能从中国境内流向境外，同时也可能从境外流向中国境内。例如，根据 GDPR 的要求，欧盟的企业向中国境内主体传输个人信息时普遍使用欧盟委员会发布的标准合同条款（以下简称 SCC）。由此可能导致在某些数据传输活动中，双方需要同时适用两部合同，当两部合同内容存在差异或冲突时，潜在的协商或争议解决可能面临较大的不确定性或困难。如果一个项目中同时签订了标准合同与 SCC，境内外个人信息处理者都应当审慎评估其中的差异并尽可能对其中相冲突的部分做出事先协商安排，同时也要避免进一步协商与补充约定同所适用的法律法规产生冲突。

三是个人信息主体权利主张的实现以及对标准合同双方当事人的影响。《标准合同办法》将个人信息主体作为第三方受益人，突破了传统民法上的合同相对性原理，属于第三人利益合同，SCC 也有类似规定。这一规定为标准合同当事人带来了诸多现实挑战。其一，第三人利益制度的确立，无论对境内个人信息处理者还是境外接收方来说，都意味着未来可能面临更多的个人信息主体权利请求，甚至是大量的个人民事诉讼或民事公益诉讼。其二，考虑到民事诉讼潜在赔偿金额可能有限，个人信息主体可能通过行使标准合同项下的权利，或通过对标准合同当事人提起诉讼获取相关证据材料，采取行政投诉或举报方式请求我国国内监管机关介入，由此增加与标准合同当事人谈判的筹码。

四是个人信息跨境传输的效率可能受到影响。尽管不同于网信办审批，《标准合同办法》采取的是备案方式，但其明确规定了个人信息保护影响评估报告需要作为备案材料提交网信办。相较于专业认证机构模式所适用的"跨国公司或者同一经济、事业实体下属子公司或关联公司之间的个人信息跨境处理活动"，标准合同适用场景与境外接收方身份可能难以事先预判，这就对个人信息保护影响评估的时效性提出了更高的要求。能否及时完成个人信息保护影响评估，将影响个人信息跨境传输相关业务顺利推进与完成。此外，标准合同条款为境外信息接收方设定了诸多义务，包括要求其直接回应个人信息主体的权利请求、向我国国内监管机构报告等。实务工作中这样的条款规定可能导致境内个人信息处理者与境外接收方商业谈判难度的增加，进而影响业务进度。

四 我国跨境数据流动标准合同立法评析

（一）个人信息保护影响评估制度与既有制度存在不协调

根据《数据出境安全评估办法》第 5 条和第 8 条，与数据出境风险自评估相比，数据出境安全评估重点事项中增加了境外接收方所在国家或地区的数据安全保护政策法规和网络安全环境对出境数据安全的影响，将此项较为复杂的内容交由评估机构进行判断，较为合理地分配了评估责任。与之相反，《标准合同办法》要求个人信息处理者在个人信息保护影响评估中，评估"境外接收方所在国家或地区的个人信息保护政策法规对标准合同履行的影响"，这对个人信息处理者提出了很高的评估要求。

《数据出境安全评估办法》第 5 条规定的是风险自评估，《标准合同办法》第 5 条规定的是个人信息保护影响评估，两者适用范围完全不同，但重点评估内容基本相同，个人信息保护影响评估制度似乎成为风险自评估制度在个人信息保护领域的特殊形式，不利于建立层次分明的数据安全法律体系。

（二）数据分级分类标准不明确

重要数据保护这一制度不是中国独有的。虽然大多数国家没有针对性的重要数据保护制度，但是重要数据的保护在实质上还是得到了有效执行，只是在实际管理层面散落在不同数据保护管理制度之下。以美国为例，美国对重要数据的保护主要体现在非密信息保护制度和数据信息系统分级制度之中。2009 年，时任总统奥巴马签发总统行政令 EO13526《国家安全保密信息》，将保密信息分为 Top Secret、Secret、Confidential 三个级别，其他不涉及保密的信息被称为非密信息，但是这并不意味着非密信息就不受监管。美国陆续制定了一系列相关标准和指南、安全控制实施和评估工具，建立受控非密信息保护制度。其中，涉及安全分类映射的NIST800-60《信息及信息系统安全分类映射指南》将联邦政府信息及信息系统分为低、中、高三个级别，并提出了针对性的安全保障要求①。

我国《数据安全法》提出国家建立数据分类分级保护制度，各地区、各部门确定重要数据具体目录，并强调对列入的数据进行重点保护。2021年11月，我国网信办公布的《网络数据安全管理条例（征求意见稿）》，将数据分为一般数据、重要数据、核心数据三类。2019年《数据安全管理办法》并未将企业生产经营和内部管理信息、个人信息纳入重要数据范围。2020年出台的《重要数据识别指南（征求意见稿）》采取类似做法，同时又提出基于海量个人信息的数据集、部分特定的个人信息（重要人物个人信息）可能被认定为重要数据。根据《标准合同办法》第4条，标准合同适用于处理个人信息不满100万人的个人信息处理者与境外接收方订立的合同。在某一时间点，个人信息处理者处理的是不满100万人的个人信息，从内容上也不构成重要信息。如果数量快速累积突破了100万，可能会转化为重要数据。原本并不涉及国家安全的个人数据完全可能因为突破一定数量而成为重要数据。通常情形下，一些涉及个人信息的企业经营管理信息，对于企业而言可能是重要的数据，但其被篡改、破坏、泄露的影响一般上升不到对国家安全造成危害的高度，因此不作为重要信息进行规制合乎逻辑。但是，在满足特定条件时，这些个人信息可能成为重要数据。例如，滴滴公司对其签约车辆通过定位的方式进行管理，是正常的企业经营管理行为，其所收集的乘客、签约驾驶员的个人信息为企业协调订单业务和对签约驾驶员管理提供数据支撑。但如果滴滴公司申请海外上市，原本就很敏感的数据，万一落入他国人手中，就能分析出很多重要信息，比如国内用户的喜好倾向，国外企业可以专门制定市场方案，最终会对我国经济运行产生不利影响。因为这些个人信息此时已上升到国家经济安全的高度。因此，明晰数据的分级分类的标准、准确识别重要数据与一般数据，对于正确理解和适用标准合同与实现数据跨境流动法律规制，是十分必要的。

---

① 参见 NIST SP 800-60 Vol. 1 Rev. 1. Guide for Mapping Types of Information and Information Systems to Security Categories, https://csrc.nist.gov/publications/detail/sp/800-60/vol-1-rev-1/final.

从目前情况来看，数据分级分类存在以下问题：一是数据分类体系尚未建立。《数据安全法》第21条规定，根据数据重要程度及遭到侵害后的危险程度进行划分，根据其影响范围广度、危害情节深度区分不同级别制度实施管理，实行纵向分级保护制度。《数据安全法》目前只建立起数据分级体系，而尚未建立起数据分类体系。二是分类分级的标准不统一。在分类上，不同地方制定不同的分类维度与方法，如浙江《数据分类分级指南》规定了数据管理维度、数据业务应用维度、数据安全保护维度、数据对象维度，同时上述维度下设数据应用领域、使用频率等二级分类。四川省在规范性文件中建立资源属性、共享属性、开放属性三个维度，并未设置二级分类。在分级上，地方之间也存在分级标准的差异。北京《政务数据分级与安全保护规范》对数据分级的因素包括数据影响对象、影响程度及影响范围。浙江省对数据分级是以数据影响范围和程度作为分级标准。四川省的数据分级要素是数据影响对象、影响程度。各地数据分级标准不统一，影响了数据安全等级（其中包括重要数据）的准确界定。三是中央与地方立法不对称。自《数据安全法》实施后，中央层面关于数据分类分级的文件数量远低于地方政府的文件数量。从总体上来看，数据分类分级的规范性文件较多，法律和行政法规缺位。数据分类分级的地方立法数量超过国家立法，将导致法律规范效力等级较低，可能引发立法体系、执法依据之间多重矛盾。四是分类与分级的概念与逻辑混淆。北京《政务数据分级与安全保护规范》单独列出重要数据、核心数据和一般数据并做出定义，默认三者包含于数据分级范畴中。浙江省《数字化改革公共数据分类分级指南》从安全保护维度将数据分为重要数据、核心数据、一般数据三类。安徽省《数据分级分类指南（试行）》将数据分为重要数据和核心数据两类。各地立法不能明确数据分类分级之间的概念及逻辑关系，仅凭《数据出境安全评估办法》等对重要数据的抽象定义，很难对重要数据做出明确界定，对数据出境活动可能会产生一定阻碍。

（三）委托处理出境个人信息的责任承担方式付之阙如

迄今为止，欧盟委员会共公布了四套数据跨境标准合同条款，分别适用于控制者-控制者、控制者-处理者、处理者-处理者、处理者-控制者四种不同类型的数据跨境场景。根据我国《标准合同办法》，签订标准合同的境内提供方须为个人信息处理者，而境外接收方则可为个人信息处理者或受托人。《标准合同》未针对不同场景设计合同条款的形式，而是选择以统一合同条款兼顾处理者-处理者及处理者-受托人两种场景，保持了个人信息跨境场景的一致性，同时又留有弹性空间。另外，还存在受托人作为数据出境方将个人信息提供给境外接收方的情形。例如，境外某个人信息处理者直接向中国境内自然人提供产品和服务从而收集中国境内自然人的个人信息并通过境内受托人储存该等个人信息并传输至中国境外。

《标准合同》多次提及委托处理，例如第3条关于境外接收方义务的规定，第（二）项要求受个人信息处理者委托处理个人信息的，应当按照与个人信息处理者的约定处理个人信息，第（九）项要求受个人信息处理者委托处理个人信息，转委托第三方处理的，应当事先征得个人信息处理者同意。由于委托人与受托人之间仅是委托合同关系，受托人并非委托人的雇员或工作人员，并不受委托人的控制，由此产生责任承担主体、承担方式如何确定的问题。《个人信息保护法》《标准合同》虽然对双方当事人的权利、义务做出规定，但是对不同处理方式的责任承担问题未予明确。

五 完善我国数据跨境流动标准合同相关立法的建议

（一）健全个人信息出境评估机制

从《数据出境安全评估办法》《标准合同办法》来看，我国已建立数据跨境流动安全评估制度，但是具体措施还不成熟，评估方式存在企业自评估内容难度过高、评估方式类型比较单一、更倾向于事前审查等问题。为有效平衡数据跨境共享和个人信息权益保护，需要完善个人信息出境评估机制，制定统一客观、可操作性强的跨境流动个人信息安全评估办法。

1. 按照"出境目的—安全风险"确立个人信息保护影响评估流程

首先应评估个人信息向境外流动的目的，包括是否符合合法性、正当性和必要性的要求。例如，评估个人信息出境目的是否符合法律法规规定，是否已经获得个人信息主体的同意，是否履行合同义务、公务或开展业务等所必需。如果通过目的评估，则会对该个人信息出境后是否存在被篡改、破坏、泄露、丢失、非法利用等风险进行评估，评估应综合考虑出境个人信息的属性和出境个人信息安全事故发生的可能性。

2. 细化对境外接收方法律与政策环境评估的相关规定

个人信息流动出境后，境内信息处理者对个人信息的管控能力降低，个人信息处理行为所面临的国外法律与政策环境更加不可控。为此，开展对接收方所在地的法律与政策环境的评估，可以降低法律不确定带来的对个人信息保护水平的减损，避免承担由此带来的个人信息出境法律责任。根据《个人信息保护法》《标准合同办法》等相关规定，境外接收方所在国家或地区的个人信息保护政策和法规对标准合同履行的影响，是个人信息保护影响评估报告的重点内容之一。基于此，对境外接收方的法律与政策环境的查明成为进行个人信息出境备案与风险评估的重要环节。然而，我国现有数据立法未规定对境外法律与政策环境的查明范围、查明路径等内容。实务工作中，对于境外接收方不配合查明和提供的，只能依赖其单方承诺或者在合同条款上的陈述与保证。我国法院在审理涉外民商事案件时也会遇到域外法律的查明问题，如当事人协议选择或冲突法规范指向适用某一域外法时，需要查明域外法内容。《最高人民法院关于设立国际商事法庭若干问题的规定》第8条列举了八类外国法查明方式，包括：（1）由当事人提供；（2）由中外法律专家提供；（3）由法律查明服务机构提供；（4）由国际商事专家委员提供；（5）由与我国订立司法协助协定的缔约对方的中央机关提供；（6）由我国驻该国使（领）馆提供；（7）由该国驻我国使（领）馆提供；（8）其他合理途径[①]。对于境外接收方法律与政策环境的查明，可以考虑上述八类方式。

（二）明确数据分级分类标准

根据《数据安全法》第21条，国家建立数据分类分级保护制度，各地区、各部门确定重要数据具体目录，并强调对列入的数据进行重点保护。在国家层面，我国正在构建自上而下的、统一的数据分类分级制度。在地区和行业层面，已有不少法律法规从数据分类分级角度规范本地区或本行业的数据安全相关活动，如《贵州省大数据安全保障条例》、《天津市数据安全管理办法（暂行）》、工信部《工业数据分类分级指南（试行）》《个人金融信息保护技术规范》《金融数据安全　数据安全分级指南》。随着在国家、地区、行业层面颁布更多、规范效力更强的重要数据目录，重要数据的认定标准将越来越清晰。

---

① 参见最高人民法院官网：https://www.court.gov.cn/zixun/xiangqing/104602.html。

1. 将重要数据归入类别数据范畴

数据分类是根据数据的属性或特征，按照一定的原则和方法进行区分，并建立起一定的分类体系和排列顺序，以便管理和使用数据①。依据数据的重要性和影响程度进行的分类就是分级，分级是多种分类方式中的一种。分级概念比较单一明确，分类概念外延更广，分类在不同场景下有不同的内涵，谈论分类必须结合场景。《网络安全法》并列提及重要数据和个人数据，这时重要数据和个人数据之间是分类，这一分类不能表示两者之间谁更重要，只是表示需要监管的两类数据。《数据安全法》以数据可能造成的影响程度作为标准决定重要数据的界限，并通过列举的方式描述了部分典型的重要数据场景。《汽车数据安全管理若干规定（试行）》未明确重要数据是级别还是类别概念，但其规定重要数据包括六类具体数据。一些学者也认为重要数据为类别数据。从实践角度来看，重要数据作为类别概念，可以为数据安全保护提供明确指引，有利于实现《数据安全法》提出的安全与发展兼顾的立法精神。强制要求企业按照一般数据、重要数据、核心数据的标准进行数据分级过于抽象，而分类的思路更有利于明确具体确定重要数据的范围。企业可以根据自身情况需要将数据分为三级、五级等，重要数据目录应以列明具体数据类型的方式进行明确。

2. 坚持动态识别重要数据的原则

识别重要数据的基本原则，其中有一项为"动态识别复评"，即"随着数据用途、共享方式、重要性等发生变化，动态识别重要数据，并定期复查重要数据识别结果"②。数据是动态变化的，对重要数据的识别结果也要进行定期复查，并且在数据的内容、应用场景、加工处理、内容的时效性等变化时，对重要数据进行重新识别。在某一时刻，企业处理的个人信息达不到重要数据的标准，随着企业数据规模的飞速增长、数据精密度的不断提升，当数据规模超过一定的数量级、使用或存储状态发生变化时，数据处理者所处理的数据分类有可能发生重大变化，已由一般数据转化为重要数据。此时，如果再沿用对于一般数据的保护措施，就违反了对重要数据重点保护的法定义务。

---

① 商希雪、韩海庭：《数据分类分级治理规范的体系化建构》，《电子政务》2022年第10期。
② 参见《信息安全技术　重要数据识别规则（征求意见稿）》（2022年3月16日稿）第4条（f）项。

3. 通过规范性文件等形式细化重要数据识别规则

从立法角度来看，一是各省级政府通过规范性文件等形式，在《重要数据识别规则》的基础上制定重要数据识别的具体细则。二是各类组织根据省级政府的相关要求识别并审核重要数据，形成重要数据目录。三是各类组织向省级政府报送本组织的重要数据识别结果，省级政府收到结果后，应形成本省及相关行业、领域的重要数据具体目录。

（三）境内数据处理者应建立数据风险管控制度

为履行数据分类分级义务，境内数据处理者首先应识别重要数据合规要求，明晰一般数据、敏感数据与重要数据的临界点，判断自身是否掌握重要数据。其次，境内数据处理者应建立全流程的数据风险管理制度，对数据分级分类、重要数据合规、特殊监管的行业数据合规等做出明确规范。最后，境内数据处理者处理的个人信息达到一定量级时，如处理接近100万人的个人信息时，除了遵循个人信息保护的既有要求①，还应落实处理重要数据的安全要求，但这只是作为参照遵循，并非规定批量个人信息就是重要数据。

（四）明晰委托处理出境个人信息的责任承担方式

根据《标准合同》第8条，双方依法承担连带责任的，个人信息主体有权请求任何一方或者双方承担责任。但是未区分个人信息处理的不同形式（如共同处理、委托处理等），并且未区分不同处理形式中双方责任承担方式。《个人信息保护法》第20条第2款直接规定共同处理者侵害个人信息权益造成损害的，应当依法承担连带责任。这里的"应当依法承担连带责任"，表明《个人信息保护法》第20条第2款不能成为独立请求权基础，个人信息主体不能直接依据该条款要求共同处理者承担连带责任，只能依据《民法典》关于多数人侵权责任的规定进行主张。关于共同处理者向个人信息主体承担赔偿责任后能否再进行内部追偿的问题，需要适用《民法典》关于连带赔偿责任的追偿与分摊的规定。②

对于委托处理的责任承担问题，《个人信息保护法》《标准合同》均

---

① 包括《网络安全法》《电子商务法》《民法典》《个人信息保护法》等法律。
② 程啸：《论个人信息共同处理者的民事责任》，《法学家》2021年第6期。

未做出明确规定。有学者提出，如果受托人在处理个人信息时给个人信息主体造成损害，就要承担责任，委托人是否承担责任要根据《民法典》第1193条①来判断②。但是，委托处理中委托人与受托人的关系与一般的承揽关系中定作人与承揽人的关系不完全相同，受托人的独立性要弱于承揽人，完全参照适用《民法典》第1193条判断委托人与受托人的责任，有失妥当。受托人的实际角色在个人信息处理活动中（包括境内和境外）可能发生转变，因此委托人与受托人之间的责任承担需要根据具体场景下受托人的实际角色，结合侵权责任的基本原理进行分析。当受托人违反个人信息保护规则，但并未擅自变更处理目的或方法时，受托人仍属于受托人，应当类推适用《民法典》第1191条或1192条的替代责任，由委托人承担责任，然后可以向受托人追偿③。当受托人违反个人信息保护规则，并擅自变更处理目的或方式时，受托人转变为个人信息处理者，与同属于个人信息处理者的委托人依据《民法典》关于多数人侵权的规定承担责任，由于此时委托人与受托人之间不存在意思联络，两者应承担按份责任。当委托事项本身违反个人信息保护规则且受托人对此明知的，两者存在意思联络及共同加害的故意，应承担连带责任。当委托事项本身违反个人信息保护规则，受托人可以证明自己尽到合理审查义务，并且没有收到信息主体关于停止处理的通知，该受托人可以免除责任④。

（五）通过双边或多边安排推动达成国际共识

数据跨境流动的国际合作已成为各国重要关切内容，但具体落地路径却缺乏共识和实践。欧盟和美国在数据跨境传输领域都具有一定的影响

---

① 《民法典》第1193条：承揽人在完成工作过程中造成第三人损害或者自己损害的，定作人不承担侵权责任。但是，定作人对定作、指示或者选任有过错的，应当承担相应的责任。
② 程啸：《个人信息保护法理解与适用》，中国法制出版社，2021，第209页。
③ 《民法典》第1191条：用人单位的工作人员因执行工作任务造成他人损害的，由用人单位承担侵权责任。用人单位承担侵权责任后，可以向有故意或者重大过失的工作人员追偿（后文略）。《民法典》第1192条：个人之间形成劳务关系，提供劳务一方因劳务造成他人损害的，由接受劳务一方承担侵权责任。接受劳务一方承担侵权责任后，可以向有故意或者重大过失的提供劳务一方追偿（后文略）。
④ 阮神裕：《个人信息委托处理中受托人的地位、义务与责任》，《当代法学》2022年第5期。

力，双方的博弈严重影响了整个国际数据跨境传输秩序[①]。在2018年通过GDPR以及2020年SchremsⅡ案否认了美欧签署的隐私盾协议效力两大事件的共同作用下，欧盟委员会于2021年6月通过了关于"向第三国传输个人数据的新的欧盟标准合同条款"（SCCs）。SCCs的出台，打乱了美欧之间数据跨境传输活动安排，对数据跨境传输提出了更高要求，增加了其他国家的合规成本。另外，2023年不同国家间围绕数据跨境流动与标准合同发生一系列事件。5月22日，爱尔兰数据保护委员会（DPC）宣布，因Meta依赖SCCs持续将欧盟用户数据传输到美国，但未解决欧洲用户基本权利和自由所面临的风险，故而对其罚款12亿欧元。5月24日，欧盟和东盟在布鲁塞尔联合发布了《东盟示范合同条款和欧盟标准合同条款的联合指南》。作为东盟与欧盟的合作成果，该《联合指南》将东盟示范合同条款（MCC）和欧盟标准合同条款（SCCs）的适用和结构进行比较分析，为欧盟和太平洋地区的数据跨境传输释放积极信号，也为欧盟和东盟通过MCC和SCCs的对接实现数据跨境流通的互操作性提供可能。6月27日，欧洲委员会（以下简称CoE）宣布，根据《关于在自动处理个人数据方面保护个人的公约》（以下简称108+公约）的修订议定书，通过了跨境数据传输合同示范条款的第一模块。CoE强调，示范条款已准备好供国家当局预先批准，以便将其纳入国家和区域转让文书和机制。示范条款可以被纳入更广泛的合同和/或添加到其他条款或额外的保障措施中，只要后者不与示范条款或适用法律相抵触，或损害第108+公约所承认的人权和基本自由。6月30日，美国司法部部长指定欧盟和组成欧洲经济区的另外三个国家为"合格地区"。7月3日，美国商务部部长发布声明，宣布"美国履行了在欧盟-美国数据隐私框架中的承诺"，推进了数据隐私框架（DPF）的进展。7月10日，欧盟委员会批准了一项欧美间数据传输新协议《欧盟-美国数据隐私框架》，以更好地保护输美欧盟公民个人数据的安全。欧盟委员会就该《框架》通过了一项"充分性决定"，其结论是，美国确保在新框架下对从欧盟传输到美国公司的个人数据提供足够水平的保护（与欧盟的保护水平相当），因此，个人数据可以安全地从欧盟流向参与该框架的美国公司，而无须采取额外的数据保护措施。该充分性决定就长期而言

[①] 李仁真、罗琳娜：《欧盟数据跨境传输标准合同条款新发展及启示》，《情报杂志》2022年第5期。

尚存在欧盟司法机关做出效力裁判的可能性，但是在短期看经由司法推翻该决定的概率并不高①。此次充分性认定为欧盟-美国的数据跨境流动带来了法律确定性，奠定了美欧之间在数据跨境流动合作方面的基本态势。但是，美国是否真的能达到其所称的数据保护水平也值得怀疑。欧盟委员会将于2024年7月发布对此次充分性认定的第一次审查结论，届时将了解DPF的实际效果。

从上述事件来看，一方面，欧盟与美国间关于数据跨境流动的博弈日益激烈，在斗争中寻求合作；另一方面，随着经济全球化以及数字经济的蓬勃发展，欧洲内部、欧洲与亚洲国家间正积极开展沟通、对话。为减少欧美国家博弈造成的负面影响，顺应世界各国对数据跨境流动的共同需求，我国应主动参与数据跨境流动治理，在合作中积极争取话语权，推动构建国际统一的跨境数据流动规则。

一是加强国家交流，增进数据跨境领域国际互信。尽管当前WTO自身改革困难重重，但是多边主体已经在WTO框架下达成电子商务议题谈判共识，数据跨境流动又是全球电子商务的重要组成部分，未来WTO部长级会议上很有可能达成全球范围内的跨境数据流动治理共识，形成基础性原则和规则。在此背景下，我国应研究并总结自身发展需求，在征求多方主体意见基础上形成并提交数据跨境流动治理中国方案，其中包括制定标准合同国际统一规则等议题，有利于我国在推进国际治理制度变革中掌握话语权。

二是通过双边和区域谈判机制，探索构建符合我国利益的统一国际规则。我国应在签署共建"一带一路"合作文件、RCEP后续谈判、中日韩FTA谈判中，增加数据跨境流动领域的谈判内容，积极与重要贸易伙伴达成跨境数据流动协定，尽力实现跨境数据流动规则的统一。通过上海合作组织推进有关数字经济一体化方面的跨境数据流动治理方案。因个人信息跨境流动标准合同体现一定的合同自治性，更有利于在上述区域性贸易协定中形成统一规则。通过参与双边与区域性多边协调机制的实践，不仅能够完善包括个人信息出境标准合同在内的数据跨境流动统一规则的制定，而且有利于提高我国在国际上关于数据保护规则的话语权，还有利于我国

---

① 吴沈括、邓立山：《欧-美数据隐私框架与欧盟充分性认定研究》，《中国审判》2023年第15期。

在制定全球性数据流动规则上发出中国声音。

三是探索在特定区域发挥制度创新优势，实现国内管理与国际规则衔接。海南自由贸易港、上海临港新片区、深圳中国特色社会主义先行示范区具有制度创新优势，在国家及行业数据跨境传输安全管理制度框架下，正在开展数据跨境传输（出境）安全管理试点，建立数据安全保护能力评估、数据流动备份审查等数据安全管理机制。粤港澳大湾区具有"一国两制"的制度特殊性，区域内有港澳两个特别行政区，三个独立关税区，港澳均有独立的立法、执法和司法机关，并与世界其他国家进行频繁的数据跨境交互，这是国内其他地区所不具有的先天优势。在上述区域开展先行先试，探索构建分级分类的负面清单监管制度，对数据分级分类管理机制和个人信息保护影响评估机制进行压力测试，总结提炼个人信息出境标准合同在实际应用中的成果与不足，反过来可以进一步完善标准合同、出境评估、分级分类等制度。

刑事司法领域数据跨境流动规则的冲突与调和[*]

姚秀文 王 燃[**]

摘 要：随着互联网的快速发展，刑事司法领域大量犯罪证据以网络数据形式存在，跨境取证和数据出境不可避免。目前针对刑事司法领域数据跨境尚无统一国际规则，各国法律冲突严峻，既不利于打击犯罪和国际合作，亦导致数字服务经济发展受阻。我国和美国、欧盟的刑事司法领域数据跨境调取存在"数据控制者"和"数据存储地"的模式之争；我国国内法划分"刑事司法"和"跨境业务"两种场景区别规制，同时伴随数据积极调取和数据保守出境的理念分歧。国际冲突背后隐藏着数据主权和数据自由、经济利益和人权保障的深层纠纷，国内矛盾之下充斥着数据主权的证据属性和技术特性、属地主义和属人主义、数据安全和数字发展的法理博弈。我国应在坚持数据主权原则的基础上重塑数据主权的中国式新理解，从强调该领域数据的证据属性到还原于技术特性，进而将管辖的属地主义转变为属人主义。推动属人主义框架下联合国统一国际规则的制定，同时通过搭建刑事司法领域公开数据的自由流动和非公开数据的分级出境制度理顺国内数据跨境流动规则。

关键词：电子数据 数据跨境 数据主权 属地管辖 属人管辖

---

[*] 本文系 2022 年度教育部人文社会科学重点研究基地重大项目"国家治理现代化与中国特色诉讼法制研究"之课题"数字时代诉讼法制的中国式现代化研究"（编号 22JJD820024）的研究成果。

[**] 姚秀文，天津大学法学院硕士研究生、天津大学中国智慧法治研究院助理研究员；王燃，中国人民大学纪检监察学院副教授。

一　引言

数字时代，互联网渗透人类生活方方面面，世界交流联系愈发紧密，刑事犯罪的网络性和国际性增强。大量证据以电子数据形式存在，刑事司法领域传统取证程序难以满足数据跨境调取的井喷需求，网络犯罪治理的重点在于如何有效打击网络犯罪，制度重心由实体法转向程序法。基于自身主权和安全利益考虑，美国《澄清合法使用境外数据法》（Clarifying Lawful Overseas Use of Data Act，CLOUDAct）、欧盟《电子证据条例》（Electronic Evidence Regulation）和《网络犯罪公约》（Convention on Cybercrime）及第二议定书等规定确立起"数据控制者模式"。

为维护国家主权，对抗美欧长臂管辖，我国通过《国际刑事司法协助法》、《数据安全法》、《个人信息保护法》以及《网络安全法》等法律法规在刑事司法领域数据管辖上坚持"数据存储地模式"。国际法律冲突不仅阻碍跨国网络犯罪打击，也使我国跨境数据服务提供者进退维谷，数据安全和数字经济发展遭受挑战。聚焦国内立法，数据跨境流动规则混乱。在坚持刑事司法领域数据跨境仅承认司法协助为合法方式的同时，对业务数据跨境另作要求，对侦查调取境外数据允许直接在线提取，矛盾由此产生。

数据出境与数据入境是一个问题的两个方面，而数据出境流动更直接关涉我国数据主权安全和个人数据权益的保护，是立法和司法实践中关注的重点问题。因此本文在数据跨境流动规则的大背景下，以我国刑事司法数据出境制度为"对照"，相对应论及其与国内外刑事司法领域数据入境制度和国内一般跨境业务领域数据出境制度间的立法冲突，探究数据跨境制度背后的数据主权深层逻辑，在平衡安全和发展中重塑数据主权的中国式理解，实现数据跨境流动规则的协调统一。

二　刑事司法领域数据跨境的法律冲突

放眼国际，统一的刑事司法领域数据跨境规则尚未出台，各个国家或地区基于自身司法实践和利益平衡制定法律，立法差异造成司法管辖模式的冲突。聚焦国内，当前立法导致同一个数据出境时存在刑事司法和跨境业务两套标准，在坚持国际司法协助程序的同时又允许在线提取境外数据，使国内立法自相矛盾。

（一）国际法律冲突

管辖权蕴含着一国对主权的主张，司法管辖权规制国家的具体权力行为，因其直接接触相对人或物，[①] 无论是从国内法还是国际法来看，一国原则上并不能在境外行使司法管辖权。[②] 但互联网时代模糊了地域疆界，传统属地管辖理念暴露弊端。美国和欧盟建立"数据控制者模式"，由刑事司法机关强制网络服务提供者披露数据完成数据调取；我国坚持"数据存储地模式"，主张数据出境应遵守国际刑事司法协助程序，国际法律冲突由此产生。

1. 美欧立法的"数据控制者模式"

"数据控制者模式"是指"在互联网技术支撑下，以寻求跨境网络服务提供者的合作或对其发出指令的方式，获取其控制的数据"。[③] 该模式的逻辑基础在于通过诠释网络数据与既往有形事物的极大差异，证明以物理位置判断管辖权归属已不适用于数据这个新兴事物，应该创造出一种从其自身性质出发的新制度。美国和欧盟作为互联网领域典型国家，建立起通过强制网络服务提供者披露数据直接调取境外数据的立法方案。

美国《澄清合法使用境外数据法》（以下简称《云法案》）源于"微软诉美国政府案"（Microsoft Corp. v. United States）[④]。此案中联邦调查局根据搜查令要求微软提供有关一项贩毒调查中犯罪嫌疑人的数据。而微软以数据存储在爱尔兰服务器上为由拒绝提交，其认为《存储通信法案》（Stored Communications Act）不适用于在美国境外存储的数据，故诉请撤销该搜查令。最终审理期间，最高法院认为法律适用问题应交给国会立法解决，于是在2018年3月23日，《云法案》以超常的速度通过成为正式法

[①] 裴炜：《论网络犯罪跨境数据取证中的执法管辖权》，《比较法研究》2021年第6期。
[②] Colangelo, Anthony J, What Is Extraterritorial Jurisdiction, Cornell Law Review, vol. 99, no. 6, September 2014, pp. 1303-1352.
[③] Woods, Andrew Keane, Against Data Exceptionalism, Stanford Law Review, vol. 68, no. 4, April 2016, pp. 729-790.
[④] S. 2383-CLOUD ACT115th Congress (2017-2018), Section 3, Preservation Of Records; Comity Analysis of Legal Process, at https://www.congress.gov/bill/115th-congress/senate-bill/2383/text, (Last Visited on Feb. 2, 2023).

律，首次以立法明确美国刑事司法机关享有强制在美注册设立或者向美提供服务的网络服务提供者披露其所控制数据的权力，从而肯定其直接调取存储于境外的电子数据的权力。[①]

欧盟早在牵头制定《网络犯罪公约》（Convention on Cybercrime，又称《布达佩斯公约》)[②] 时就已经通过"提供令"（Production Order）制度，对与网络服务提供者进行自愿合作的模式进行了探索。[③] 并在此基础上于第二议定书中增加了数据"强制披露"的要求，将该披露指令的地域范围扩展到整个欧盟境内，其中第 7 条明确授予缔约国的刑事司法机关直接强制另一缔约国境内的网络服务提供者披露"订户信息"和"域名注册信息"的权利，[④] 强调接收到指令的服务提供商面对这种刑事调查或诉讼所必需的信息时，必须合作提供。2023 年 7 月通过的欧盟《刑事电子证据提交令与保存令条例》[⑤]（以下简称《电子证据条例》）更明确指出"即使目标数据存储于欧盟境外，欧盟成员国的司法机关仍可强制在其境内注册或设立代表机构的网络服务提供企业提交或保存电子数据"[⑥]。从而通过数据控制者的强制披露义务完成对境外存储数据的间接取证。

"数据控制者模式"一方面确实能够规避国际刑事司法协助程序的漫长复杂程序，给数据流动和跨国犯罪打击带来便利，另一方面也巧妙地利

[①] 梁坤：《美国〈澄清合法使用境外数据法〉背景阐释》，《国家检察官学院学报》2018 年第 5 期。

[②] 《网络犯罪公约》是于 2001 年 11 月由欧洲委员会的 26 个欧盟成员国及美国、加拿大、日本和南非等 30 个国家的政府官员在布达佩斯共同签署的国际公约。因该公约由欧洲委员会牵头起草、反复修改并由其主持召开成员国会议通过，因此相较于其他缔约国，该公约直接体现出欧盟立法的思路和意图，与欧盟在刑事司法领域数据调取相关的立法发展关系甚密，一脉相承，因此将其归入欧盟立法部分进行阐述。

[③] Convention on Cybercrime. Article 18. Budapest, 23/11/2001. European Treaty Series-No.185, at https：//rm. coe. int/1680081561.

[④] Second Additional Protocol to the Convention on Cybercrime on Enhanced Co-operation and Disclosure of Electronic Evidence. Article 7. Strasbourg 12/05/2022. Council of Europe Treaty Series -No. 224, at https：//rm. coe. int/1680a49dab.

[⑤] 英文全称为"European Production Orders and European Preservation Orders for Electronic Evidence in Criminal Proceedings and for the Execution of Custodial Sentences Following Criminal Proceedings"，自 2018 年提出草案后，于 2023 年 7 月 12 日正式通过。

[⑥] The European Parliament and the Council of the European Union, European Production Orders and European Preservation Orders for Electronic Evidence in Criminal Proceedings and for the Execution of Custodial Sentences Following Criminal Proceedings, at https：//eur-lex. europa. eu/legal-content/EN/TXT/HTML/? uri=CELEX：32023R1543#d1e2650-118-1.

用"网络服务提供者"这一中间桥梁化解了《网络犯罪公约》第 32 条①规定的单边取证方式下的侵犯主权风险。然而"数据控制者模式"对他国境内数据的调取并不存在有关国际法的支撑，因而据此进行跨境调证实际上仍属于国内法或区际法的单边适用，对传统司法主权造成挑战和侵犯。

2. 我国立法的"数据存储地模式"

"数据存储地模式"指"通过数据现实存储的物理位置来确定管辖，并对数据出境加以严格程序限制"②。数据存储地模式突出领土和属地管辖概念，将数据等同于其他有体物证据，把数据和数据载体视为一个整体，依据有形数据载体的物理位置判断管辖。③ 出于对数据安全和主权的保护，我国立法对国际司法协助程序的坚持是"数据存储地模式"的生动表现，并且在此基础上强调"数据存储的本地化"。

《国际刑事司法协助法》第四条④规定表明我国对数据出境问题强调属地主权，遵守与其他证据同样的跨境调取程序。与此相适，《网络安全法》第一条即指明"保障网络安全，维护网络空间主权"的立法目的，《数据安全法》第三十六条和《个人信息保护法》第四十一条均强调面对外国刑事司法机构调取数据的请求，要根据条约、协定或者按照国际法原则来处理，禁止境内私主体非经批准即向外国当局提供存储于我国境内的数据或个人信息。此外，我国立法进一步强调特定类型数据本地化存储的重要性。《网络安全法》第三十七条明确了对"关键信息基础设施的运营者"在我国境内收集和产生的"个人信息"和"重要数据"存储在境内的要求。《个人信息保护法》第三十六条针对"国家机关处理的个人信息"，第四十条对"关键信息基础设施运营者"和"处理个人信息达到国家网信部门规定数量的个人信息处理者"在中国收集和产生的个人信息要求存储在境内。

---

① Convention on Cybercrime. Article 32. Budapest，23/11/2001. European Treaty Series-No.185，at https：//rm.coe.int/1680081561.
② 梁坤：《基于数据主权的国家刑事取证管辖模式》，《法学研究》2019 年第 2 期。
③ 刘天骄：《数据主权与长臂管辖的理论分野与实践冲突》，《环球法律评论》2020 年第 2 期。
④ 《国际刑事司法协助法》第四条规定："非经中华人民共和国主管机关同意，外国机构、组织和个人不得在中华人民共和国境内进行本法规定的刑事诉讼活动，中华人民共和国境内的机构、组织和个人不得向外国提供证据材料和本法规定的协助。"

综上所述，美欧倡导的"数据控制者模式"与我国坚持的"数据存储地模式"及数据本地化存储要求间形成制度对立。

(二) 国内法律冲突

我国立法在坚持主权至上的同时兼顾实际，面对跨境业务和刑事司法场景下的法益分歧，我国当前立法主要在数据跨境流动的"出口端"形成"双重制度"。而在刑事司法领域内部，又因利益权衡对数据的入境与出境持不同态度，国内法律冲突由此产生。

1. 一般数据与刑事司法数据的跨境矛盾

"以跨境业务为目的开展的一般数据跨境"是指出于业务开展或合作的需要，境内外组织间进行的数据传输和获取，① 当前立法多体现为对数据出境的规定，具有灵活性特点。《网络安全法》第三十七条、《数据安全法》第三十一条、《个人信息保护法》第三十八条提出关键信息基础设施的运营者或个人信息处理者"因业务需要"而"向境外提供"数据应依法进行安全评估等措施。《数据安全法》第二十一条②明确对数据进行分类分级保护。《个人信息保护法》第三十八条在数据分类分级基础上建立起"数据出境安全评估"、"个人信息保护认证"和"订立个人信息出境标准合同"三条路径，仅就《数据出境安全评估办法》第四条③范围内的数据进行安全评估管制，其余一般数据允许采用常态化方式进行出境。国家网信办发布的《规范和促进数据跨境流动规定（征求意见稿）》中，通过进

---

① 洪延青：《数据跨境流动的规则碎片化及中国应对》，《行政法学研究》2022年第4期。
② 《中华人民共和国数据安全法》第二十一条："国家建立数据分类分级保护制度，根据数据在经济社会发展中的重要程度，以及一旦遭到篡改、破坏、泄露或者非法获取、非法利用，对国家安全、公共利益或者个人、组织合法权益造成的危害程度，对数据实行分类分级保护。国家数据安全工作协调机制统筹协调有关部门制定重要数据目录，加强对重要数据的保护。关系国家安全、国民经济命脉、重要民生、重大公共利益等数据属于国家核心数据，实行更加严格的管理制度。各地区、各部门应当按照数据分类分级保护制度，确定本地区、本部门以及相关行业、领域的重要数据具体目录，对列入目录的数据进行重点保护。"
③ 《数据出境安全评估办法》第四条："数据处理者向境外提供数据，有下列情形之一的，应当通过所在地省级网信部门向国家网信部门申报数据出境安全评估：（一）数据处理者向境外提供重要数据；（二）关键信息基础设施运营者和处理100万人以上个人信息的数据处理者向境外提供个人信息；（三）自上年1月1日起累计向境外提供10万人个人信息或者1万人敏感个人信息的数据处理者向境外提供个人信息；（四）国家网信部门规定的其他需申报数据出境安全评估的情形。"

一步限缩和明确数据出境管制的范围和适用情形，传达出立法对数据跨境流动管制的放松态度。

表1　一般数据跨境的相关立法

法律效力	时间	法律法规	具体内容
法律	2017年6月1日	《网络安全法》第三十七条	关键信息基础设施的运营者因业务需要向境外提供个人信息和重要数据，应依法进行安全评估
法律	2021年9月1日	《数据安全法》第三十一条	关键信息基础设施的运营者的重要数据的出境安全管理，适用《网络安全法》的规定，其他由国家网信部门会同国务院有关部门制定
法律	2021年11月1日	《个人信息保护法》第三十八条	个人信息处理者因业务等需要向境外提供数据，应依法进行安全评估、个人信息保护认证、签订标准合同等程序
部门规章	2022年9月1日	《数据出境安全评估办法》第四条、第五条	重要数据处理者、关键信息基础设施运营者和部分个人信息处理者向境外提供数据应当先开展风险自评估，再申报数据出境安全评估
部门规章	2023年6月1日	《个人信息出境标准合同办法》第五条	个人信息处理者通过订立标准合同的方式向境外提供个人信息前，应当开展个人信息保护影响评估
部门其他规范性文件	2022年12月16日	《网络安全标准实践指南——个人信息跨境处理活动安全认证规范》V2.0第一条	本文件作为认证机构对个人信息跨境处理活动进行个人信息保护认证的依据，也为个人信息处理者规范个人信息跨境处理活动提供参考
部门其他规范性文件	2023年9月28日	《规范和促进数据跨境流动规定（征求意见稿）》第一条至第七条	对出境时需要进行"申报数据出境安全评估、订立个人信息出境标准合同、通过个人信息保护认证"的数据范围进行限缩和明晰

"以刑事司法为目的开展的特殊数据跨境"是指基于刑事侦查需要，个人或组织遵守境外刑事司法机关的数据调取指令而提供数据，刑事司法机关获取境外数据的对应过程。① 这种数据跨境流动的接收方往往特定为外国刑事司法机关，因此在制度设计中更强调安全和主权保护的价值取向。《国际

---

① 陈兵、赵青：《反垄断法下互联网平台"封禁"行为适法性分析》，《兰州学刊》2021年第8期。

刑事司法协助法》第四条对所有以证据形式跨境提供的数据按照国际刑事司法协助程序进行管制。无论数据本身内容与国家安全、社会利益和个人信息保护的紧密程度和实质价值，不区分数据类型，均要履行司法协助手续进行个案申请，从而彰显刑事司法场景中数据作为证据的司法主权和权威。

　　两种场景下的区分规定在实际运用中导致制度实效不佳的问题。一方面造成司法资源浪费。以同一个重要数据为例，出境时既要通过所在地省级网信部门向国家网信部门申报数据出境安全评估，完成跨境业务数据出境的审核及程序要求，又要由外国司法机关向我国对外联系机关提出申请，审查合格后转交主管机关处理再交办案机关执行。两次判断实质上是按照两套流程对同一数据能否跨境流出的问题进行不必要的重复操作。另一方面架空制度实效。以同一个一般数据为例，在跨境业务合作场景允许常态化跨境流动，而在刑事司法场景却遭完全管制。域外司法机关可以通过生产经营渠道获取常态化出境数据，或者直接调取因跨境业务已经流动至境外的数据来进行司法活动，刑事司法数据调取特殊的制度安排反而被架空，无法取得保护数据主权安全和国家司法尊严的实效。

2. 刑事司法数据出境与入境的态度分歧

　　随着我国数字经济的发展，网络服务提供者将越来越多地走向世界各地，我国对跨国网络犯罪、调取境外数据证据的需求只增不减，在我国刑事司法领域数据跨境制度内部也存在着数据入境和数据出境的态度分歧。承前所述，《国际刑事司法协助法》明确规定刑事司法领域数据出境严格遵循国际刑事司法协助程序，尊重他国司法主权。根据平等互惠原则，我国刑事司法机关调取境外数据也应据此进行，然而，在我国侦查规范中却出现允许刑事司法机关对域外数据进行网络在线提取的规定，刑事司法领域数据出境和数据入境存在制度矛盾。

　　2005年，公安部在《计算机犯罪现场勘验与电子证据检查规则》中就出现对"远程勘验"的有关规定，[①] 为之后的单边取证制度做出铺垫；

---

① 《计算机犯罪现场勘验与电子证据检查规则》通过第二十二条"远程勘验过程中提取的目标系统状态信息、目标网站内容以及勘验过程中生成的其他电子数据，应当计算其完整性校验值并制作《固定电子证据清单》"、第二十三条"应当采用录像、照相、截获计算机屏幕内容等方式记录远程勘验过程中提取、生成电子证据等关键步骤"、第二十五条"通过网络监听获取特定主机通信内容以提取电子证据时，应当遵循与远程勘验相同的规定"等对远程勘验电子证据做出程序规定。

2016年,"两高一部"联合发布了《关于办理刑事案件收集提取和审查判断电子数据若干问题的规定》(以下简称《电子数据规定》),其中第九条指出"对于原始存储介质位于境外或者远程计算机信息系统上的电子数据,可以通过网络在线提取",实质上允许刑事司法机关突破数据保护的属地主义。但是单边调取境外数据有违国际法基本原则,存在侵害他国主权安全的风险,该条文遭受正当性质疑。

2019年2月实施的《公安机关办理刑事案件电子数据取证规则》(以下简称《电子数据取证规则》)于第二十三条将网络在线提取的对象限定为"公开发布的电子数据",通过将数据类型限缩在"公开范围"化解《电子数据规定》中的单边取证问题。但需要注意的是,该规定只对内容"公开"做出要求,未对这种公开数据的地域进行界定。在《国际刑事司法协助法》要求数据跨境均严格遵守司法协助程序的背景下,侦查规范仍尽可能在法理允许范围内赋予侦查机关对境外数据的在线提取权,表明我国刑事司法领域已经注意到应当对不同类型数据进行不同的跨境管制,反映出司法实践对调取境外数据的现实需求。

表2　刑事司法数据跨境的相关立法

法律效力	时间	法律法规	具体内容
法律	2018年10月26日	《国际刑事司法协助法》第四条	非经中国主管机关同意,外国机构、组织和个人不得在中国境内进行本法规定的刑事诉讼活动,中国境内的机构、组织和个人不得向外国机构、组织和个人提供证据材料和本法规定的协助
法律	2021年9月1日	《数据安全法》第三十六条	主管机关根据法律和国际条约、协定,或者按照平等互惠原则,处理外国司法或者执法机构关于提供存储于境内数据/个人信息的请求。非经中国主管机关批准,个人信息处理者不得向外国司法或者执法机构提供存储于中国境内的数据/个人信息
法律	2021年11月1日	《个人信息保护法》第四十一条	
部门其他文件	2005年	《计算机犯罪现场勘验与电子证据检查规则》第三条第二款	"远程勘验"是指通过网络对远程目标系统实施勘验,以提取、固定远程目标系统的状态和存留的电子数据

续表

法律效力	时间	法律法规	具体内容
两高司法文件	2016年10月1日	"两高一部"《关于办理刑事案件收集提取和审查判断电子数据若干问题的规定》第九条第二款	对于原始存储介质位于境外或者远程计算机信息系统上的电子数据,可以通过网络在线提取
部门其他文件	2019年2月1日	《公安机关办理刑事案件电子数据取证规则》第二十三条	对公开发布的电子数据、境内远程计算机信息系统上的电子数据,可以通过网络在线提取

三 刑事司法领域数据跨境冲突的法理反思

(一) 国际法律冲突的法理反思

法律是国家意志的表现,国家间法律冲突由国家利益分歧引起。安全和发展是国家治理永恒的命题,比较美、欧、中国关于刑事司法领域数据跨境法律规制的不同态度,深究差异症结,亦体现于安全与发展这两方面的考量。

1. 数据主权与数据自由的价值博弈

(1) 中国与欧盟方案的数据主权主张

数据作为互联网时代的新产物,主权之争已经不是一个新话题。《网络行动国际法塔林手册2.0版》(*Tallinn Manual 2.0 on the International Law Applicable to Cyber Operations*) 作为国际专家研究网络空间治理规则的代表性文件,明确提出"国家主权原则适用于网络空间"①。因此,网络空间是国家领土的扩展和延续,网络空间的维护和治理需要主权国家参与,上述观念在数据出境领域则体现为"数据主权"的主张。

我国主张"数据存储地模式"的底层逻辑在于对数据主权的坚持。我国以往与美欧相比在网络经济和技术的发展上并不占优势,对数据的控制能力弱,因此立法中更强调对数据主权和安全的现实考量。加之我国一贯

---

① 迈克尔·施密特主编《网络行动国际法塔林手册2.0版》,黄志雄等译,社会科学文献出版社,2017。

重视主权的立法传统，认为各国应对存储在本领土范围内的数据享有管辖和利用的权力，遵守国际公法秩序，尊重主权差异。

欧盟对数据主权的坚持体现于"技术主权"（technological sovereignty）[①]，从而维护欧盟公民的合法权利。欧盟对数据主权的主张来源于悠久厚重的人权观点，其在《塑造欧洲的数字未来》（Shaping Europe's Digital Future）中强调欧盟通过关注欧洲人民和社会的需求来确定数据跨境规则，欧洲的"技术主权"不针对任何国家和个人。[②] 从相关表述可见欧盟的数据跨境制度是从自身的数据主权构建角度出发，并充分考虑数据的固有特征，重新审视以往适用于有体物的属地管辖和司法协助方式，转而寻求"数据例外"[③]（data exceptionalism）的新出路。正是基于对自身数据主权的极致追求，欧盟《电子证据条例（草案）》"将人权保障强化到长臂执法的程度"[④] 从而实现对欧盟数据主权的极大保证。

（2）美国方案的数据自由主张

"数据自由论"产生于网络无主权理论，这种观点认为互联网具有虚拟性、开放性和无界性等特征，可以将网络空间从物理空间中抽离为一个理想的"全球公域"（Global Commons），在这里打破传统主权的领土原则，认为数据治理应当弱主权甚至去主权，并通过"多利益攸关方主义"（Multi-stakeholder Governance Model）[⑤] 反对代表国家权力的政府参与到网

[①] "技术主权"是欧盟于2020年2月发布的三份重要数字战略文件（《欧洲数据战略》（*A European Strategy for Data*），https：//ec.europa.eu/futurium/en/system/files/ged/communication-european-strategy-data-19feb2020_en.pdf，《塑造欧洲的数字未来》（*Shaping Europe's Digital Future*），https：//ec.europa.eu/commission/presscorner/api/files/attachment/861987/Shaping_Europes_Digital_Future_en.pdf 和《人工智能白皮书——追求卓越和信任的欧洲方案》（*White Paper：On Artificial Intelligence—A European Approach to Excellence and Trust*），https：//commission.europa.eu/system/files/2020-02/commission-white-paper-artificial-intelligence-feb2020_en.pdf）中首次提出并始终贯穿的概念，强调从数据自身的技术性出发重构主权认知。

[②] Shaping Europe's Digital Future，https：//ec.europa.eu/commission/presscorner/api/files/attachment/861987/Shaping_Europes_Digital_Future_en.pdf.

[③] Colangelo, J., Anthony What Is Extraterritorial Jurisdiction, *Cornell Law Review*, vol. 99, no. 6, September 2014, pp. 1303-1352.

[④] 陈统：《域外长臂执法压力下我国数据出境规制难题及应对》，《山西师范大学学报》（社会科学版）2023年第2期。

[⑤] "多利益攸关方主义"指政府、私营部门和民间团体通过发挥各自的作用，秉承统一的原则、规范、规则、决策程序和计划，为互联网确定演进和使用形式。

络空间治理规则的制定过程中。①

美国《云法案》初创"数据控制者模式"就是"数据自由论"的表现。其主张网络世界无主权，认为国家权力机关在这里与其他主体地位平等，数据并不承载任何国家的主权，因此即便数据存储于他国境内也不应受所在国主权管辖，而是为网络世界中的平等主体所共有。基于此，同时依靠其自身强大的技术实力，谷歌、脸书等美国网络服务提供商遍布世界各地，"数据自由论"为其获取全球数据打开方便之门，美国的主权安全和发展利益得以维护。

2. 人权保障与经济效益的价值博弈

（1）中国与欧盟方案的人权保障立场

我国对刑事司法领域数据跨境坚持主权至上原则，最终是为了保障本国公民的数据权利。基于立法当时的网络技术劣势，《国际刑事司法协助法》《网络安全法》《数据安全法》和《个人信息保护法》均开宗明义表明保护"个人合法权益"的立法初衷，体现出对个体数据权利保障的高需求，通过对数据加以强地域控制避免个人权益因数据外流或使用而遭到侵害。

欧盟的人权保障历史悠久，是其治理数据跨境的制度出发点。欧盟《电子证据条例（草案）》第1条就规定该条例必须尊重《欧盟基本权利宪章》第6条中规定的基本权利和法律原则，尊重当事人辩护权；同时第17条规定，应当保障被获取数据的犯罪嫌疑人和被告人获得法律救济的权利。② 结合前文"技术主权"的主张，欧盟公民对其产生的数据享有当然的人权，而欧盟成员国依据对自己公民的属人主权享有直接获取境外数据的权力，"数据控制者模式"得以证成。

（2）美国方案的经济效益考量

美国《云法案》承袭网络世界无主权的理论基础确立"数据控制者模式"，追求经济效益，背后有其强大的技术实力作支撑。从美国立场出发，

---

① 张新宝、许可：《网络空间主权的治理模式及其制度构建》，《中国社会科学》2016年第8期。

② European Commission, Proposal for a Regulation of the European Parliament and of the Council on European Production and Preservation Orders for Electronic Evidence in Criminal Matters, COM (2018) 225final, at https://eur-lex.europa.eu/resource.html?uri=cellar：639c80c9-4322-11e8-a9f4-01aa75ed71a1.0001.02/DOC_2&format=PDF.

互联网的高速发展推动其网络服务商迈出国门面向全球提供服务，从而在服务过程中获取并控制各地个人或组织的数据，并通过数据传输介质存储于美国境内的服务器上，在"数据控制者模式"下，刑事司法机关只要强制相关网络服务提供者披露数据即可获取境外数据，进一步推动其数字经济发展。

表3 刑事司法领域数据出境国际立法冲突对比

比较内容	美国	欧盟	中国
数据出境法理根基	数据自由	技术主权	数据主权
数据出境管辖模式	数据控制者	数据控制者	数据存储地
数据出境具体程序	数据强制披露	数据强制披露	国际刑事司法协助

（二）国内法律冲突的法理反思

数据因自身的固有属性和载体功能，往往在不同场景下呈现出不同的特殊利益。跨境业务领域注重与生产经营相关的数据特性，刑事司法领域强调承载司法主权的证据属性；而在刑事司法领域内部，数据出境制度坚持维护主权安全的属地主义，数据入境制度关注跨境犯罪打击的现实需要。

1. 数据特性与证据属性的价值博弈

我国数据跨境的双重制度冲突在于跨境业务和刑事司法两种场景下侧重保护的法益不同，因此制度构建时对数据的性质考量也有所差异。

（1）一般数据跨境制度强调数据特性

数据跨境问题之所以要区别于以往的有体物跨境，正是在于其自身的特有性质。《中共中央国务院关于构建数据基础制度更好发挥数据要素作用的意见》（以下简称《数据二十条》）强调数据已成为"关键生产要素"[1]，抓住数据特性从而更好焕发数字经济活力。关于数据特性的理解，有学者主张其包括"内容海量性、形态易变性、脆弱性、迅捷流动性（移

---

[1] 《中共中央国务院关于构建数据基础制度更好发挥数据要素作用的意见》，中国政府网，https://www.gov.cn/gongbao/content/2023/content_5736707.htm。

动性)、离散存储性(拆分性)、多方关涉性"①等特点,结合数字经济行业发展和开展跨境业务的现实需求,自然要在维护数据安全的基础上尽可能考虑数据自身快速流动、脆弱易变、存储分散的特点,减少跨境业务合作成本,提高数据作为生产要素的流动效率。

基于数据特性对跨境业务合作的实际影响,跨境业务领域的一般数据跨境制度体现出对数据特性的考量,强调数据安全保护和数字经济发展的平衡。②《数据安全保护法》第二十一条规定对开展跨境业务合作的数据实行分类分级的管理制度,一方面对一旦遭到破坏将损失重大的"国家核心数据"和"重要数据"进行数据安全评估,以出境管制的方式完成法律法规保护数据主权安全的基本目的。另一方面对与国家安全和主权关系不大的一般数据采取个人信息保护认证和签订标准合同的常态化方式进行数据出境,从而促进数字经济的发展和互联网企业的内外联动,极大提升跨境效率。

(2) 刑事司法数据跨境制度强调证据属性

数据在刑事司法领域中呈现出双重属性。第一层属性是数据本身的天然属性,即前文所述的数据特性,这种数据的固有属性并不因所处应用领域的不同而改变;第二层属性是刑事司法领域中数据作为证据载体的特殊证据属性,电子数据作为一种法定证据形式,更承载着维护国家司法主权的作用。

刑事司法领域的数据跨境制度,更突出数据特性之上的证据载体作用,强调数据的证据属性和司法主权的维护。证据调取作为一种侦查手段是行使国家司法权的体现,跨境证据调取关系国家与国家间的司法主权问题。电子数据的证据属性代表着司法主权,刑事司法数据"因其强烈的公权力色彩和犯罪性质往往关系国家安全和敏感事件"③,若允许外国司法机关向我国境内的个人或组织直接调取证据,实质上是在长臂执法下将外国司法主权凌驾于我国司法主权之上,是我国司法主权于不顾的做法。因此

---

① 陈永生:《电子数据搜查、扣押的法律规制》,《现代法学》2014年第5期;冯俊伟:《跨境电子取证制度的发展与反思》,《法学杂志》2019年第6期;Jennifer Daskal, The Un-Territoriality of Data, 125, *Yale Law Journal*, 366-378 (2015)。

② 张凌寒:《个人信息跨境流动制度的三重维度》,《中国法律评论》2021年第5期;许可:《自由与安全:数据跨境流动的中国方案》,《环球法律评论》2021年第1期。

③ 郑曦:《刑事数据出境规则研究》,《法律科学》(西北政法大学学报)2022年第2期。

该领域数据跨境立法时往往偏重考量其证据属性这一层性质,数据自身特性湮灭其中。

2. 属地主义与属人主义的价值博弈

我国国内法关于刑事司法领域数据出境问题的另一冲突在于对数据出境严格坚持"数据存储地模式"和"本地化存储"的同时,授权本国刑事司法机关在线提取境外数据。此种分歧的法理基础在于对刑事司法管辖权究竟是主张属地主义还是属人主义的利益偏好。

数据出境管辖的属地主义坚持传统主权观,强调主权领土性。《国际刑事司法协助法》坚持司法管辖权的属地主义,强调本国领土内存储的数据由我国进行控制和利用,严控数据安全,从根本上为我国行使数据属地管辖提供实践可能。而数据入境管辖的属人主义关注犯罪人与数据的关联性,强调犯罪打击。一国在对其领土内事务行使属地管辖权的同时,又因为其国民"对国籍国负有身份上的效忠或服从之义务"[①]而享有属人管辖权,当犯罪人的犯罪行为与国籍国关联性强或犯罪结果对其产生较大影响时,属人管辖的价值尤为突出。网络犯罪多涉及国家安全和个人隐私,同时数据自身的高流动性和易遭破坏性也淡化了数据的地域属性。我国现存侦查规范及做法中远程跨境调取网络犯罪电子证据,是行使属人管辖权的体现,也是保障公民程序性权利和打击网络犯罪的要求。

四 刑事司法领域数据主权的中国式新理解

我国在政策文件、法律法规和外交立场中都表明坚持数据主权立场。国家互联网信息办公室早在2016年发布的《国家网络空间安全战略》中明确指出,"国家主权拓展延伸到网络空间,网络空间主权成为国家主权的重要组成部分"[②]。同样,网络数据治理的顶层设计《网络安全法》第一条[③]即指明"维护网络空间主权和国家安全"的立法目的。此外,2020年

[①] 吴培琦:《破解迷象:国内法域外管辖的基本形态与衍生路径》,《苏州大学学报》(法学版)2022年第1期。

[②] 中华人民共和国国家互联网办公室:《国家网络空间安全战略》,中国网信网,http://www.cac.gov.cn/2016-12/27/c_1120195926.htm。

[③] 《网络安全法》第一条:"为了保障网络安全,维护网络空间主权和国家安全、社会公共利益,保护公民、法人和其他组织的合法权益,促进经济社会信息化健康发展,制定本法。"

提出的《全球数据安全倡议》亦强调对他国"主权、司法管辖权和对数据安全管理权的尊重,应坚持国际司法协助程序调取数据"①。数据对国家安全和公民权利保障起着举足轻重的作用,因此我国坚持并应当坚持数据的主权立场,网络空间的无形性更需要各国公权力机关介入来进行统一国际治理,避免乱象丛生。

在明确我国坚持对数据主张国家主权的基础上,结合前文对刑事司法领域数据跨境制度的国际和国内立法冲突的梳理与反思,不难发现其症结主要集中于两个方面:一是数据主权的属地主义或属人主义倾向问题;二是如何处理好数据作为证据的属性与自身技术特性之间的关系问题。

(一)从数据主权的属地主义迈向属人主义

我国刑事司法领域的数据跨境制度固然要坚持主权原则,问题在于坚持什么样的主权,传统的主权属地主义和低效烦冗的司法协助程序已无法适应当前数字经济发展和跨国犯罪打击的实践需求,数据主权需要新的理解。根据国际刑警组织于 2022 年 10 月 19 日发布的《2022 年全球犯罪趋势报告》(2022 Interpol Global Crime Trend Summary Report),"勒索软件、网络钓鱼和在线诈骗位列当前全球五大犯罪威胁之列。"② 加强国际合作打击网络犯罪迫在眉睫。

与此同时,现行国际司法协助程序由各国法律制度自行规定,法规差异导致协作效率低下。尽管有学者提出可以构建跨境电子证据简易程序,③ 但简化的程序依然治标不治本,无法从根本上满足井喷式上涨的跨国网络犯罪打击和跨境电子取证需求。刑事司法数据跨境领域的国家主权不能仅强调一国政府对其领土内数据的掌握和控制,更应强调"一个国家对境内外数据处理的灵活度和综合利用能力"④,从数据主权的属地主义转向属人主义。

数据主权属人主义的正当性来源于对本国数据生产者的属人管辖。这

---

① 参见《全球数据安全倡议》,中国政府网,http://www.gov.cn/xinwen/2020-09/08/content_5541579.htm。
② 转引自裴炜、张桂贤《2022 年全球网络犯罪态势、应对与展望》,《中国信息安全》2022 年第 12 期。
③ 王立梅:《论跨境电子证据司法协助简易程序的构建》,《法学杂志》2020 年第 3 期。
④ 殷继国:《互联网平台封禁行为的反垄断法规制》,《现代法学》2021 年第 4 期。

种观点与欧盟的技术主权类似，我国的个人或组织对自己产生的、存储于境外的数据享有当然的数据使用权利，包括调取其作为证据在诉讼中使用的权利。为了更高效地行使这种权利，个人或组织将权利让渡给负责收集证据、查明案件真相的刑事司法机关统一行使，刑事司法机关基于对本国个人和组织享有的属人管辖权获得其让渡的调取数据作为证据使用的权利，从而可以对数据跨境问题适用属人管辖。刑事司法制度作为程序法，因其在实践中更直接接触到个案中的人和事，我国在该领域的既存制度一直坚持属地主义，维护自身安全并尊重他国主权，但这并不意味着刑事司法管辖权缺少适用属人主义的正当性基础，该领域管辖权的属人主义倾向是数字时代下对数据主权理论的创新。

同时，数据主权的属人主义倾向更符合数据自身特性的要求。基于数据难以确定具体位置、极有可能损毁灭失的特点需要十分高效便捷的配套程序，为缓解利益相关主体的管辖冲突，由数据的权利根源，数据权利主体的国籍国行使属人管辖权最为适宜。属人主义的产生，就在于面对有些犯罪，犯罪人国籍国与犯罪打击的关联程度或者犯罪后果的影响程度联系更紧密。结合数据的管辖问题，因数据有关的犯罪涉及商业秘密、个人隐私和国家安全等，数据权利主体国籍国对数据的依赖和运用需求远大于数据存储地，其所受到的犯罪影响也远大于数据存储地。我们应通过数据调取需求反观数据出境制度，根据数据本身承载的权利判断其管辖归属，向着数据属人主义方向迈进。

（二）从数据的司法证据属性迈向技术特性

刑事司法领域数据跨境的既有制度仅考虑数据的司法证据属性，但没有考虑到其区别于传统证据的数据技术特性。面对传统的有体物证据，在领土主权概念下进行境外调取管制确实保护着国家司法权，并且因证据相对固定可在一定期限内维持一定状态，对犯罪打击也未造成极大影响。但将有体物证据跨境的管制措施原封不动适用于数据证据跨境，其可行性和实际效果需要结合数据特性进行考量。如前文所述，数据作为证据载体时具有双重属性，一是与传统有体物证据相同的证据属性，二是区别于有体物的数据固有技术特性。为强调数据证据与传统证据的区分，本文着眼于"存储的分散性"、"多方利益攸关性"和"易改变性"三个方面的技术特性进行分析。

一是数据存储的分散性。不同于有形物体的移动需要一定的时间和空间跨度，互联网下的数据由计算机系统自动选择传输路径与存储地[①]，在各国服务器之间来回转移，瞬息万变。数据在高速流动过程中被复制或碎片化，停留于不同管辖区的存储介质上，难以确定其唯一或原始的存储地，若根据传统属地主义原则，每一个数据碎片的不同存储地都可对该部分行使管辖权，数据调取将成为僵局，因此对其地理位置的判断失去必要。

二是数据的多方利益攸关性。正是由于数据存储的分散性，数据流转于不同国家服务器的过程中，关系多个管辖主体的利益，都对其享有权力主张。一国可以根据数据由本国公民或组织产生或控制而主张属人管辖权，同时其他国家可以根据数据存储在自己境内服务器上主张属地管辖，加之数据复制存储和分散存储的情况，相关国家均可要求对数据主张权力，管辖冲突不断。

三是数据的易改变性。电子数据存在于网络空间，通过技术发展接触到数据的可能性远大于保存于指定地点的有形物体，因此数据更有可能被修改甚至删除，且"一部分电子数据不依附于任何存储介质，一旦不及时取证，将无法获得"[②]。数据的该特点要求对数据证据的调取尽可能迅速，以防造成侦查中证据篡改或灭失、无法清晰还原犯罪事实的后果。

因此，传统国际刑事司法协助程序与数据证据调取并不匹配，刑事司法领域数据跨境制度设计应包含数据技术特性。数据作为信息时代的产物是与有体物相对的新世界，适用于传统有体实物证据的跨境调取方式与技术特性不符，已不能满足数据跨境调取的效率和数量需求，反而会因管辖争执、证据灭失等给犯罪打击带来不利影响。过分保守僵化的数据流动态势会降低我国对数据的利用和获取能力，不利于保护数据主权安全。我们应当在维护主权框架下对数据主权扩大理解，更多考虑数据技术特性，允许与司法主权和数据主权安全关系不大的数据证据更高效地跨境流动，保障证据的及时性和犯罪打击的高效性，将刑事司法领域数据的证据属性更多还原于技术特性，更大发挥刑事司法保障人权、惩罚犯罪的作用。

---

① 陈丽：《跨境电子取证的中国应对》，《国家检察官学院学报》2022年第5期。
② 冯俊伟：《跨境电子取证制度的发展与反思》，《法学杂志》2019年第6期。

（三）从数据安全理念迈向数字发展理念

当前数据安全理念造成了国内外立法矛盾，我国基于以往数字技术相对落后情况，强调重视数据主权安全，因此对刑事司法领域数据跨境尤其是数据出境问题坚持"数据存储地模式"采取严格的国际刑事司法协助程序。但随着美欧"数据控制者模式"的发展应用，严守数据安全理念不仅影响着跨国网络犯罪打击效率，而且对数字经济发展的阻碍也愈发明显。

一方面，跨国网络服务提供企业面临进退维谷局面。网络服务提供企业在跨国经营或向境外提供服务时，由于其存储或控制着有关数据证据，面临外国司法机关调取证据的要求，若按照当地法律法规直接向有关机关披露数据，则存在违反我国法律法规的风险；若遵守我国制度要求，坚持国际刑事司法协助程序，拒绝提供数据，则面临着难以在企业经营国继续生存或丧失继续为其提供服务的机会，网络服务提供企业想要拓展海外市场难上加难。

另一方面，网络服务提供企业面对两种业务下不同的数据跨境规则，数据跨境业务压力大。网络服务提供企业在进行数据跨境业务经营时对重要数据向国家网信部门申报数据安全评估，对其他一般数据采取常态化跨境流动方式。但面对境外刑事司法机关调取存储在境内数据证据时，却不能采取与上述操作流程相类似的方法，而是要拒绝提供，转而配合国际司法协助程序下我国办案机关的调证要求，增加了网络服务提供者在实务工作中的数据跨境操作难度。企业要花费很大精力投入数据跨境的两套程序标准处理中，不能最大程度集中于经营生产，影响企业数字经济发展。

在数据与现实社会深度融合的当今社会，数字发展理念应以数字安全理念为基础红线，在此之上最大限度释放数据活力，更好赋能各个领域。《数字中国发展报告》（2022）罗列数字中国建设的多方成效，其中强调："数字经济成为稳增长促转型的重要引擎。"[①] 因此重视数字经济发展，保护数字产业规模十分重要。网络服务提供企业作为数字经济发展的重要参与者，现存刑事司法数据跨境制度过分强调数据安全保护，不仅与美欧数

---

① 中华人民共和国国家互联网信息办公室：《数字中国发展报告（2022 年）》，中国网信网，http：//www.cac.gov.cn/2023-05/22/c_1686402318492248.htm。

据控制者模式形成对立，使跨国网络服务企业处于两难境地，更在国内造成业务间的规则重复。因此通过制度设计理念转变，考虑数字经济发展对国际统一数据跨境规则的需求，结合跨境业务领域数据分类分级出境制度，在安全与发展概念的统筹中进行制度重塑。

综上所述，面对刑事司法领域的数据跨境问题，应当从司法管辖权的属地主义转变为属人主义，从数据证据属性转向技术特性。同时顺应刑事司法数据跨境国际规则发展趋势和数字经济发展、打击犯罪的现实需求，将制度理念从注重安全转向注重发展，更好把握数据主权强调数据利用和控制能力的核心要义。

五　刑事司法领域数据跨境的调和路径

基于前文对数据主权提出的中国式新理解，在具体的冲突调和路径构建中应注意坚持数据主权的"属人主义"原则、"技术特性"原理和"数字发展"理念，面向国际立法和国内立法的两个层面冲突做出制度回应，为刑事司法领域数据跨境搭建统一的国际法规则和与之相对应的国内法依据，真正从制度层面化解司法实践的难题。

（一）基于属人主义的刑事司法数据跨境统一国际规则

随着网络信息化程度前所未有地加深，发展中国家的互联网技术水平得到大幅提高，参与全球网络空间治理的能力和积极性与日俱增，过去"由发达国家主导的传统立法样态正在被打磨重塑，国际数据治理的新规则正在孕育"[1]。2021年5月26日，联合国负责公约起草工作的特委会成立，正式启动联合国框架下网络犯罪治理国际公约的起草进程，网络犯罪国际治理框架建设的新阶段正式到来。自提交《关于打击为犯罪目的使用信息和通信技术全面国际公约的总则、刑事定罪条款及程序措施和执法条款的合并谈判文件》，即《联合国打击网络犯罪公约（草案）》[2]，各国家

---

[1] 许多奇：《个人数据跨境流动规制的国际格局及中国应对》，《法学论坛》2018年第3期。
[2] 《联合国打击网络犯罪公约（草案）》英文名称为 Consolidated Negotiating Document on the General Provisions and the Provisions on Criminalization and on Procedural Measures and Law Enforcement of A Comprehensive International Convention on Countering the Use of Information and Communications Technologies for Criminal Purposes。

和地区积极参与公约谈判，促进网络犯罪国际治理进程。2023 年 8 月 21 日至 9 月 1 日，联合国打击网络犯罪公约特委会第六次谈判会议成功举行，在新会议中更新了公约草案的修订稿内容，本节将结合草案内容和对数据主权属人主义的认知，提出中国在推动制定刑事司法领域数据跨境统一国际规则中应遵循的具体路径。

1. 接受属人主义下的数据控制者模式

我国基于数据主权和安全等因素考量，在《联合国打击网络犯罪公约（草案）》的前期磋商中，始终对涉及跨境调取电子证据问题主张尊重领土主权、坚持刑事司法协助程序的观点，从而与现行国内法相协调。虽然我国官方态度对数据直接跨境调取显示出抵触和警惕，但在联合国网络犯罪政府专家组第五次会议等场合也肯定了"跨境调取电子数据是为打击犯罪目的使用通信技术的需要"以及"国际司法协助和执法合作取证效率低"的问题，加之我国司法实践中对网络在线提取境外电子证据的尝试表明我国对网络服务提供者披露数据等规定的态度出现缓和，为接受相关条款留下余地。[①]

建立在前述对数据主权新理解的基础上，我国对新公约的包容度将大幅提高，并可以在属人主义中参与探讨"数据跨境流动全球规制的兼容性框架"[②]。第六次谈判会议中同意将公约有关电子证据合作的机制适用于未列入公约的严重犯罪，体现《联合国打击网络犯罪公约（草案）》在遵循主权思维的原则下促进国际网络犯罪打击。一直以来公约草案对要求网络服务提供者提交数据的规定表明基本承袭《网络犯罪公约》的"数据控制者模式"，最近召开的第六次会议对第四次会议第 45 条关于提交令的表述进行修改，删除了"有合理理由认为已经实施或正在实施刑事犯罪"[③] 这一授权条件，仅于修订稿第 27 条规定"各缔约国应采取必要的立法和其

[①] 参见梁坤《关于〈联合国打击网络犯罪公约〉"提供令"条款的建议》，载微信公众号"白晟研究"，2022 年 5 月 23 日。

[②] 刘金瑞：《迈向数据跨境流动的全球规制：基本关切与中国方案》，《行政法学研究》2022 年第 4 期。

[③] Ad Hoc Committee to Elaborate a Comprehensive International Convention on Countering the Use of Information and Communications Technologies for Criminal Purposes, Fourth session. https：//www.unodc.org/unodc/en/cybercrime/ad_hoc_committee/ahc_fourth_session/main.html.

他措施，授权其主管当局下令进行数据调取"①，进一步放宽司法机关直接调取境外数据的条件，彰显公约的属人主义色彩。当前数据控制者模式的最大弊端就在于没有国际法的统一规定，公约的规定化解了有关国家按照该模式调取证据存在的国内法国外适用侵犯他国主权的风险。

2. 推进数据控制者模式下的公私主体合作

基于我国对"数据控制者模式"的理解认同，网络服务提供者这一私主体在刑事司法领域数据跨境中的作用凸显，因此加强公私合作，强调网络服务提供企业在刑事司法数据披露等环节对境内外刑事司法机关的配合十分重要。

《联合国打击网络犯罪公约（草案）》第六次会议修订稿第47条规定要加强缔约国司法机关与网络服务提供者在披露电子证据方面的合作。该条强调"缔约国要立法确保网络服务提供者能够与国家司法机关在必要的刑事调查和诉讼中进行直接合作"②。这表明公约草案对公私合作的要求力度之大，网络服务提供者不仅要向所在地国或者提供服务国的司法机关提供数据，在必要情况下其他缔约国也可以要求其进行数据披露。数据控制者模式下的数据跨境流动对网络服务提供商提出更多司法合作上的要求，鉴于我国当前的制度构建仍然停留在数据存储地的模式上，因此立法中并无相关规定，需要通过统一国际规则的制定为国内法提供导向和借鉴。

（二）基于技术特征的公开数据自由跨境流动制度

数据的"存储分散性"和"多方利益攸关性"淡化了数据的地理疆界，同时数据的"易改变性"给数据证据保全和跨境网络犯罪打击带来挑战，因此数据技术特征对制度设计提出了自由流动和高效便捷的要求，以减少不必要的数据跨境制度羁绊。《电子数据取证规则》中关于网络在

---

① Ad Hoc Committee to Elaborate a Comprehensive International Convention on Countering the Use of Information and Communications Technologies for Criminal Purposes Sixth session. https：//www.unodc.org/unodc/en/cybercrime/ad_hoc_committee/ahc_sixth_session/main（Last Visited on Sept. 16, 2023）.

② Ad Hoc Committee to Elaborate a Comprehensive International Convention on Countering the Use of Information and Communications Technologies for Criminal Purposes Sixth session. https：//www.unodc.org/unodc/en/cybercrime/ad_hoc_committee/ahc_sixth_session/main（Last Visited on Sept. 16, 2023）.

线提取"公开发布的电子数据"的规定,表明我国刑事司法领域已经基于司法实践中数据证据的大量调取需求关注数据自身的技术特征,开始对满足"公开发布"条件的数据跨境采取自由流动的跨境方式。因此应当在对该制度的正当性予以论证的基础上,明确公开数据自由跨境流动制度,进而以区分数据是否公开发布为切入,搭建起我国完整的数据跨境流动体制。

获取公开数据与下载网络文件性质相同,不应被划入数据跨境调取范围。"公开数据"是指经过权利人同意和国家安全审查通过,公开发布的数据信息。这类数据可以由任何主体通过计算机信息系统进行接收下载,不影响他人权利,也不会对国家主权安全造成危害。根据对最高人民检察院《〈关于办理刑事案件收集提取和审查判断电子数据若干问题的规定〉理解与适用》的解读,在线提取公开数据一般是指在"网络公共空间对网页、网上视频、网盘文件上的电子数据进行提取,可以理解为从网上下载文件"[1]。《信息安全技术数据出境安全评估指南(征求意见稿)》也已经提出境外对境内公开信息的访问不属于数据出境。因此刑事司法机关获取公开发布的数据与一般公民在境外网站上浏览文件、视频等数据并下载没有实质性区别,公开数据所见即所得,不属于使用侦查手段跨境调取数据的范畴。[2]

数据的存储分散和易改变特性对数据流动效率提出要求,公开数据与国家主权安全保护关系不大,国内立法应进一步明确公开数据的自由流动制度。事实上,对公开数据的自由获取从本质上与《网络犯罪公约》第32条(a)和《打击网络犯罪公约(草案)》第五次会议修订稿第72条[3]规定的在线提取公开数据的内容一致。因国际上对公开数据可自由流动呈一致态度,该条在第六次会议修订稿中被直接删除,不将其作为数据跨境调取所要调整的对象范围。

---

[1] 万春等:《〈关于办理刑事案件收集提取和审查判断电子数据若干问题的规定〉理解与适用》,《人民检察》2017年第1期。

[2] 参见薛军《"头腾大战再起",社交媒体平台有义务向竞争者开放吗?》,https://www.bjnews.com.cn/detail/161235027815631.html,2021年3月27日访问。

[3] Ad Hoc Committee to Elaborate a Comprehensive International Convention on Countering the Use of Information and Communications Technologies for Criminal Purposes Fifth session. https://www.unodc.org/unodc/en/cybercrime/ad_hoc_committee/ahc_fifth_session/main (Last Visited on Sept. 16, 2023).

鉴于我国数据跨境立法方兴未艾，实践仍然需要明确的规则予以指导，应在立法中进一步明确这种公开数据不受地域限制，境内公开数据的出境和获取境外公开数据均采取自由流动制度。从数据自身的流动特性出发，在公开数据情景中将刑事司法机关与普通个人数据接收者置于同等地位，不进行特别管制，从而填补立法空白，减少不必要的解释与争辩。

（三）基于发展理念的刑事司法数据分级出境制度

刑事司法和跨境业务间数据跨境的制度冲突主要体现于对数据出境的双重标准问题，刑事司法领域数据的一刀切保护方式不适应对数据特性和数据主权的属人理解，继续僵化恪守数字安全理念会严重阻碍跨国网络犯罪打击，增加网络服务提供者数据跨境提供的压力。跨境业务领域一般数据出境制度能够平衡数据主权安全和数字经济发展，可以为刑事司法领域的非公开数据分级制度所借鉴。因此在引入刑事司法领域数据出境分级制度之前，首先要分析把握当前该制度在数据跨境业务领域的具体情况。

1. 一般数据分级出境制度探析

《数据安全法》第二十一条将数据分为"核心数据、重要数据和其他一般数据"① 三个级别，并根据其背后法益的高低选择兼顾安全与效率的出境路径。就核心数据而言，虽然现有制度并无特殊的路径指引，但根据《数据安全法》规定，应当对核心数据采取比重要数据更严格的保护措施，往往经评估后不准出境。就重要数据而言，根据《数据出境安全评估办法》第四条规定应当进行数据安全评估。同时一些特殊的个人信息因处理主体特殊、信息规模庞大或信息内容敏感等被升级保护，也以安全评估的方式进行出境衡量。② 就其他一般数据（主要指个人信息）而言，可采用

---

① 根据《数据安全法》第二十一条，数据的分类分级保护制度要求按照数据重要程度以及"一旦遭受篡改、破坏、泄露或者非法获取、非法利用，对国家安全、公共利益或者个人、组织合法权益造成的危害程度"对数据进行分级。核心数据指"关系国家安全、国民经济命脉、重要民生、重大公共利益等的国家核心数据"，重要数据指"本地区、本部门以及相关行业、领域的重要数据"。

② 《数据出境安全评估办法》第四条："数据处理者向境外提供数据，有下列情形之一的，应当通过所在地省级网信部门向国家网信部门申报数据出境安全评估：（一）数据处理者向境外提供重要数据；（二）关键信息基础设施运营者和处理100万人以上个人信息的数据处理者向境外提供个人信息；（三）自上年1月1日起累计向境外提供10万人个人信息或者1万人敏感个人信息的数据处理者向境外提供个人信息；（四）国家网信部门规定的其他需要申报数据出境安全评估的情形。"

个人信息保护认证和订立标准合同的方式进行数据出境。一般数据出境管制范围的松动和配套措施的灵活多样为跨境业务提供便利。

2. 刑事司法数据分级出境制度构建

刑事司法领域数据出境的分级制度可以参考跨境业务领域的数据出境管制方式进行搭建，同时不能忽视刑事司法当然的特殊性。一是要兼顾惩罚犯罪和保障人权的刑事司法价值取向，数据跨境调取本身是一项刑事侦查措施，肩负着刑事司法惩罚犯罪和保障人权的双重目的，因此尤其要在数据跨境个案中结合具体情况加以平衡，兼顾数据保护与数据开放。二是要进行"风险识别"[①]，因为数据本身的高流动性和易改变性，加之刑事犯罪的敏感性和高危性，该领域数据安全的维护相较于跨境业务情境意义更加重大。三是要协调数据的证据属性和数据特性，在强调数据自由流动的同时不能完全忽视数据作为证据承载的司法主权。

刑事司法领域数据分级出境制度要以明确的数据分级标准为前提。结合全国信息安全标准化技术委员会于2021年12月31日发布实施的《网络安全标准实践指南—网络数据分类分级指引》有关规定，从数据安全保护的角度出发，考虑影响对象、影响程度两个要素进行数据分级保护。一旦受损将对国家安全造成一般或严重危害、对公共利益造成严重危害的属于核心数据；对国家安全造成轻微危害、对公共利益造成一般或轻微危害的属于重要数据；对国家安全和公共利益无危害，受损后仅影响个人或组织合法权益的属于一般数据。

就具体出境方式及态度来说，对直接关系国家主权与安全方面的国家核心数据，在跨境业务领域都不准予出境，刑事司法领域应保持更加审慎严格的态度。在国家核心数据上坚持主权安全的第一要义，无论如何都不应属于外国刑事司法机关调取数据的范围，[②] 不允许出境；同时，与数据主权与安全关系不紧密的一般数据，因为其出境对国家安全和公共利益并无影响，仅涉及个人或组织的利益调整，可以由网络服务提供者自行采取个人信息保护认证或签订标准合同的方式进行出境，自行决定是否向外国司法机关提供。

[①] 赵勇、张智强、严俊等：《软件兼容性测试的故障定位分析》，载《计算机科学与探索》2013年第5期，第405页。

[②] 梁坤：《长臂执法背景下的数据出境管制》，《国家检察官学院学报》2022年第5期。

数据分级出境规制的难点往往不在于核心数据和一般数据这两端,而在于如何处理网络服务提供者掌握的特定行业重要数据和被上升为特殊类型的个人信息(前述跨境业务领域需要进行数据安全评估的范围)。这类数据对国家安全和公共利益存在着一定程度的影响,因此在原则上不能由外国司法机关自由调取,必须经过个案综合判断。一方面要考虑该数据承载的我国司法主权轻重程度及与国家安全、公共利益保护的远近关系,另一方面又要兼顾该数据作为跨境网络犯罪案件中的关键证据,对当事人诉讼权利这一人权的保障作用以及对查明案件事实有效打击犯罪的重要意义。若对我国主权安全的危害程度远低于对当事人人权的侵害程度,应当允许有关重要数据出境,以国际合作促进人权保障。

表4 刑事司法数据分级出境制度具体构建

数据级别	出境路径		出境态度
	适用情形	具体路径	
核心数据	—		不准出境
重要数据	—	数据安全评估	不准许自由出境,需平衡主权安全保护和基本人权保障做个案判断
一般数据	①关键信息基础设施运营者;②处理100万人以上个人信息的数据处理者;③自上年1月1日起累计向境外提供10万人个人信息或者1万人敏感个人信息的数据处理者向境外提供个人信息		
	其他一般数据(主要指上述范围外的个人信息)	个人信息保护认证	准许常态化自由出境
		订立标准合同	

在公开数据自由流动无须法律管制的基础上,通过对刑事司法领域非公开数据出境采用相同于跨境业务领域的数据分级出境方式可以简化网络服务提供企业的复杂操作,与我国对数据主权的属人主义认识相契合,与统一国际规则的价值取向相衔接。在推动数据流动的同时精准管控数据安全,解决国内数据跨境流动规则的现实冲突,促进数字经济发展,建设数字现代化强国。

六 结语

　　网络与人类生活的关系日益紧密，犯罪网络化全球化的趋势日益突出。法律具有天然的局限性，传统的刑事执法属地管辖理念已经无法解决因数据高流动性、无体性而难以确定地理位置的新问题，冗长的刑事司法协助程序给跨国网络犯罪转移和隐匿提供了温床，惩罚犯罪与保障人权、经济发展与主权安全的长久矛盾造成了我国刑事司法领域数据跨境的国际法律冲突和内部的法秩序混乱。因此应从制度深层的主权理解出发，从数据自身和作为证据的双重属性出发，调和司法主权和数据特性，强调主权在于最大化维护自身利益的时代价值，而非固守形式主义。转变司法管辖的属地主义，为数据开创属人主义的例外；积极推动联合国层面打击网络犯罪公约制定，通过公约为数据主权的属人主义提供正当性基础，塑造网络国际治理新秩序；探索刑事司法公开数据的自由流动制度和非公开数据的分级出境制度，理顺国内法秩序，回应对"数据控制者模式"的新接受。司法管辖权因涉及国家具体权利的现实行使，一直以来都坚持严格的属地主义，但数据特性模糊了地理疆界，需要在数据领域将数据生产者的国籍作为连接点，搭建数据管辖的属人主义，实现数据的高效利用。本文提出的刑事司法领域属人主义管辖虽符合时代发展趋势，但面对我国长期的司法传统未免过于激进，将会面临反对和挑战，相关的制度更新也将经历较长的周期，还需要更多的研究探索落实到司法实践。良法是善治前提，通过法律制度完善打击跨国网络犯罪，维护个人数据权利，从而实现推动数字经济发展和保障国家数据主权安全之双赢局面。

新兴领域法治专栏

《电子商务法》"15日静默期"适用困境与勘正

李超光　王　婷[*]

摘　要：《电子商务法》"15日静默期"规则设计本义在于充分保障权利人权利、实现电子商务相关利益方利益衡平，但信息技术发展使得既有平台角色定位与现实脱节，司法实践下，"15日静默期"规则不再能满足利益衡平要求，开始出现权力滥用、虚假侵权通知频发、与现有诉前禁令制度衔接不和等问题。为完善"15日静默期"规则，建议修正衍生、延续于"通知-删除"规则的固有设定逻辑——技术中立原则，代之以替代责任认定标准，并前置化"15日静默期"异化规制手段，合理安排平台事前审查义务；与此同时，配套建立与"15日静默期"同等规制措施——冻结措施，以此回归电子商务语境下三方利益平衡格局，促进电子商务行业健康发展。

关键词：《电子商务法》　"15日静默期"　技术中立　冻结账户

引　言

信息网络技术进步带动了电子商务产生、发展与繁荣，但网络空间的无序性、虚拟性等特点使电商侵权现象愈发严重。为规范电商交易、保护知识产权，2019年《电子商务法》在第四十一至第四十五条设置了知识产权保护条款，其在移植美国《数字千禧年版权法》"通知-删

---

[*] 李超光，湘潭大学法学院讲师；王婷，湘潭大学法学院硕士研究生。

除"规则同时，创设性嵌套"15日静默期"规定，①借以弥补电商领域权利人发现侵权与维权能力不足，强化"通知-删除"对权利人利益之维护。但制度发展并非总沿着立法者预定轨道前行，其总在不经意间脱轨。《电子商务法》施行3年间，"15日静默期"日渐异化为权利人滥用权利甚至谋取不当利益之工具，"余梦云、李珍荣等侵权责任纠纷一案"中，被告李珍荣即在大促期间恶意发出虚假侵权通知致使原告余梦云商品链接下架而遭受巨额损失。②"15日静默期"框架下，权利人事实上拥有类似诉前禁令的决策权，这无疑加剧了权利人与平台内经营者地位之间的悬殊，加之司法实践下，因权利人滥用权利而蒙受损失的经营者为维权多以平台放纵侵权为由将后者列为共同被告，纠纷范围进一步扩大，三方矛盾逐渐加深。

基于此，本文立足"15日静默期"规则法教义学分析，在现有制度困境与成因分析基础上检视"15日静默期"规则，在引证他国相关补合措施合理性基础上，重新整合协调各方主体权利义务，以期实现规则带动利益失调后的再度衡平，助推电商产业健康、持续发展。

一 "15日静默期"规则概况

深入了解"15日静默期"规则产生背景与理论基础，是分析规则实际法律效应与现存问题并提出针对性解决方案、促进规则功能发挥的首要工作。对此，以下基于"15日静默期"生成基源与设定逻辑两个面向探究该规则，以此实现其内容上的根源性探析，为后文规则异化与修正奠定先期基础。

（一）生成基源："通知-删除"外部性衍生

事实上，"15日静默期"系根治现行"通知-删除"规则难以适应新时代下电商环境产生的自身无法规避顽疾的结果，其基本生成路径如下。

---

① 《电子商务法》第43条第2款。
② 余梦云诉李珍荣等侵权责任纠纷案，浙江省杭州市余杭区人民法院（2021）浙法民初13637号判决书。

1. 电商领域"通知-删除"的失灵

"通知-删除"规则①将归责原则由严格责任原则过渡到过错责任原则，通过降低网络服务提供者审查义务，提高了其第三方责任承担法律门槛，②防止无序归责出现，避免网络服务提供者陷于繁杂的知识产权纠纷中，为网络服务提供者进行技术应用与推广提供安全港，③但该设定在电子商务领域缺陷明显。

一方面，电商领域存在海量知识产权侵权行为，"通知-删除"启动完全依靠权利人发出侵权通知，规则适用十分消极被动，无法应对层出不穷的侵权行为；④另一方面，"通知-删除"规则条件的易满足性、电商平台采取措施的积极性及"删除"措施对被投诉者利益的极大影响，致使在电商领域中适用"通知-删除"规则出现严重利益失衡问题，⑤平台内经营者利益在很大程度上受到了刻意忽视，对权利人与被投诉人不当的倾斜对待使更多虚假恶意侵权通知得以滋生。"通知-删除"规则既无法保护权利人利益，也无法保护被投诉者利益。

2. 对"通知-删除"规则的现实补益

囿于互联网背景下维权与侵权技术水平的差距，"通知-删除"规则既难助力权利人有效维权，也无法避免恶意侵权通知对合法经营者产生不利影响。2019年，《电子商务法》第四十三条第二款规定"15日静默期"规则，要求电商平台经营者应在收到权利人侵权通知后及时采取必要措施并将被控侵权人的反通知转达给权利人后等待15日，其间未收到权利人投诉或起诉通知的，才应及时终止所采取措施。《电子商务法》意图借此规则增强侵权通知效果以弥补权利人技术能力的不足从而助其更好维权，同时限制电商平台必要措施实施期限，避免被投诉者利益的过分损害，

---

① "通知-删除"规则又称避风港规则，是指网络服务商对于网络用户利用网络实施违法行为的事实不知情的，无须承担责任，在受害人发现该侵权行为存在并通知网络服务商时，服务商才采取必要措施防止损害的扩大。王利明：《论网络侵权中的通知规则》，《北方法学》2014年第2期。

② 梁志文：《网络服务提供者的著作权责任：文本解释与比较分析》，《法治研究》2011年第2期。

③ 程瑞：《〈民法典〉"通知-删除"规则的司法适用困境与推进路径》，《长春师范大学学报》2023年第5期。

④ 马更新：《"通知-删除"规则的检视与完善》，《政治与法律》2022年第10期。

⑤ 刘铁光、李志达：《电商领域适用"通知-删除"规则的利益失衡及其矫正——一种回归技术的方案及其制度构建》，《常州大学学报（社会科学版）》2017年第4期。

以在新技术背景下维持权利人、电商平台、被投诉人三方主体间的利益平衡。

"15日静默期"规则的加入使电商领域侵权纠纷解决体制更具可操作性，也更有利于保护权利人利益。借由"15日静默期"规则，权利人取得在一定期间内单方支配他人经营行为的主动权，删除、下架等必要措施提高了"15日静默期"规则的威慑力，也为权利人收集固定证据材料提供了充足时间。

（二）设定逻辑：技术中立原则之体系贯穿

法律规则的产生拥有一套内在的逻辑体系，该逻辑体系是支撑该规则或制度发展的核心支柱，对该设定逻辑的分析与源点考量能最大程度上获知该规则的运行本质。以技术中立原则为构造依据的"15日静默期"规则在延续"通知-删除"规则基本立场的前提下，也对当前纠纷解决路径做出了一定突破，详述如下。

1. 技术中立原则内容分析

技术中立原则又称"实质性非侵权用途原则""普通商品原则"，指如某种产品既可用作合法目的也可用作侵权目的，不能仅因该产品可能被他人用作侵权从而推定产品提供者"应知道"他人侵权，更不得以此为由要求产品提供者承担侵权责任。[①]

SONY案标志技术中立原则的产生。[②] 1975年，SONY公司开发的录像机使公众可通过该录像机录制美国两大电影制片公司发行的电视节目，原告主张这一行为侵犯了其复制权，要求SONY公司赔偿损失。[③] 美国最高法院借鉴专利领域"普通商品原则"做出了SONY公司不侵权判决，原因在于涉案录像机所具备的功能并非专用于侵权，其本身具有实质性的非侵权用途。

内容上，技术中立包含三层含义：功能中立、责任中立与价值中立，其中对我国《电子商务法》产生影响的为功能中立与责任中立。功能中立在互联网领域体现为网络中立，指网络运营商和服务提供者应在数据传输

---

① 张今：《版权法上"技术中立"的反思与评析》，《知识产权》2008年第1期。
② 梁志文：《云计算、技术中立与版权责任》，《法学》2011年第3期。
③ 郭雪军：《私人复制的竞争合理性——以Sony案、Napster案为例》，《山东大学学报》（哲学社会科学版）2020年第2期。

和信息内容传送上平等对待网络用户，不可进行差别对待。责任中立指主观上非故意的技术使用者和实施者不能对技术作用于社会的负面效应承担责任，① 具体到电商领域指电商平台经营者不能仅因平台内部存在侵权行为就承担侵权责任。

技术中立原则理论基础来源于利益衡平。② 社会资源的稀缺性与利益主体的多样性使得利益冲突无处不在，而利益冲突是利益衡平存在之基础，如何调节各主体之间的利益得失、利益侵害等冲突，实现各主体利益最大化是利益衡平所要实现的课题。③ 在电商环境下，如何有效维护知识产权与避免加重平台经营成本与负担即存在冲突，而消解平台经营者审查义务正是技术中立原则为平衡网络服务提供者负担与知识产权保护做出的努力。

2. "15 日静默期"之贯彻

技术中立原则目的为鼓励与保护技术创新，在其影响下，"通知－删除"规则免除了网络服务提供者事前审查义务，消除其原本可能需承担的审查与监督用户行为之义务。④ "15 日静默期"规则作为"通知－删除"规则后续应对措施，实质上继承了技术中立原则的思想内容。

网络中立要求服务提供者在数据传输和信息内容传递上平等对待用户，不可偏袒。⑤ 在网络中立的影响下，静默期规则中平台经营者审查义务被免除，其在接收到权利人侵权通知时并不会严格审查，否则有区别对待之嫌。同理，在接收到被投诉人反通知时，平台也不会实质审查，而是在履行转交义务后径直启动"静默期"。责任中立免除了平台经营者对平台内侵权行为仅存在概括性认知时的法律责任，而在平台对用户侵权行为产生实际认知时又因网络中立不负担审查义务而仅须及时启动"静默期"就可避免被侵权行为牵连。两方相配合使平台免于不作为与放纵侵权指责，极大程度上削减了平台经营者责任承担的可能性，为新技术推广与运

---

① 郑玉双：《破解技术中立难题——法律与科技之关系的法理学再思》，《华东政法大学学报》2018 年第 1 期。
② 何培育、刘梦雪：《技术中立原则在信息网络传播权保护领域的适用》，《重庆邮电大学学报》（社会科学版）2017 年第 3 期。
③ 吴清旺、贺丹青：《利益衡平的法学本质》，《法学论坛》2006 年第 1 期。
④ 崔国斌：《网络服务商共同侵权制度之重塑》，《法学研究》2013 年第 4 期。
⑤ Tim Wu, *Network Neutrality, Broadband Discrimination*, Journal of Telecommunications and High Technology Law, Vol. 2, pp. 141-178（2003）.

用提供了安全空间。

得益于信息网络传播技术的进步，网络信息的交流与传播速度已极大提高，往往一项新产品上市，大量盗版商品链接便如雨后春笋般涌现，尤其是针对大热商品的侵权行为更为猖獗。商品的售卖具有时效性，大量侵权商品的出现将特定商品与权利人之间的特定联系大大稀释，使得正版商品生产者、经营者利益受损。《电子商务法》将静默期时间设定为"15日"，这一规定相较于《信息网络传播权保护条例》第十六条、十七条更有利于保护权利人利益，至少在15日内，被投诉人无法再继续售卖盗版商品，在此期间，部分客户会分流至真正权利人处，从而维护权利人利益。

在"15日静默期"规则的构建中，平台审查义务的免除考虑到了平台个体的技术水平与经济能力，避免为平台带来沉重负担，静默"15日"则考虑到权利人个体维权能力的不足，同时也避免权利人合法权益遭受进一步损害。通过此权利义务关系的设置，权利人-平台经营者-平台内用户之间的利益格局得以重塑，在理想状态下，任何一方利益都受到了充分保护。

二 "15日静默期"主要困因

《电子商务法》实行至今，司法实践下"15日静默期"开始出现一系列问题。为完善"15日静默期"规则，需从现有适用困境着手，深入分析其成因并进行针对性调整。

（一）"15日静默期"适用困境

知识产权日益成为市场主体市场竞争的工具，电子商务领域，市场主体开始借助"15日静默期"规则以达到排除竞争对手进入市场的目的，[①]"15日静默期"规则凭借低标准、低成本等特点渐被异化为权利人进行不正当竞争的工具，其在刺激行为人恶意提出侵权通知的主观意愿的同时，也架空了诉前禁令制度。

1. 诱发权利人发出虚假通知

根据《电子商务法》第四十三条第二款规定，若权利人在接收到反通

---

① 王先林：《从个体权利、竞争工具到国家战略——关于知识产权的三维视角》，《上海交通大学学报》（哲学社会科学版）2008年第4期。

知后 15 日内未投诉或起诉，平台经营者才可终止所采取的措施，而在此期间，平台内经营者经营活动无法开展，意味着"15 日静默期"规则一旦启动，被投诉者的经营行为至少被中止 15 日。面对已启动的"15 日静默期"规则，被投诉方即使行使抗辩权提出反通知也无法恢复经营活动，代表在"15 日静默期"规则下，通知人侵权通知无论真假都可对被投诉者产生影响，在这一关系链中，通知人占绝对主导地位。单方主导优势地位的设置放大了行为人的恶意，市场竞争程度的加深使行为人提出虚假通知的动力提高，电商恶意投诉数量不断攀升。

在"世科姆作物科技（无锡）有限公司、南京惠农千重浪农业科技有限公司、浙江淘宝网络有限公司知识产权与竞争纠纷"一案中，代世科姆公司维权的务新公司以世科姆公司名义发出恶意投诉通知，致使惠农千重浪公司店铺被处罚、链接被删。惠农千重浪公司进行多次申诉才使处罚撤销。但在未撤销期间，淘宝公司已对整个店铺做出了降权及限制参加推广活动的处理。[①] 在"何梦瑶与邱发明、浙江淘宝网络有限公司不正当竞争纠纷"一案中，被告邱发明则在短短 2 天内针对原告涉案店铺发起共计 259 条投诉，经查明，被告实为恶意投诉。[②]

虽然《电子商务法》规定错误、恶意通知应承担赔偿责任，但该责任需借由诉讼才可主张，此救济机制时效性过弱，一审、二审程序烦琐，时间成本高，认定该主张也非常困难，恶意投诉导致商家期待权受损，未来可能利益并未实际转化为现实收益，故恶意投诉影响范围无法准确认定，证据取得难度大，被恶意投诉商家难获救济。[③] 被投诉人诉讼维权效果不佳，权利人滥用权利发出虚假侵权通知的成本难以甚至无法通过诉讼程序转由权利人承担，对权利人而言虚假侵权通知的回报远大于成本。竞争的激烈程度增加了行为人通过不当手段谋取非法利益的可能性，且被

---

① 南京惠农千重浪农业科技有限公司诉世科姆作物科技（无锡）有限公司、浙江淘宝网络有限公司知识产权与竞争纠纷案，浙江省杭州市中级人民法院（2020）浙法民终 10825 号民事判决书。

② 何梦瑶诉邱发明、浙江淘宝网络有限公司不正当竞争纠纷案，浙江省杭州市余杭区人民法院（2020）浙法民初 6382 号民事判决书。类似案例参见：余梦云诉李珍荣等侵权责任纠纷案，浙江省杭州市余杭区人民法院（2021）浙法民初 13637 号民事判决书；蔡书玲诉普洱澜沧古茶股份有限公司、浙江淘宝网络有限公司不正当竞争纠纷案，浙江省杭州市余杭区人民法院（2019）浙法民初 12510 号民事判决书等。

③ 周学峰：《"通知-移除"规则的应然定位与相关制度构造》，《比较法研究》2019 年第 6 期。

投诉者难以通过诉讼获得快速救济，行为人可利用"15日静默期"制造时间差，形成权利真空并增加被投诉方举证难度，以较小成本换取更多不正当利益，这激励权利人发出虚假侵权通知，导致更多不正当竞争行为发生。①

2. 变相架空诉前保全制度

在《电子商务法》知识产权框架中，权利人侵权通知实质上产生了与《民事诉讼法》中诉前禁令相同效果，即中止利害关系人一定行为。《民事诉讼法》第一百零一条规定：利害关系人申请诉前禁令，须向法院提交证明文件且提供担保并由法院实质审查，法院同意之后利害关系人还需在30日内起诉。② 诉前禁令条件如此复杂的目的在于建立利益平衡机制，促使权利人谨慎行使权利，避免滥用权利，同时也为权益受损的被申请人提供救济。

与诉前禁令相比，权利人发出侵权通知所提交证明材料无须经权威审查，大多数情况下可启动"15日静默期"，权利人无须缴纳担保金，无起诉后置要求。"15日静默期"规则与诉前保全制度功能相当，但其条件简单、缺乏约束机制、规则应用代价小，客观上更易获得意欲滥用权利进行不正当竞争的行为人青睐，如此"15日静默期"规定凭借其诸多优点架空诉前保全制度，③ 诉前保全制度在电商领域内难以落实。④

（二）适用困境成因探析与反思

规则自诞生起，其僵化命运即被锁定，但探寻其背后根源并在此基础上做反思能更为经济地实现规则本身困境的去障。探寻"15日静默期"司法实践下之适用困境，其基本可被概括为三方面，以下详述之。

1. 技术变革下的电商市场现状

近年来，借由人工智能、大数据、算法等技术，依托虚拟交易平台建立的电商产业在极短时间内获得了迅速壮大。据商务部数据，截至2022年

---

① 刘晓春：《〈电子商务法〉知识产权通知删除制度的反思与完善》，《中国社会科学院研究生院学报》2019年第2期。
② 《中华人民共和国民事诉讼法》第一百零一条。
③ 刘润涛：《完善网络交易平台专利侵权"通知与移除"规则探讨》，《学术交流》2017年第12期。
④ 何琼、吕璐：《"通知-删除"规则在专利领域的适用困境——兼论〈侵权责任法〉第36条的弥补和完善》，《电子知识产权》2016年第5期。

底，我国网络零售平台店铺数量达 2448.07 万家，年增长 11.2%；网络购物用户 8.45 亿人次，占网民整体的比重为 79.2%；电商交易总额达 43.83 万亿元，其中跨境电商进出口总额达 2.11 万亿元，相关服务业营收规模达 6.79 万亿元，成为扩大内需、拉动消费的重要推动力。①

为在已成一片红海的电商市场中立足，各电商平台开始不断开发新技术借以建立、巩固自身优势，而算法推荐技术因其远胜于传统内容分发市场人工编辑、审核与推荐运作机制的速度与效率优势迅速受到各网络平台青睐，② 诸如淘宝、京东、拼多多等电商平台正通过对自身算法推荐技术的升级迭代提升个性化推荐服务精确度，进而不断分割、占领市场。技术上，算法推荐通过收集分析用户行为数据，掌握用户偏好，为用户构建"个人画像"并分发个性化信息，③ 转变了以往网络平台被动"人找信息"的模式。④ 在此基础上，运用算法推荐技术的电商平台经营者将信息精准推送给目标群体，这意味着平台已深度参与到信息传播过程，其不仅提供了信息存储空间服务，更从事了信息流推荐行为。⑤ 由此，平台背离了"技术中立"所立论的平台仅"提供信息通道"的立场。随着对算法依赖的加深，算法掌握了更多的裁决权，⑥ 其也在实质上决定着电商平台这一虚拟场域的日常运营与管理，⑦ 支配着电商平台信息的整合与发放。

有观点认为算法推荐是平台内容选择权向用户转移的表现，推荐内容是其自动化程序产物，平台未人工审查或编辑特定内容，故该技术仍具中立性。⑧ 但需注意的是，智能算法运作机制、底层逻辑与运作无一不体现了网络服务提供者的价值取向。不同目标决定不同网络平台的价值取向，是故算法推荐技术并不同于大众以往所认为的中立技术，其具有鲜明的价

---

① 《中国电子商务报告（2022）》，商务部官网，http://images.mofcom.gov.cn/dzsws/202306/20230609104929992.pdf.
② 任安麒：《网络服务平台算法推荐的著作权侵权认定规则》，《北京航空航天大学学报》（社会科学版）2023 年第 3 期。
③ 钟晓雯：《算法推荐网络服务提供者的权力异化及法律规制》，《中国海商法研究》2022 年第 4 期。
④ 唐一力：《网络服务提供商间接侵权责任的重新思考》，《法学论坛》2023 年第 4 期。
⑤ 罗嘉豪、邢虹文：《算法推荐技术应用背景下的平台责任问题》，《编辑学刊》2023 年第 2 期。
⑥ 张凌寒：《风险防范下算法的监管路径研究》，《交大法学》2018 年第 4 期。
⑦ 张凌寒：《算法规制的迭代与革新》，《法学论坛》2019 年第 2 期。
⑧ 刘文杰：《算法推荐新闻的法律透视》，《新闻记者》2019 年第 2 期。

值倾向,现今对技术中立原则的盲目坚持与推崇背后实质上是对技术进步下利益格局失衡的掩盖与利益的剥夺。

2. 技术中立原则之片面性移植

技术同时具有自然与社会属性,坚持平台经营者对平台内侵权行为不承担侵权责任的观点不具说服力。一方面,技术可反映技术提供者价值取向并为社会服务,其就被视为技术提供者人格延伸,技术提供者自然要对技术使用后果担责。① 另一方面,技术中立原则确立的平台不承担审查义务适用于网络技术欠发达时代。在互联网技术得到长足进步后仍坚持这一观点则难以避免技术中立原则在应对网络侵权新问题方面的弊端。

为避免技术中立原则弊端,美国吸收司法判例精神产生如替代责任、帮助侵权与引诱侵权规则,借此加重网络服务提供者审查义务并在特定条件下限制其凭借技术中立原则免责,以作为对技术中立原则抗辩效力的限制。然而我国在移植技术中立原则时对配套规则并未引起足够重视,致技术中立原则在我国落地后规则体系不完善,其弊端和不合理之处无法通过内在设计自行纠正,由此在实践中产生了更多问题。"15日静默期"规则虽可减轻权利人维权成本,实际上却放大了"通知-删除"规则在权利失衡方面的缺陷,在"15日静默期"规则的反向激励下,虚假侵权通知更易频发。

原有《侵权责任法》体制下虽无法完全避免虚假侵权通知产生,但根据《侵权责任法》司法解释第六十二条第二款及第六十五条,行为人提出虚假侵权通知要求删除他人链接的,须提供相应担保,被投诉者发出反通知,网络服务提供者就应恢复相应链接,被侵权人不得再请求删除链接。这一规定可有效避免行为人虚假侵权通知对他人合法经营行为产生不当影响。《电子商务法》摒弃《侵权责任法》上述规定,取而代之为"15日静默期"规则,行为人侵权通知未经实质审查且未提供任何担保,被投诉人反通知也无法终止删除、下架等措施,极大程度降低了行为人发出虚假侵权通知的成本,由此使"15日静默期"规则在疲于应对"通知-删除"规则本身弊端的同时,反而致使合法经营者权益更易遭到他人恶意虚假侵权通知侵害,以至于"15日静默期"规则既无法充分保护通知人的合法权

---

① 马一德:《视频分享网站著作权间接侵权的过错认定》,《现代法学》2018年第1期。

益，又加重了对被投诉一方的损害，通知人与被投诉人权利均无法获得有效保护。

3. 平台"管道化"使然

《电子商务法》第四十二条第二款规定，平台接到侵权通知后应及时采取必要措施，反之需对损失扩大部分与经营者一同担责。现行规定并未允许平台筛选侵权通知，平台地位边缘化致使其最终沦为权利人与经营者之间的传话筒。①

平台经营者管理地位缺失会带来两个不利结果：一是无法借助平台建立对权利人的外在约束机制。权利人侵权通知到达平台内经营者需通过平台传送，在具象纠纷中，权利人与平台内经营者立场天然对立，故想阻止权利滥用，只能寄希望于相对中立的平台。而在"15日静默期"规则中，平台经营者只负形式审查义务，无法通过平台内经营者筛选过滤虚假侵权通知，则难以敦促权利人正确行使权利，权利人行使权利越发肆意。二是在行为人侵权通知到达平台内经营者并产生损害后果这一链条上，只有平台方对纠纷不具有直接利益关系且能发挥调节与过滤作用，平台审查空间的缺失意味着行为人侵权通知无论真假都会对平台内经营者产生影响，结合"15日静默期"规则，在特定大促期间，这一影响无疑会扩大，甚至会从根本上消减经营者订单数量，这一效果的产生既助长了不正当竞争之风，同时也阻碍了诉前保全制度在电商领域的落实。

三 "15日静默期"借鉴范式

针对"15日静默期"规则现有困境，可借鉴国内外立法与司法实践，探寻弥补"15日静默期"规则缺陷之道路。

（一）美国技术中立原则之修正

美国作为"通知-删除"规则的发轫地，在规则发展过程中逐步修正既有技术中立原则。回望美国修正进程，或可从中汲取经验以应对我国"15日静默期"规则现行困境。

---

① 朱朋飞：《〈电子商务法〉"通知-删除"规则的分析和完善》，《法学研究》2022年第1期。

1. 替代责任规则

1995年美国法院在审理"RTC v. Netcom"一案时引入了替代责任并明确替代责任成立的标准为控制力标准和直接获益标准,[①] 规定在行为人有能力控制他人侵权行为且与他人侵权行为之间具有直接经济利益联系时,行为人须承担侵权责任。

替代责任正当性基础来自风险分担理论,即行为人基于对危险源的开启及控制管理,在未尽到与风险程度相当的注意义务时,应由其承担因风险活动所产生的损害。[②] 替代责任规制重点为不作为,满足"控制力"与"直接获益"标准,电商平台经营者就应对用户侵权行为承担责任。

2. 帮助侵权规则

2001年,美国法院审理Napster一案时基于帮助侵权责任认定Napster"中立"抗辩理由不成立。[③] 所谓帮助侵权责任指行为人明知他人侵权仍给予实质性帮助时,应对损失承担赔偿责任。本案中,Napster公司在能够监控用户行为情况下仍放任侵权行为发生并从中获利,因此法院要求其承担侵权责任。[④]

帮助侵权要件一为知道,二为实际贡献。知道要件由"明知"与"有理由应知道"构成,[⑤]"明知"指网络服务提供商接收合格侵权通知,"有理由应知道"即"红旗标准",指某一侵权行为像广场上飘扬的红旗那般鲜明时,即认为网络服务提供商应知道该侵权事实。[⑥] 红旗标准表明虽然网络服务商对侵权行为并没有具体认知,但如其采取合理措施就可识别特定侵权行为而不这样做时,就会被认定为"故意假装不知道"并

[①] 朱开鑫:《网络著作权间接侵权规则的制度重构》,《法学家》2019年第6期。

[②] Sverker K. Hogberg, *The Search for Intent-Based Doctrines of Secondary Liability in Copyright Law*, Columbia Law Review. Vol. 106: 4, pp. 909-916 (2006); Alfred C. Yen, *Internet Service Provider Liability for Subscriber Copyright Infringement, Enterprise Liability, and the First Amendment*, Georgetown Law Journal. Vol. 88: 6, pp. 1833-1844 (2000).

[③] 杨彩霞:《P2P软件和服务提供商著作权侵害刑事责任探究——以P2P技术架构为切入点》,《政治与法律》2016年第3期。

[④] 朱冬:《网络服务提供者间接侵权责任的移植与变异》,《中外法学》2019年第5期。

[⑤] 徐实:《美国网络平台承担知识产权间接侵权责任的经验与启示》,《北方法学》2018年第5期。

[⑥] 袁锋:《新技术环境下信息存储空间服务提供商"避风港规则"完善研究——兼论〈信息网络传播权保护条例〉第二十二条的修订》,《中国出版》2022年第5期。

失去技术中立原则的庇护。① 实际贡献要件指如果缺乏网络提供商服务则侵权人无法对侵权文件进行定位与下载的，即认定网络服务商具有实际贡献。②

3. 引诱侵权规则

2005年，被告Grokster公司等开发P2P软件向用户免费开放并以广告方式宣传本软件具有侵权用途且未试图开发过滤工具减少使用软件进行侵权的行为。③ 美国联邦最高法院通过引入引诱侵权规则判定被告须对原告损失承担赔偿责任。

引诱侵权责任指行为人故意引诱他人使用行为人提供的产品或服务实施损害他人合法权益行为的，此时行为人行为与侵权事实之间存在因果关系，故行为人须对受害人损失承担赔偿责任。④ 在引诱侵权责任中，网络服务提供者具有引诱他人侵权的故意，故即使网络服务具有实质性非侵权用途且网络服务提供者对侵权行为仅具有概括性认知，其也应对用户侵权行为承担侵权责任。

替代责任、帮助侵权责任与引诱侵权责任压缩了网络服务提供者依据技术中立原则免责的空间，意味着技术中立原则并非绝对抗辩事由，采用技术中立原则并不意味着抛弃传统侵权责任的认定，法官仍可根据其他情形认定网络服务提供者承担侵权责任，以此促使网络服务提供者为避免担责主动采取措施防止用户侵权。

（二）平台实质审查义务之引入

互联网技术的发展使平台实力急剧上升，技术中立原则不断受到挑战与突破，如何构建新型利益格局是保障电商产业顺利发展的重要一环。

1. 平台实质审查义务立法现状

既有平台实质审查义务已在多国新颁布的立法文件中得以体现，以下分述之：

德国在美国与欧盟影响下，产生了规定网络服务提供者相关权利义务

---

① Viacom Intern., Inc. v. YouTube, Inc., 676 F. 3d 19, 35 (2012).
② 王迁：《论"信息定位服务"提供者"间接侵权"行为的认定》，《学术论坛》2006年第1期。
③ 王迁：《视频分享网站著作权侵权问题研究》，《法商研究》2008年第4期。
④ 刘平：《著作权"间接侵权"理论之检讨与展望》，《知识产权》2018年第1期。

的《远程通信法》与《远程媒介法》，但德国立法实践比美国更进一步。2004年，德国联邦最高法院通过解释《德国民法典》第八百三十二条与第一千一百零四条之规定，将网络服务提供者责任设为"妨害人责任"，创设"面向未来的审查义务"，要求网络运营者对正在发生的侵权行为承担排除妨害的义务、对未来的妨害行为负担审查控制义务，一旦服务提供者发现侵权事实，则在未来针对同一侵权主体、同一侵权客体或同一侵权内容都负有主动审查义务。① 2020年，德国为落实欧盟《数字服务法案》颁布了《版权服务提供商法案》，要求网络服务提供商须履行一定的过滤义务。②

2019年美国提出了The SANTA Act（以下简称The SANTA法案）、The SHOP SAFE Act of 2020（以下简称《市场安全法案》）及INFORM Consumers Act（以下简称《告知消费者法案》）。The SANTA法案要求电商平台加强对儿童玩具销售的监管，③《市场安全法案》既定目的为规定"电商平台对用户假冒商标行为而承担的连带责任"，旨在追究电商平台关于平台内部侵权商品的责任，④ 要求其删除侵权商品并要求卖家实施"积极技术措施"筛选侵权行为。⑤《告知消费者法案》涵盖所有消费品，要求平台审查第三方卖家并定期公布卖家相关信息。⑥

2020年欧盟《数字市场法案》《数字服务法案》对欧盟网络服务基本规则⑦进行了修改。《数字市场法案》通过第十七条"上传过滤器条款"促使平台为避免承担责任而事前对用户行为进行筛选过滤。⑧《数字服务法案》对在线平台等主体规定了额外义务，明确规定其负有对非法商品、服

---

① 刘文杰：《网络服务提供者的安全保障义务》，《中外法学》2012年第2期。
② 杜娟：《德国〈版权服务提供商法案〉的解读及对我国的借鉴》，《科技与出版》2020年第11期。
③ The SANTA Act. Article 3073（2）.
④ SHOP SAFE Act of 2020. Preface.
⑤ SHOP SAFE Act of 2020. Article 4（A）（ii）（VI-VIII）.
⑥ INFORM Consumers Act. Article 3431.
⑦ 欧盟《电子商务指令》免除互联网服务提供商对其传输或储存内容的责任，禁止对互联网服务提供商施加一般监管义务。
⑧ 该条款要求在线内容分享服务提供商尽最大努力获得权利人许可并保证其他客体无法被获得，在接到权利人通知后应迅速移除相关内容并尽力避免侵权内容被再次上传。见万勇《著作权法强制性过滤机制的中国选择》，《法商研究》2021年第6期。

务和内容的审核义务。[①]

《数字市场法案》与《数字服务法案》通过规定大型平台责任并对其提出相应监管要求，体现了欧盟对网络平台监管中心的转移。[②]

2019年北京高院发布的《涉及网络知识产权案件的审理指南》第十九条规定平台应根据其提供服务的性质、方式以及通常应具备的信息管理能力和经营能力等采取必要的、合理的、适当的措施防止侵害商标权行为的发生。[③]

2. 平台事前审查义务学理证成

改变平台无须承担事前审查义务这一消极立场的原因如下。

其一，平台角色定位已然变化，以往认为平台属中立者的现实基础已改变。借助于网络技术的发展与运用，电商平台早已脱离纯粹提供技术服务的定位，凭借自身技术和经济实力转变为互联网信息集散的利用者与受益人，在电商环境中的话语权上升，成为具有"平台权力"的一方主体，[④] 平台也逐步具有公共场所属性。《电子商务法》基础理论也认为平台属于具有独立组织架构、独特权利机制的新型市场主体，在提供服务的同时更是市场组织者。[⑤]

其二，算法过滤、大数据等高新技术可极大提高平台审查效率、降低审查成本。平台经营者在开放平台导致侵权行为泛滥成灾时，不能以互联网诞生初期的技术水平认为平台对平台内海量数据无法进行审查从而忽视平台从中获取巨额利益的事实判定其不承担事前审查义务。

以淘宝与京东平台举例。至2022年，淘宝所属阿里集团设立的知识产权保护平台共计保护各类知识产权权利超过73万项，平台内98%的知识产权投诉在24小时内即可被处理，[⑥] 开发的版权权属确认、智能算法模型、"不充分样本图片服务"等技术在维护知识产权方面发挥重要作用。

[①] 李青武、王子弥：《中国网络平台运营法治化路径探微》，《财经理论与实践（双月刊）》2023年第3期。

[②] 陈珍妮：《欧盟〈数字服务法案〉探析及对我国的启示》，《知识产权》2022年第6期。

[③] 《北京市高级人民法院关于涉及网络知识产权案件的审理指南》，第19条。

[④] 李小草：《电商平台经营者角色演化及主体规范模式嬗变》，《现代法学》2022年第5期。

[⑤] 薛军：《电子商务法平台责任的初步解读》，《中国市场监管研究》2019年第1期。

[⑥] 《2022阿里巴巴知识产权保护年度报告》，载阿里巴巴知识产权保护平台，https://files.alicdn.com/tpsservice/5940733116dc7fd7fadcf72754e4ba1f.pdf? spm=a2o2l.8248579.0.0.361c747bsgJD1j&file=5940733116dc7fd7fadcf72754e4ba1f.pdf，2023年11月6日访问。

京东知识产权保护平台依托官方验证机构，运用大数据技术、平台区块链技术保护知识产权，侵权通知在1~3个工作日内即可获处理。①

（三）平台经营者冻结措施探索

面对类别、程度各不相同的知识产权投诉，必要措施法律效果过于单一、僵硬，难以适应个案需求，被投诉人权益极易受过度影响，客观上助长滥权之风。建立多样化、严厉程度呈阶梯状的必要措施种类有助于实现个案平衡，削弱虚假侵权通知对被投诉人合法权益的不利影响，减少"15日静默期"规则与诉前禁令制度功能重合之处，寻求制度之间的和谐对应。

1. 实践运用

冻结措施指冻结被通知人账户，在冻结被通知人账户之后，被通知人经营活动仍可正常开展，只是无法提取营业资金。在实践中，冻结账户措施得到广泛应用。

《淘宝网关于不当使用他人权利规则与实施细则》中规定对卖家涉嫌不当使用他人知识产权或造成不正当竞争的行为，平台方可采取监管账户、查封账户等措施。②《天猫关于不当使用他人权利的规则及实施细则》规定其可对不当使用他人权利的商家采取账户权限管控、经营权限管控等措施。③《拼多多消费者保护计划》规定，平台认为商家应对其经营行为承担赔付责任的，可采取包括限制商家提取货款等在内的措施。④"拼多多知识产权管理规范"中规定平台认定店铺或商品存在知识产权侵权行为时有权限制店铺货款。

在"慈溪市博生塑料制品有限公司诉谢辉等侵害实用新型专利权纠纷案"中，法院认为平台在面临侵权判断困难、对是否侵权存疑时，采取冻结账户和担保金的措施，兼顾到了权利人与被通知人利益，应视为已采取

---

① 京东知识产权保护平台，https：//jdgroupip.com/backer.html。
② 《淘宝网关于不当使用他人权利规则与实施细则》，阿里巴巴知识产权保护平台，https：//rulechannel.taobao.com/?type=detail&ruleId=620&cId=89&spm=a2o2l.10374760.0.0.678e747bRWAbFG#/rule/detail？ruleId=620&cId=89&spm=a2o2l.10374760.0.0.678e。
③ 《天猫关于不当使用他人权利的规则及实施细则》，阿里巴巴集团知识产权保护平台，https：//ipp.alibabagroup.com/policy/cn.htm。
④ 《拼多多消费者保护计划》，拼多多官网，https：//help.pinduoduo.com/home/customer/。

了必要措施。① 在"郝红玲与浙江淘宝网络有限公司网络服务合同纠纷"一案中，被告淘宝冻结了原告账户，法院认为该举措具有事实及规则依据，驳回了原告全部诉讼请求，② 这表明司法实践中法官也认可"冻结账户"作为必要措施种类。

2. 学理探讨

现有删除、屏蔽等措施因其可直接中止他人经营行为而极易被他人滥用进行不正当竞争而受到诟病，扩充我国现行必要措施范围不断被提起。在现实需求的推动下，扩充措施种类是否有法律依据以及扩充何种措施受到了学者广泛关注。

《电子商务法》第四十二条在规定必要措施时使用"等"这一措辞，表明现行法律未采取封闭规定形式，引入新型措施未违反法律规定，且电商平台经营者采取不同措施正是电商平台经营者履行《电子商务法》第八条及第四十一条规定的开展行业自律、保护知识产权职责的表现。

在学界提出的众多措施中，冻结账户作为缓冲性、过渡性措施更符合合理审慎与比例原则要求，③ 更可作为新型必要措施。

与冻结账户相比，部分学者主张的冻结网页④这一举措效果与删除、屏蔽等措施相同，都为中止经营者经营行为，无法达到设置不同强度措施的目的，冻结账户只冻结资金账户而不影响平台内经营者正常经营，既可保证平台内经营者经营行为的正常开展，也可保障权利人在事后得到充分的救济，⑤ 二者取一，冻结账户更适宜被吸纳作为法定必要措施种类之一。

---

① 参见浙江省宁波市中级人民法院（2019）浙法民初367号民事判决书。
② 参见浙江省杭州市互联网法院（2020）浙法民初1867号民事判决书。类似案例参见：施宇豪诉浙江淘宝网络有限公司网络服务合同纠纷案，浙江省杭州市互联网法院（2020）浙法民初1881号民事判决书、陈骏与浙江淘宝网络有限公司网络服务合同纠纷案，浙江省杭州市互联网法院（2019）浙法民初9922号民事判决书等。
③ 董慧娟、张佳鑫：《我国"必要措施"条款适用中的主要问题与对策——以电商直播平台为重点》，《电子知识产权》2021年第7期。
④ 苏冬冬：《论〈电子商务法〉中的"通知与移除"规则》，《北京理工大学学报》（社会科学版）2019年第6期；刘铁光、李志达：《电商领域适用"通知-删除"规则的利益失衡及其矫正——一种回归技术的方案及其制度构建》，《常州大学学报》（社会科学版）2017年第4期。
⑤ 浙江省高级人民法院联合课题组：《关于电商领域知识产权法律责任的调研报告》，《人民司法》2020年第7期。

有学者主张反向行为保全,[①] 但反向行为保全须向法院申请并由法院决定,与本应由平台采取的其他必要措施差异较大,且反向行为保全认定成本较高、条件满足较为困难,易增加权利人负担,而平台冻结账户措施的采取无须向法院申请,也无须提供担保,规则适用成本较低,相比之下,冻结账户这一措施比反向行为保全制度更加温和,同时程序更加简洁、快速,对当事人利益伤害更小。

四 "15日静默期"修缮落实

围绕"15日静默期"规则产生的虚假通知频发、与诉前禁令功能重合问题,可根据市场实际情况,个性化设计解决方案,重塑利益格局,以冀发挥"15日静默期"规则效用。

(一)替代责任规则认定体系构建

替代责任的适用对于平台事前审查义务的引入具有铺垫作用。围绕替代责任建立我国对于技术中立原则效力的限制标准,对于"15日静默期"规则适用难题的修正与规则完善大有裨益。

1. 替代责任认定标准

首先,需明确的是,电商平台并不承担普遍性事前审查义务,要求电商平台承担普遍事前审查义务会给电商平台造成过高成本与负担,并非所有平台有审查平台内部用户行为的技术能力,且不同类型知识产权侵权判断难度不同,著作权侵权与商标权侵权较易判断,但判断是否构成专利侵权对专业性要求极高,判断难度极大,已超出平台能力,与利益平衡要求不符。此外,普遍审查义务意味平台拥有处置用户的"公权力",而"公权力"易被滥用损害用户权利,[②] 故普遍审查义务在当前尚不具备广泛确立的可行性。

其次,替代责任下的审查指平台须进行实质审查并达到高度盖然性标准。根据危险控制理论,电商平台作为市场组织者与管理者,基于对平台

[①] 姚志伟、刘榕、周立勤:《电子商务平台内经营者反向行为保全研究》,《中国应用法学》2020年第6期。

[②] 程增雯:《"守门人"责任视角下平台私法事前审查义务的构建》,《南大法学》2023年第3期。

的控制管理，为避免同他人构成共同侵权应尽合理注意义务，反之则应对损失承担责任，[①] 此时应把"相当注意义务"理解为高度盖然性，意即无论平台审查平台内部用户行为或权利人侵权通知，都须达到这一标准才应按照法律规定采取相应行动，以做到在减少平台内部侵权行为的同时遏制虚假、恶意侵权通知。且受限于技术发展水平，并非所有平台经营者对平台都具有足够控制能力，对电商平台审查标准设置过高客观上将使得投诉人侵权通知难以生效，无法阻拦侵权人继续实施侵权行为，加之因不同权利类型侵权判断难度不一，把"相当注意义务"理解为排除合理怀疑如同要求平台承担普遍性事前审查义务，将给平台带来重担，有违利益平衡原则。

最后，为满足权责统一要求，替代责任的确立还需围绕替代责任认定标准与平台现有技术水平进行具象设计。就主体而言，根据"控制力"标准，只有对用户行为具备一定控制能力的平台经营者才具有承担替代责任可能，通常为大型平台，而小型平台因不满足主体条件无须承担替代责任。[②] 传统学理认为，经济地位本身不足以成为电商平台经营者承担更多义务的理由，但需予注意的是，算法过滤等新兴技术的发展使平台经营者识别、规制侵权行为能力不断提高。[③] 技术推动下，平台经营者已具备提高注意相应义务的可能性和可行性，加之平台事实上参与了推荐内容行为，作为平台的开发者、管理者以及内容推荐参与者，其当然应尽更高的注意、审查义务。就适用情形而言，根据"直接获益"标准，只有从侵权行为中获益的电商平台才需承担替代责任，须注意的是，电商平台根据其一般性服务收取普遍费用的不构成此处"直接获益"，只有从他人侵权行为中直接获益才满足该标准。在主观方面，替代责任是以平台与平台用户存在特定法律关系为前提的严格责任，[④] 故在考察是否须承担替代责任时，无须考虑平台主观是否存在过错。此外，替代责任规制重点为不作为，如电商平台与用户合作以作为方式侵权，则不属于替代责任规制范畴，应以帮助侵权、引诱侵权规则等进行调整。

---

① 王思源：《论网络运营者的安全保障义务》，《当代法学》2017年第1期。
② 划分大小型平台标准可根据国家市场监督管理总局发布的《互联网平台分类分级指南（征求意见稿）》确定。
③ 鲁甡序阳、万勇：《知识产权领域互联网中介商侵权规则的发展趋向与中国策略》，《学海》2022年第3期。
④ 郑晓剑：《揭开雇主"替代责任"的面纱——兼论〈侵权责任法〉第34条之解释论基础》，《比较法研究》2014年第2期。

2. 合理安排平台事前审查义务

平台方为避免承担替代责任，就须对用户行为进行一定事前审查与规制，但此前已明确平台并不承担一般性事前审查义务，故如何确定事前审查义务范围是落实替代责任规则的关键。

第一，电商平台直接从交易中获利或直接参与交易的某个环节或与平台内经营者对销售利益进行分成，推定平台对平台内经营者销售行为知情，此时需要电商平台经营者尽到更高审查义务。[①]"直接获利"的理解可参考《北京市高级人民法院关于网络著作权纠纷案件若干问题的指导意见》第二十五条规定：网络服务提供者因提供信息存储空间服务，按照时间、流量等向用户收取标准费用的，不属于"直接获得利益"。该规定的合理之处在于只是按照时间和流量收取标准费用，平台既然未实质性地接触信息内容，就不应要求其知道被控侵权信息的内容，且以此为由要求其承担成本过高的实质性审查义务。

第二，对进行特殊宣传的经营者的经营行为，电商平台应承担事前审查义务。最高人民法院于2020年9月印发的《关于审理涉电子商务平台知识产权民事案件的指导意见》中第十一条明确列举了认定电商平台构成"应知道"侵权行为存在的情形，其中除资质审核义务与重复侵权行为，还包括对外宣传为"旗舰店""品牌店"的店铺以及在销售界面明确以"假货""高仿"等字样进行宣传的侵权商品链接，对于此类进行特殊宣传的经营者的经营行为，电商平台应进行事前审查，如未进行事前拦截，电商平台即应承担连带责任。

第三，对短时间内提出大量侵权通知的权利人提交的侵权通知，电商平台也应进行事前审查，未达高度盖然性标准的，平台不应删除、下架被投诉商品或服务。实务工作中，有部分行为人滥用权利对平台用户在短时间内提出了大量侵权通知。在"何梦瑶与邱发明、浙江淘宝网络有限公司不正当竞争纠纷"一案中，被告邱发明在2天内针对原告涉案店铺发起共259条投诉，法院认定被告构成恶意投诉。[②] 因此，对于在短时间内针对同一对象提出大量投诉的权利人提交的侵权通知，平台应提高注意标准，进行实质性审查，在发现权利人滥用权利损害他人合法权益时，应禁止他人

---

① 石必胜：《电子商务交易平台知识产权审查义务的标准》，《法律适用》2013年第2期。
② 参见杭州市余杭区人民法院（2020）浙法民初6382号判决书。

投诉通知通过。

第四，对已有多次被恶意侵权记录的经营者的商品或服务提出的侵权通知，电商平台应进行实质性事前审查。如果平台内经营者某一商品或服务被他人多次提出侵权通知均未获成功的，则日后对于该商品或服务的侵权通知应进行实质性审查，在所提交的证据材料达到高度盖然性标准时才应采取必要措施。

（二）冻结措施的主动与被动落实

为应对侵权行为与侵权通知，现有冻结可分为主动冻结与被动冻结两种情形，以下详述之。

1. 主动冻结

主动冻结指平台在审查过程中对于发现的涉嫌侵权事实自动采取的冻结账户措施，主要适用于平台主动对平台用户行为进行事前审查的情形。

平台主动审查主要适用于侵权次数过多的用户与被多次侵权的商品或服务。为更好履行事前审查义务，精准采取冻结措施，平台可借助现有数据围绕有效知识产权建立知识产权权利使用索引系统。知识产权权利人如将权利许可他人使用且被许可人意欲将相同产品在同一平台上架销售的，可要求双方向平台扫描上传合同电子版，由平台围绕相关知识产权建立索引系统，形成权利合法使用人名单，在审查过程中可借助索引系统进行筛查过滤。

对于多次侵权的用户，应主动对其上传的商品或服务进行实质性审查，发现侵权可能性达到高度盖然性标准的，平台可先冻结并要求用户提交补充证明资料。[①] 对于与被多次侵权的商品或服务相同或相似的商品链接，平台也应主动审查，在发现知识产权被侵权概率较大的，可要求商家提交权利补充说明，如未提交或提交明显不成立的可冻结商家账户并将有关情况转达给真正权利人。

2. 被动冻结

被动冻结指平台在收到侵权通知后冻结被投诉人账户。在电商平台被动采取冻结措施方面，可通过司法解释放开必要措施范围，明确冻结账户

---

① 如权利许可使用合同、在先使用、合理使用等情况的证明文件。

也属于必要措施种类，规定在权利人提交的初步证明材料无法达到一定证明高度即权利人举证不足时，其应承担不利的证明责任，平台方有权仅冻结平台内经营者资金账户，权利人不可就扩大损失部分要求平台经营者承担连带责任。

平台被动冻结主要适用于以下情形。

第一，侵权判断难度过大。如在专利侵权纠纷中，由于平台并无判断是否构成专利侵权的能力，故审慎起见，如果权利人证明材料无法使平台经营者心证达到高度可能性时，电商平台经营者可采用冻结账户而非删除、下架链接等措施，以平衡纠纷双方利益，也可保证事后救济的实现。权利人认为平台采取冻结措施不当的，可向法院申请诉前保全以暂停平台内经营者经营行为。

第二，标的额过大，可能造成被通知人重大利益损失。在大促前夕行为人滥用虚假侵权通知的数据上升，大量影响同行业其他竞争者。为了避免行为人滥用权利进行不正当竞争，在大促前夕且被通知的链接为爆款时，为了防止不正当竞争行为妨害正常平台内经营者的合法权益，可采用冻结账户这一举措。

第三，涉嫌侵权行为明显轻微，采用删除、屏蔽等措施明显不符合比例原则的，如果平台内经营者认为其不构成侵权且继续经营的，平台管理者应冻结平台内经营者账户以换取链接的保持，并告知权利人自主选择纠纷解决方式，如调解、和解或诉讼。[1]

3. 冻结补足：设立申诉渠道

为满足程序正义，也借"通知－删除"制度异化前车之鉴，防止平台经营者滥用冻结措施侵犯用户权利，救济被错误冻结的经营者，电商平台应设立申诉渠道。

具体内容上，申诉制度须根据实情不同而分别设计。就申诉时长而言，该期间不宜过长，也不可过短，致被投诉方无充足时间准备申诉材料，可依据平台是主动或被动冻结而定。面对主动冻结，因平台方主动为之，所依赖证据材料非直接源于投诉人，材料针对性较差，内容完整性与说理充分性稍有缺乏，故此情况下，应设定稍长的申诉时长以便被投诉方

---

[1] 浙江省高级人民法院联合课题组：《关于电商领域知识产权法律责任的调研报告》，《人民司法》2020 年第 7 期。

全面收集反驳材料。反之在被动冻结场合，因材料直接源于投诉人，针对性强，重点更为突出，此时被投诉人仅须对投诉材料针对问题做出反驳即可，故申诉时长可相对缩短。如被投诉人未在合理期间提出申诉，后又以平台侵权为由要求担责的，平台可据此免责。

此外，在平台主动冻结场合，如被冻结方申诉具有正当理由，平台方应终止账户冻结行为。如被动冻结，被投诉人申诉合理的，平台方可将冻结账户变更为其他较轻处理方法甚或直接终止采取措施，投诉人或被投诉人对变更新举措不认可的，可向人民法院申请保全以更好维护自身权益。

结　语

较之《侵权责任法》《信息网络传播权保护条例》，《电子商务法》在"通知-删除"规则外部性衍生并贯穿技术中立原则影响下所诞生的"15日静默期"规则，在一定程度上提高了电商领域侵权纠纷解决程序的可适用性，其延续平台不承担事前审查义务立场并凭借对权利人的倾斜保护实现权利人维权能力缺陷之弥补，可更为有力地维护知识产权人合法权益；另外，对权利人保护的倾斜客观上加剧了权利人、平台内经营者与电商平台三方利益失衡。且随着电商领域竞争激烈程度与平台方参与电商活动的程度加深，技术中立原则产生初期所包含思想已无法完全满足新技术背景下为实现利益平衡所具备的新要求，一味固守技术中立原则而不随时代发展进行纠偏将客观造成"15日静默期"规则立法目的与社会实际错位、缺位，既难实现充分维护知识产权之需要，又激化了与诉前禁令这一法律制度间的矛盾，导致法律体系内部出现矛盾。立足于互联网技术高度发展背景下平台方所具备的实际经济与技术能力，强调平台应承担一定事前审查义务，使技术中立原则更契合市场发展需求，将平台事前审查义务贯彻于"15日静默期"规则中，力求在三方主体间重新修正利益关系以满足利益平衡之要求，发挥平台过滤作用，减少侵权行为的发生，同时探索"15日静默期"规则新功能以实现与现有法律制度之间的有效衔接，发挥"15日静默期"规则应有之功效。

我国校外教育培训机构的信用监管路径与优化

张 雨[*]

摘 要：运用信用工具监管校外教育培训机构是规范我国校外教育培训市场、助推实现"双减"政策目标的必要手段。信用监管本质上是一种以信用信息为沟通媒介的多元主体协同监管机制，经由信用信息收集、信用画像、信用评价与信用奖惩四个作用机制来动态监测与管理监管对象，其核心在于信用信息的有效传递。但我国校外教育培训机构信用监管机制运行过程中仍存在信用信息质量瑕疵、信用信息流通不畅等问题。基于此，我国校外教育培训机构信用监管可从保障信用信息真实、准确与完整，及时更新信用信息，畅通信息传递渠道等方面加以优化。

关键词：校外教育培训　信用监管　信用信息传递　协同监管

信用既是市场主体活动的行为准则，也是政府监管的重要工具。自《关于进一步减轻义务教育阶段学生作业负担和校外培训负担的意见》（"双减"政策）出台后，我国多个省（区、市）教育行政部门纷纷出台具体制度予以落实，并积极运用信用监管机制对校外教育培训机构（以下简称校外教培机构）进行监管。与传统监管机制不同，信用监管机制必须广泛收集监管对象的信用信息，鼓励多元监管主体积极参与，设置动态的监测与评价机制，才能保证监管结果的公平性与一致性。确保信用信息在多元监管主体、多个监管环节之间的有效流通是提升信用监管效能的重要

---

[*] 张雨，湘潭大学信用风险管理学院讲师，法学博士。本文系湖南省哲学社会科学基金一般项目"征信机构自动化决策法律规制"（22YBA077）的阶段性研究成果。

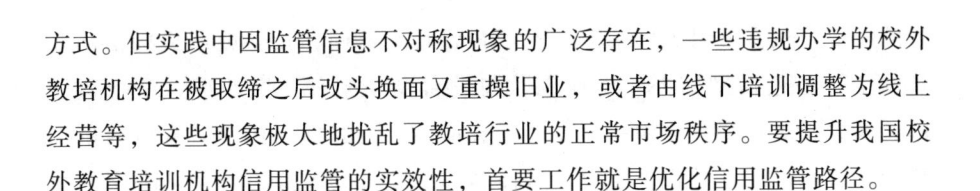

方式。但实践中因监管信息不对称现象的广泛存在，一些违规办学的校外教培机构在被取缔之后改头换面又重操旧业，或者由线下培训调整为线上经营等，这些现象极大地扰乱了教培行业的正常市场秩序。要提升我国校外教育培训机构信用监管的实效性，首要工作就是优化信用监管路径。

一 我国校外教培机构信用监管的运行机理

信用监管在本质上是一项监督管理活动，主要通过收集、评价市场主体信用信息的方式来实现监管目标①。要明晰我国校外教培机构信用监管机制的运行机理，除了要梳理、界定信用监管可能涉及的基本要素，还需要根据监管要素来分析校外教培领域内信用监管的具体作用机制及其监管原理。

（一）我国校外教培机构信用监管的基本要素

我国校外教培机构信用监管机制至少可拆解为监管主体、监管对象与监管手段三大要素。与其他领域的信用监管机制相比，我国校外教培机构信用监管在监管主体、监管对象上具有一定的特殊性。由于监管领域为教育培训，监管主体通常需要考虑监管对象的教育公益性与市场逐利性特征，需要在实现教育公益与规范市场秩序双重价值目标之间进行平衡。

1. 信用监管主体：教育部主导、其他政府部门协同

信用监管具有监管主体多元化的特点，行业自律组织在其间能发挥积极作用②。但在我国校外教育培训领域，信用监管主体目前仍然以教育行政部门为主导，校外教育培训行业协会自律机制尚处于起步阶段③。我国当前的校外教培信用监管呈现出一种由教育部主导、其他政府部门协同监

---

① 孔祥稳：《作为新型监管机制的信用监管：效能提升与合法性控制》，《中共中央党校（国家行政学院）学报》2022年第1期。
② 这种多元化意味着监管主体在类型与数量方面均可以突破单一性的限制。例如，信用监管主体既可以是官方机构，也可以是民间组织，如行业协会、商会等。信用监管主体多元化也可能指的是多个具有类似属性的机构并存。例如，多个具有监管职能的政府部门共同监管。
③ 自2018年以来，金华、新乡、绍兴、惠州、镇江、杭州、无锡等城市纷纷成立校外培训行业协会，但这种行业协会的产生在很大程度上是由政府驱动形成的，而非市场自发形成，其行业自律规范也多是对政策法规的引用与照搬。

管的特征。在官方组织体系内，除了教育行政部门，校外教培机构信用监管的主体还包括网信办、工业和信息化部、公安部、民政部、市场监管部、人力资源和社会保障部等多个政府部门。上述部门协同教育行政部门对校外教培机构进行联合监管。这种多部门参与的政府监管优势在于能最大范围地涵盖校外教培机构的行为过程，整合信用监管资源，但多部门协同的信用监管必须尽可能多地聚合监管部门持有的政务信息，通过部门之间信用信息的共享，对校外教培机构信用状况进行评价。跨机关的政务信息共享传统上采取以专项治理行动为代表的临时性跨部门协同方式，政务部门通过签署联合行动备忘录的形式约定信用信息共享的基本方式。但这种协调机制在程序上非常复杂，实施起来仍然无法完全解决信息壁垒问题。

2. 信用监管对象：兼具公益性与营利性

校外教育培训作为学校教育的补充，行为主体主要是民办教育机构及其从业人员。民办教育机构兼具公益性与营利性的特点，是教育公益性与市场逐利性的交叉与融合[①]。尽管理论上可以通过分离教育提供方式与教育结果来解释教育培训机构公益性与营利性的关系[②]，但在实践中教育培训机构的这两种属性极易出现冲突情形。例如，大量市场资本涌入学科类校外教育培训市场，大力开发线上教育培训等新型网络培训平台，盲目市场逐利导致校外教培行业乱象丛生，不仅危害了教培行业秩序，还损害了部分公民的受教育权，甚至进一步阻碍了社会长远发展。在校外教培市场发展初期，我国曾经历了一次由公益性逐渐向市场性扩展的过程。这一过程经由教育体制改革政策的推动而发生转变，政府为了统筹教育资源分配与教育管理，允许政府以外的资本参与教育办学。双减政策实施后明确要求学科类校外教育培训机构转型为非营利性组织，其实质是通过政策遏制校外教培市场主体的过度逐利行为，扭转其过度注重营利性的倾向。这也从侧面印证了我国校外教育培训机构一直都是公益性与营利性的复杂融合体。如何平衡校外教培机构的公益性与营利性是信用监管主体需要解决的重要问题。

[①] 张茂聪：《校外教育培训机构治理：逻辑起点、现实困境与路径》，《教育科学》2022年第3期。

[②] 杨卫安、邹志辉：《教育公益性概念的争议与统一》，《教育发展研究》2009年第19期。

3. 信用监管手段：以信用状况作为奖惩依据

信用监管手段主要包括信用评价、守信激励与失信惩戒（信用奖惩）等形式，其特点在于以监管对象的信用状况来作为奖惩的依据。第一种监管手段为信用评价。从技术上而言，信用评价指的是基于信用数据建立评价模型，通过加工与处理特定主体的信用数据，定性或定量地反映该主体信用状况的活动[1]。从制度上而言，信用评价是信用奖惩的前置行为，但其本身也可作为一项监管手段而独立存在。信用评价涉及对信用状况的主客观判断，会直接产生评判性结果。例如，教育行政部门要求校外教培机构定期报送机构运营资料，对上报资料进行审查评价后得出"白名单"或"黑名单"，这一评价行为本身就可以起到威慑与控制校外教培机构的作用。但信用评价结果准确与否通常与评价所参照的信用数据密切相关。第二种监管手段为"守信激励，失信惩戒"，即根据信用评价结果对市场主体进行奖惩（信用奖惩）。例如，守信主体一般被公布在"白名单"之内，教育行政部门通常会给予其一定行政激励，如在行政许可过程中给予其优先办理、简化程序等便利服务措施，优化检查频次，申请政府补贴时在同等条件下列为优选对象等。失信主体则通常被公布在"黑名单"之中，教育行政部门根据其失信的严重程度给予不同的惩罚，例如，加大日常检查频次、不给予资金资助、取消或降低信用等级，取消其经营资格等。

（二）我国校外教培机构信用监管的作用机制

在传统的监管理论视域下讨论监管的作用机制，通常聚焦于监管主体干预、控制监管对象的具体环节，如事前的市场准入、事中的业务运营检查以及事后的行为纠正、权益救济[2]等，其实质是一种公共权力介入私人活动的机制。虽然信誉机制是监管的重要工具，但信用监管并不是简单的监管工具内嵌，而是一种全新的监管方式[3]。与传统的监管机制不同，信用监管必须以信用信息为基础，通过信用信息的归集、评价、公开等方式

---

[1] 〔英〕林·托马斯等：《信用评分应用（第二版）》，李志勇译，中国金融出版社，2020，第25~30页。

[2] 张毅、王宇华：《信用监管何以有效？——基于后设监管理论的解释》，《探索与争鸣》2021年第10期。

[3] 孔祥稳：《作为新型监管机制的信用监管：效能提升与合法性控制》，《中共中央党校（国家行政学院）学报》2022年第1期。

对监管对象的行为进行预判、评价与惩戒[1]。虽然信用监管也是一种公权力介入私人活动的机制,但其作用方式发生了巧妙的变化。国外学者将此种监管称作"数据驱动型监管机制"[2],通过收集信用数据为监管对象绘制信用画像的方式,实时监测、评判甚至预测监管对象的信用状况,来实现监管目标。国内学者的研究则侧重在公权力介入私人活动的具体环节[3],较少从信用信息处理过程来思考信用监管的作用机制。若从信用监管过程中信息处理的视角来看,我国校外教培机构信用监管的作用机制至少包括:信用信息的收集与汇总、信用画像与建立信用档案、根据监管要求进行信用评价、根据评价结果采取分类奖惩措施。

　　第一个作用机制是收集并汇总信用信息。校外教培机构及其从业人员的信用信息主要指的是能够用于判断和分析信用状况的信息,如基本资质信息、负债信息、表彰奖励信息等。在校外教培机构进入市场之前,作为监管主体的教育行政部门依据《民办教育促进法》第十三条规定,要求前者提交相关的申请资料,既包括举办者的姓名、住址等基本信息,也包括举办资金来源等敏感信息。这些信息均由举办者本人提供。但除了教育行政主管部门对校外教培机构及其从业人员信用信息的收集与记录,教育行政监管部门还会有针对性地要求其他协同监管主体共享其持有的信用信息。我国教育行政监管部门已经展开了与多部门协同监管的实务工作,例如通过与市场监管总局、广电局、网信办、中宣部、国家新闻出版广电总局等八部门对校外培训广告乱象进行协同管控[4],通过与发展改革委、市场监管局、中国人民银行、税务局等六部门对校外培训机构预收费行为进行联合监管[5]等。这些协同治理行动为多个监管部门之间的信用信息汇总

---

[1] 范水兰:《企业信用监管法律制度研究》,法律出版社,2019,第20页。

[2] Larry Cata Backer, Next Generation Law: Data-driven Governance and Accountability-based Regulatory Systems in the West and Social Credit Regimes in China, Southern California Interdisciplinary Law Journal, Vol. 28, 2018: 123-125.

[3] 孙伯龙:《我国校外培训机构的市场准入管制转型:理论与路径》,《教育学报》2018年第4期,孙伯龙主要关注的是校外教培机构市场准入规制问题;张墨涵:《规范校外培训机构的理论探讨与政策走向》,《教育科学研究》2019年第8期,张墨涵主张根据教培机构具有营利性来进行分类监管等。

[4] 《八部门联合管控校外培训广告　将校外培训机构广告活动情况作为资质管理重要内容》,《中国教育报》2021年11月10日。

[5] 《教育部等六部门关于加强校外培训机构预收费监管工作的通知》,http://www.moe.gov.cn/srcsite/A29/202110/t20211028_575840.html。

奠定了政策基础。可见，收集并汇总信用信息既是一种监管方式，也为后续信用评价与奖惩奠定了基础。

第二个作用机制是信用画像与建立信用档案。信用画像实质上是对校外教培机构的特征进行标识，运用分类器函数为其贴上特定的标签并进行存档。在信用监管过程中，教育行政监管部门实质上也广泛采用了此种作用机制。例如，一旦校外教培机构获得办学资质，教育行政监管部门就会开始在其数据库中存储该机构及其从业人员的信用信息。教育行政监管部门对记录在库的教培机构及其从业人员进行定期审查，并将其运行过程中产生的一些数据不断存储进数据库，形成电子数据档案。存储的数据类别主要包括教培机构及其从业人员资质类数据、教育培训内容数据、奖惩记录数据等。除了监管部门自建的数据库，我国教育部还建设有专门的校外教培机构网络服务平台，整合全国各地的校外教培机构信息。例如，2018年教育部建设完成"全国中小学生校外培训机构管理服务平台"，平台整合了全国23个省市已审批的校外教育培训机构信息①。通过在教育行政管理系统内不断聚合校外教培机构的信用信息，校外教培机构的信用档案得以不断完善。教育行政监管部门可以利用信用画像与信用档案中的数据来动态监测被监管的校外教培机构，并可以为消费者提供公示信息，因而也可起到监管的作用。

第三个作用机制是信用评价机制。教育行政监管部门对校外教培机构的信用评价广泛存在于市场准入、市场运营以及行为矫正阶段。在市场准入阶段，从事教育培训服务的个人或组织必须首先获得教育行政部门的办学许可证，之后方能在工商行政管理部门进行法人登记②，这实质上也是一种信用评价机制。根据《民办教育促进法实施条例》第六条规定，教育行政部门作为登记管理机关在收到发起者的办学许可申请之后，根据其系统录入的信用信息对该发起者信用状况进行评判，而发起者的信用状况包括其所有的守法、履约情况；工商行政管理部门在审核校外教培机构是否

---

① http：//www.moe.gov.cn/jyb_xwfb/gzdt_gzdt/s5987/201811/t20181121_355342.html。
② 参见《教育部等六部门关于规范校外线上培训的实施意见》《教育部办公厅等六部门关于做好现有线上学科类培训机构由备案改为审批工作的通知》。线上教育培训服务机构由于其提供教育培训服务的平台为网络平台，在"双减政策"之前只需在教育行政部门进行备案即可。"双减"政策直接取消了这一相对宽松的准入条件，其也要求线上机构必须事先经过教育行政部门审批，待取得办学许可证之后，才能向网络信息服务主管部门申请互联网信息服务业务经营许可证，并在相关电信管理部门进行备案登记。

具有法人资格时，也会对该发起者的履约能力、经济偿付能力等进行客观评判。线上教育培训机构除了需要经过"办学许可证"与"法人登记"双重行政审批程序，还需要向网络信息服务主管部门申请互联网信息服务业务经营许可证，后者也将对前者的网上信用记录等进行鉴别。在市场运营阶段，教育行政监管部门还会定期对校外教培机构及其从业人员的信用状况进行评判。例如，天津市采取信用评级形式，其根据民办培训机构守法情况、履约情形以及年度质量评估结果等将培训机构划分为四个等级[①]；宁波市采取信用评分形式，校外培训机构信用满分为十二分[②]，等等。同时，教育部颁发的《校外培训机构从业人员管理办法》第四条还明确了校外教培机构从事教学的人员必须具备教师资格证书的要求，并建立了"校外培训机构从业人员黑名单制度"，对从业人员的信用状况进行动态评价。在行为矫正阶段，教育行政部门还可应用信用评价来决定是否为失信校外教培机构进行信用信息修复。例如，宁波市规定如果失信行为得到了纠正，经教育行政监管部门审核校外培训机构也可以进行销分以恢复信用；苏州市规定校外培训机构经整改验收合格后，教育行政部门可以将其移出"黑名单"，等等。由此可见，信用评价可以广泛作用于各个不同的监管环节。

第四个作用机制是信用奖惩机制。信用奖惩机制包括守信激励与失信惩戒两方面内容。信用评价结果是教育行政监管部门做出奖惩决定的重要依据。例如，天津市教育行政监管部门对信用等级为 A+ 级别的教培机构采取"在区级重点培训项目中，同等条件下给予重点支持"等激励措施，而对于信用等级为 C 级的教培机构则采取加大检查频次与力度、严重情况下吊销其资质的惩戒措施[③]。宁波市采取信用评分形式，校外培训机构信用满分为十二分，若发生失信行为则将面临扣分处罚，扣除满十二分时就

[①] 《天津市民办职业培训机构信用分级评价管理办法（试行）》，https：//hrss.tj.gov.cn/zhengwugongkai/zhengcezhinan/zxwjnew/202305/t20230509_6235455.html。

[②] 宁波市修订《校外培训机构信用管理制度》https：//www.gov.cn/xinwen/2019-08/08/content_5419785.htm。

[③] 《天津市民办职业培训机构信用分级评价管理办法（试行）》将民办职业培训机构划分为四个信用等级：A+级（优秀）、A级（良好）、B级（一般）、C级（较差），https：//hrss.tj.gov.cn/zhengwugongkai/zhengcezhinan/zxwjnew/202305/t20230509_6235455.html。

会被取消办学许可证①。在监管效能方面,守信激励通常属于正面强化,而失信惩戒则属于负面强化。通过正面强化手段,监管者为市场主体树立正确的行为榜样,并激励市场主体对该榜样的行为进行模仿与学习,从而达到矫正市场主体行为的效果②;通过负面强化手段,监管者制裁并惩罚违法违规市场主体,对其他市场主体产生威慑效果,从而促使其他主体不敢违法违规。我国教育行政部门通常会联合其他政府职能部门共同实施奖惩措施,但要实现联合奖惩仍然面临着要聚合不同政府职能部门乃至其他第三方信息提供者信息的难题。例如,教育行政部门在治理教培机构预收费乱象时,需要协同中国人民银行、银监会、保监会等金融监管部门要求校外教培机构在指定银行缴纳风险保证金,或将预收费资金交由银行托管。同时,教育行政部门还需要及时与银行保持良好的信用信息交互,防范教培机构"卷款潜逃"。

通过上述四种信用监管的作用机制,我国教育行政监管部门协同其他监管部门可以实现对校外教培机构进行较为全面、动态的监管。但以上四种作用机制发挥作用的关键在于信用信息的有效流通,理想状态下监管者不存在信息不对称现象,但在实践中因监管者信息不对称而大大降低信用监管效能的现象仍时有发生。要提高信用监管效率,提升信用监管效能,关键就是要确保信用信息在不同主体之间能实现有效传递③。

二 我国校外教培机构信用监管面临的主要问题

在校外教培市场监管过程中,监管主体面临的核心问题就是信用信息的流通障碍。与信用信息传递相关的主体具有多元化的特点,除了教育行政监管部门,还可能涉及金融监管部门、税务部门、社会信用管理部门等政府监管主体,以及商业银行、征信机构等第三方市场主体。而信用监管过程中的信用信息流通障碍可能出现在以上任意两个或多个主体之间。通

---

① 宁波市修订《校外培训机构信用管理制度》,建立校外培训机构信用记分管理制度,https://www.gov.cn/xinwen/2019-08/08/content_5419785.htm,2023年12月20日访问。
② 张鲁萍:《守信联合激励的基本面向、实施困境及法治应对》,《征信》2023年第9期。
③ 倪楠:《以信用为基础的新型市场监管模式:动因、框架与构建路径》,《江海学刊》2020年第5期。

过分析校外教培机构信用监管的基本过程，可以梳理出信用信息在不同主体间传递时存在的主要障碍。

（一）市场准入阶段的主要问题

市场准入阶段的信用信息主要是从校外教培机构（包括其举办者）流向监管部门，其提供的信息内容包括校外教培机构举办者的个人信息、校外教培机构企业的基本信息、金融信息等。除此以外，与校外教培机构相关的公共信用信息在政务系统内部也将得到利用。例如，教育行政部门可以联通查询税务部门收集的个人与企业纳税信息、联通查询公共征信机构收集的欠款信息、联通其他行政机关查询违法违规信息等。因此，市场准入阶段涉及的信用信息流通节点主要包括：校外教培机构及其从业人员、教育行政监管部门、其他协同监管部门。信用信息流通环节既包括教育行政监管部门对校外教培机构及其举办者信息的收集与记录，也包括其对其他协同监管主体已有信用信息的使用。这两个环节的信用信息流通障碍主要体现在如下两个方面。

第一，校外教培机构提供的信用信息不真实。市场准入阶段的信用信息质量瑕疵主要指的是校外教培机构及其从业人员提供的信用信息不真实、不准确，其中最为核心的信用信息类型为教学人员的教学资质信息。例如，有些校外教培机构为了获得教育行政监管部门的办学许可证，伪造从业人员教师资格证或者冒用、套用他人教师资格证；某些教培机构举办者自身存在不良信用记录，但通过伪造信用记录的方式来获得审批者的许可。这些信用信息本身不具有真实性，一旦校外教培机构及其从业人员通过此种方式进入教培市场，则将严重损害消费者的合法权益。

第二，教育行政监管部门与协同监管部门间的信息壁垒。教育行政监管部门与其他监管部门间的信息壁垒主要表现为两种形式：一是同一地域范围内的不同监管职能部门间的信息壁垒。例如，教育行政部门在管理校外教培机构"乱收费"现象时，需要同时联动税务部门、金融监管部门以及商业银行等多个主体，若上述主体间存在信息壁垒，则将大大减损监管效率。二是不同地域范围内的不同监管职能部门间的信息壁垒。例如，曾在北京市从事校外教培服务的机构因行政处罚而被取缔其在北京地区的办学资质，当其进入湖南省重新申请办理校外教培机构时，若北京市与湖南省之间的监管信息并不联通,则该校外教培机构仍然可以在湖南省提供校外教培服务,这实质上就是利用了不同地区的监管信息不对称来骗取办学许可资质。

(二) 市场运营监管阶段的主要问题

在市场运营监管阶段,监管主体对校外教培机构的信用监管主要包括三个方面:一是对校外教培机构的资金进行监管;二是对校外教育培训内容进行审查;三是对教育培训从业人员的信用情况进行监测。这些监管内容都需要依靠强大的信用信息传递与共享机制,但信用信息的流通仍然存在着不少障碍。

第一,多元监管主体间存在信息流通壁垒。例如,资金管控时的信用信息流转环节包括教育行政监管部门与中国人民银行、金融监督管理局等政府部门间的信息流转,校外教培机构与银行间的信息流转,银行与金融监管部门间的信息流转、银行与征信机构间的信息流转。流转的信用信息主要是校外教培机构的金融信用信息。但由于金融信息共享通常有较强的安全性要求,金融监管部门不会轻易将其掌握的金融信息提供给其他非金融监管职能部门。除了政府内部的信用信息流通障碍,商业银行、征信机构等市场化主体在一般情况下也不会提供其客户的金融信息。多元监管主体之间的信息流通障碍在资金管控方面尤为突出。

第二,校外教培机构提供的培训服务信息不真实。教学经验、教学内容、师资力量、培训基础设施、培训费用信息等也是校外教培机构信用信息的重要组成部分。在实践中,一些校外教培机构通过"虚假广告""欺诈式营销"的方式来骗取家长的信任。例如,福州高宏教育咨询有限公司通过虚假广告的形式,伪造虚假的培训校区与教学经验,骗取消费者信任[1];浏阳市现玳教育培训学校通过提供虚假合同、伪造收据、利用虚假

---

[1] 福州高宏教育咨询有限公司在其注册地址现场大厅,以及官方网站和微信公众号等渠道,发布"成立时间 2011 年""每年培训 3000 名中高考全日制学员""现已有三大校区:福州旗山校区、福州高新区万达校区、江西南昌校区""福州旗山校区建筑面积超过 20000 平方米""占地面积近 20 亩""有近 8000 平方米的操场"等虚假宣传内容。https://dxs.moe.gov.cn/zx/a/jj/210825/1724604.shtml。

价格等方式引诱消费者①。除了虚假宣传与虚假营销之外，校外教培机构在教育培训内容方面也存在信息不真实的现象。有些培训机构明明提供的是学科类的科目培训服务，但通过改换概念的方式来获得教育行政监管部门的备案审核通过。例如，某培训机构主要培训的内容是小学英语，但其向教育行政监管部门备案的教学大纲信息是"语言艺术开发""戏剧培训"等含糊不清的教学内容。

第三，监管主体与消费者之间的信息交互渠道不畅通。在此过程中，信用信息的流转不仅涉及教育行政监管部门与消费者，还会涉及校外教培机构。监管主体与消费者之间的信息交互不应当被限定在消费者权益被侵害之后的投诉与救济阶段，还应当扩展至消费者选择校外教培机构这一事前阶段。教育行政监管部门在检查校外教培机构的基本情况时，也应将其检查到的具体情况向消费者公开，这样就能起到事前防范的作用。但在实务工作中，教育行政监管部门公开的校外教培机构信息仍十分有限，无法为消费者选择合适的校外教培机构提供更为全面的参考依据。当消费者因校外教培机构提供的虚假信息而遭受权益侵害时，监管主体与消费者之间的信息交互渠道主要是建议与投诉渠道。但在实务工作中，教育行政监管部门的投诉建议渠道并不畅通。例如，2021年多省市出现教培机构"卷款潜逃"现象，家长们出现退费难、维权难等问题②，很多家长除了拨打12315投诉电话之外，竟没有其他投诉的渠道。这些现象都说明监管部门与消费者之间的信用信息交互渠道并不畅通。

（三）信用奖惩过程中的主要问题

信用奖惩是信用监管目标得以实现的基本保障。要实现公平奖惩，信用信息的有效传递同样十分重要。这一过程的信用信息传递主要关涉校外教培机构、教育行政监管部门以及消费者（家长与学生），但上述主体在信用奖惩做出过程中信息的流通也存在障碍。

第一，消费者、行业自律组织向监管主体反馈信息的渠道有限。正如

---

① 浏阳市现玳教育培训学校存在"提供虚假合同、未向学生开具收费收据、制作虚假收据、部分学生一次性收费超过三个月、利用虚假价格引诱消费、未提供会计账簿、收入未纳入机构财务账户"等违法违规行为，https://dxs.moe.gov.cn/zx/a/jj/210825/1724604.shtml。
② 教培机构跑路后，家长维权路在何方，https://news.cctv.com/2021/11/22/ARTIQ1IfebZQRgrdip3w1Eud211122.shtml。

前文所述，消费者与监管者在市场运营监管过程中的信用信息交互十分有限。在信用奖惩阶段，消费者的信用信息反馈渠道也受到相同的限制。这种限制主要表现在消费者对校外教培机构的评价信息并非监管部门制定"白名单""黑名单"的主要依据，监管部门评定的主要依据仍然是其定期检查的结果①。同时，由于我国校外教培行业自律组织仍处于初创期，其也无法与政府监管主体形成有效的信息交互机制。这种现象的出现与我国校外教培机构信用监管仍以政府主导为主的模式有关，其他非政府主体参与治理的渠道仍十分有限。

第二，校外教培机构主动提供的信用信息有所偏好。校外教培机构主要是信用信息提供者，它既负有向消费者公示相关信用信息的职责，也负有接受教育行政部门信用监管的义务。但一般情况下，校外教培机构出于市场利益的考量通常倾向于宣扬正面的信用信息，而隐瞒负面的信用信息。监管部门做出信用奖惩决定主要依据的是校外教培机构所展现的信息，而这些信息往往带有一定的偏好与隐瞒。若监管部门不能及时获取消费者真实的反馈信息，则其做出的信用奖惩决定并不一定正确。

第三，监管主体公开的信用奖惩信息内容不完整。我国不少省（区、市）市地区都链接至全国中小学生校外教培机构综合管理与服务平台，但是通过查询平台信息可发现，平台所公示的校外教培机构信息仅限于其办学许可证、营业执照以及培训对象等非常简略的信息，并未展示校外教培机构信用奖惩等内容。部分省市地方的教育行政监管部门会不时公布本区域内的校外教培机构信用评价结果信息，但既没有公布具体的信用评价依据，也没有公布其他的信用奖惩信息。例如，湖南省湘江新区曾经分别于2021年6月、2022年9月以及2023年9月在其微信公众号公布湘江新区校外培训机构"白名单"，但三次公布的白名单信息均限定在培训机构名称、培训服务对象以及办证地址，并未公布将其纳入白名单的具体依据与原因②。四川省攀枝花市公布的校外教培机构"黑白名单"、江苏省镇江市公布的校外教培机构黑名单等多个地区对校外教培机构信用评价的信息也

---

① 王小乐：《信息传递视角下市场监管黑名单制度：运行机理及完善路径》，《中国市场》2022年第15期。

② https://mp.weixin.qq.com/s/QfHNFMwvXm1n_yKVBYTzBA。

都十分简略，没有提及具体的信用评价依据以及奖惩的记录信息。这说明监管主体公开的校外教培机构的信用奖惩信息仍十分不完整，而这也是减损信用监管实效的主要障碍之一。

梳理上述三个监管阶段的信用信息流通过程可以发现，我国校外教育培训机构信用监管面临的挑战主要在于信用信息的流通障碍，这些障碍又可进一步概括为信用信息质量存在瑕疵（包括信用信息不真实、信息提供存在偏差、信息公开不完整等）、信用信息流通渠道不畅通（包括政府内部的监管信息壁垒、政府与市场主体信息反馈渠道受限等）两大方面的问题。

三 我国校外教培机构信用监管的优化路径

基于上述分析可推知，要优化我国校外教培机构信用监管路径，关键在于保障校外教培机构的信用信息在不同主体之间得到有效传递。要实现信用信息的有效传递，则至少可以从如下三个方面进行优化。

（一）保障信用信息的真实、完整与准确

确保校外教培机构及教培人员的信用信息真实、完整、准确是提升信用监管效能的基本前提。在校外教培市场监管领域，信用信息的来源既包括校外教培机构、相关政府监管部门，如工商登记部门、税务部门、金融监管部门等，也包括作为教培服务消费者的家长与学生。教育行政监管部门及其他协同监管部门所掌握的信用信息具有相对的滞后性，因为这些信息是在他们履行不同监管职能时提前收集的，可能并不能反映出校外教培机构最真实的信用状况。针对此种情况，要保障信用信息的真实、完整与准确，一方面取决于校外教培机构的主动提供与及时更正，即自律机制；另一方面则有赖于外部监督机制。例如，在市场准入阶段，校外教培机构为了获得行政许可通常会提供较为正确的信息，但在市场运营过程中却倾向于极力隐瞒负面的信用信息，信用信息的完整性与正确性就会受到挑战。此时就需要外部监督机制的积极介入，而不能仅仅依靠市场主体自律机制。教育行政监管部门的监管介入可以减少校外教培机构信用信息质量瑕疵，如通过日常检查、定期抽查的方式来督促校外教培机构披露其不良信用信息。但是教育行政监管部门的外部监督机制并不足以完全解决此问

题，因为校外教培机构可以通过权力寻租①、投机取巧等方式来应对监管部门的检查。引入消费者（家长与学生）的外部监督就极为必要。监管部门应当积极拓展教培服务消费者（家长与学生）投诉建议的信息反馈渠道。与监督主体监督检查方式相比，消费者（家长与学生）具有较强的动力对校外教培机构的信用状况进行监督与反馈。同时，消费者所反馈的关于校外教培机构的信用信息更加客观与准确，因为他们是校外教培机构的主要服务对象，是教培服务的最终买单者。他们会时刻关注校外教培机构的基本情况，并能在第一时间察觉到校外教培机构的营业状况变化。因而，通过强制校外教培机构披露真实信用信息，以及消费者的外部监督两种方式，监管主体所能收集到的信用信息才能更加真实、完整与准确。

（二）保障信用信息及时更新

影响信用信息质量的另一个因素是信用信息的更新。无论在信用监管的哪一阶段、哪个环节，信用信息的更新都是影响信用监管效能的重要因素②。校外教培机构信用信息的更新又可进一步分解为两个方面的问题：一是如何确保校外教培机构及其从业人员的信用信息及时地上传至全国中小学生校外培训机构管理服务平台，或者向社会公众公开；二是如何确保不同地区的校外教培机构信用信息能够实时交换共享。针对第一个问题，校外教培机构与教育行政监管部门是主要的信用信息更新义务的履行者。法定的强制信息披露义务迫使校外教培机构及时更新上传与之相关的信用信息，但在更新内容与更新时间方面校外教培机构并不具有主动权，需要由教育行政监管部门来具体执行。例如，失信校外教培机构在改正其失信行为之后，想要更新其信用信息必须向教育行政监管部门申请修复信息方能实现更新。在更新内容方面，目前许多省（区）市地方的教育行政监管部门公布的"黑白名单"内容主要针对的仍然是校外教培机构，对校外教

---

① 例如，仪征市陈集镇雏鹰教育咨询服务中心负责人朱某，在其丈夫陈集镇第二中心小学校长糜某的帮助下，组织22名学生在陈集镇中学教师宿舍内补课。负责监管工作的陈集镇社区教育中心办公室主任卞某接到群众反映后，不仅不履行疫情防控管理监督职责，反而向糜某通风报信，糜某、朱某提前将学生转移到租用教室继续补课。教育部公布校外教育培训违规行为处理典型案例，https://dxs.moe.gov.cn/zx/a/jj/210825/1724604.shtml。

② 孔祥稳：《作为新型监管机制的信用监管：效能提升与合法性控制》，《中共中央党校（国家行政学院）学报》2022年第1期。

培从业人员黑名单的公布尚未落到实处①。在更新时间与更新频次方面，教育行政监管部门并未形成较为固定的更新时间与更新频次。有些地方教育行政监管部门会根据上级部门的监管宽严程度来履行信用信息更新义务，并未形成定期的更新规律。由于线上校外教培服务盛行，监管部门对跨区域的信用信息共享需求也相应扩大，这使得第二个信息更新问题更具紧迫性。在实践中，不同地区对校外教培机构的信用信息更新频率要求存在不一致的情形。通常情况下，企业信用信息更新必须遵循及时性原则，但对于"如何才及时"的认定标准不同地区之间存在认知差异。例如，安徽省要求实时更新企业信用信息②，吉林省要求企业及时更新其信用信息③。从字面上来看，"实时"意味着只要信用状况发生变化即需要进行更新，而"及时"则允许一段时间的更新延时，如可以一个月更新一次或者一周更新一次，等等。因而，"实时"的更新频率要快于"及时"的更新频率。同时要实现"实时"信用信息更新频率，对数据共享平台的数据存储与传输要求更高，加重了监管部门的财政负担，间接导致了不同区域的信用信息更新速度与频次出现较大差异。但大数据时代的信息更新频率已经远超所谓的日新月异，且其对效能的影响远超从前。如果监管主体不能同步更新频率，则监管效果也将大打折扣。因而，对跨区域运行校外教培机构进行信用监管，监管主体更应当重视信用信息的更新问题。

（三）畅通信用信息流通渠道

信用信息能否准确、完整且有效地传输，还需要有畅通的信息传输渠道。在我国校外教培机构信用监管环节中，校外教培机构及其从业人员的信用信息主要汇集于教育行政监管部门，教育行政监管平台是该领域最大的信息流通枢纽。以教育行政监管部门为信息枢纽，校外教培机构的信用信息流通环节至少包括信息输入、信息处理以及信息输出三大环节。在信息输入环节，信用信息主要从校外教培机构流向教育行政部门，监管部门

---

① 2021年9月，教育部办公厅、人力资源和社会保障部办公厅印发了《校外培训机构从业人员管理办法（试行）》，第五条规定了校外培训机构从业人员黑名单制度。
② 《安徽省公共信用信息征集共享使用暂行办法》第十条规定：省各行政和社会管理机构按照省公共信用信息目录，通过标准配置的数据交换系统，实时向省公共信用信息共享服务平台提供信息。
③ 《吉林省企业信用信息管理办法》第十二条规定：征信机构征集的企业信用信息，应当保持其原始性、真实性和完整性。对发生变化的企业信用信息应当及时更新。

需要重点关注的是校外教培机构及其从业人员提供信用信息的真实性与准确性，而要减少信息质量瑕疵，监管部门可以通过与协同监管部门的数据库比对、拓宽消费者投诉建议渠道等方式来实现。在此过程中，监管部门需要运用法律工具与政策指引工具，通过政府信息共享机制来畅通不同监管部门的信息壁垒，减少信息孤岛、信息茧房等信用监管信息不对称现象。在信息处理环节，教育行政监管部门主要面临的障碍有二：一是与协同监管部门间的监管信息壁垒，二是与第三方主体，如银行、征信机构的信息流通障碍。第一个问题可以通过跨部门政务信息共享机制、跨部门政务协调机制来解决。对于第二个问题，教育行政监管部门可联合金融监管部门，通过特定的数据处理技术（如利用联邦学习技术①）将其收集的有关校外教培机构的信用信息，与后者的数据进行聚合、勾连，这样就可完整地勾勒出校外教培机构的信用画像，同时也能保障金融监管部门数据的安全。在信息输出环节，信用信息自教育行政部门流出，教育行政部门通过设置一定的信息共享门槛条件来控制信息流通范围。例如，教育行政监管部门可在每一个信用信息输出环节配置相应的监管工具，如设定获取信用信息的数量、规定信用信息获取的网络端口等，就可以最大限度地实现监管目标，并同时提升监管效能。

四　结语

对校外教培机构进行信用监管并非全面取缔校外教育培训行业，而是通过信用监管体系的建构来逐步优化校外教育培训市场，促使整个校外教培市场诚信运营。我国校外教培机构信用监管也并不是简单的信用工具内嵌监管过程，而是一种多元主体协同监管的创新监管机制。通过信用信息的有效传递，信用监管可以提升监管效率与效能。但我国信用监管主体在信用信息流通方面仍存在一定程度的障碍，如信用信息质量瑕疵、信息传输渠道不畅等。要解决这些问题，教育行政监管部门不仅需要运用相应的政策与法律工具，也需要适当地创新应用技术工具来优化信用监管路径，提升信用监管效能。

---

① 联邦学习是近年来兴起的一种分布式机器学习技术，其提出背景是现实生活中数据难以集中管理、隐私安全问题突出以及机器学习算法本身的局限性。

数字版权独家授权何以治理：
缘起、困因与破局[*]

陈胜蓝　崔家龙[**]

摘　要：在"内容为王"的时代，数字版权是数字内容平台开展竞争的关键资源与核心优势，独家授权作为一种商业模式被广泛应用。从市场和法律的双重视角出发，可以发现独家授权有其合理性与必然性，其既是一种适应市场发展的商业竞争形式，也是我国著作权法早期制度缺陷的必然产物。但同时，独家授权也可能排除、限制市场竞争与损害消费者利益，相关法律监管应当适时介入。代表性的方案有两种："强制性集体管理"与"必需设施开放义务"，但前者因过于激进而不符合我国国情，后者则不符合相关构成要件且有违市场规律，均不应当采纳。基于此，我国规制版权独家授权可采取公私法融合治理之道：一方面，允许附条件的独家授权，并重构集体管理信任机制；另一方面，优化反垄断法分析框架，并对反竞争效应较弱的独家授权优先适用保护性救济措施，以形成常态化监管的合力，保障市场经济的规范化、法治化发展。

关键词：数字版权独家授权　强制性集体管理　必需设施理论　法律融合治理

---

[*] 基金项目：国家社科基金一般项目"数字经济竞争法实施难点问题研究"（19BFX163）、科技部国家重点研发项目"跨部门跨地域社会信用治理关键技术研究与应用示范"（2022YFC3303200）。

[**] 陈胜蓝，暨南大学法学院/知识产权学院副教授；崔家龙，暨南大学"一国两制"与基本法研究院研究助理。

一 问题的提出

随着数字化转型浪潮的到来，网络数字技术愈发成熟，平台架构、开发和运营技术趋于同质化，内容差异逐渐成为数字内容平台开展竞争的关键资源与核心优势，数字版权资源正释放出巨大的数字衍生价值。[①] 在"内容为王"的观念导向下，数字内容平台纷纷打响版权争夺战，急剧扩大的版权内容使用需求催生出更加便捷的版权付费使用机制，"独家授权"模式应运而生。需要说明的是，"数字版权"目前并不是一个严格的法律范畴，而是业界约定俗成的一个概括性称谓。以既有研究为依据，[②] 结合版权的固有内涵、相关数字业务特点和本文讨论背景，"数字版权"应指"以数字平台为代表的权利人对其作品在数字化复制、传播方面依法所享有的一系列专有性权利的总称"，亦可称作"数字平台版权"。[③]

与"数字版权"一样，"独家授权"亦并非法律专业术语，而是对版权授权领域中若干常见商业模式的惯称，更为贴切的称谓可能是版权"排他性交易"。[④] 以数字音乐行业为例，其包括但不限于"独家首播授权"[⑤]、"专有使用授权"[⑥]

[①] 王伟：《数字内容平台版权集中的法律规制研究》，《政治与法律》2020年第10期。
[②] 施勇勤、张凤杰：《数字版权概念探析》，《中国出版》2012年第5期。
[③] 结合本文讨论的背景即"独家授权"，将"数字版权"进一步限定在"数字平台版权"的范畴，符合法学界尤其是竞争法领域的通行做法。刘晓春：《数字平台生态系统的反垄断法定位与规制》，《思想战线》2022年第1期；龙俊：《数字音乐版权独家授权的竞争风险及其规制方法》，《华中科技大学学报》（社会科学版）2020年第2期；梁九业：《数字平台版权集中的体系化治理研究》，《南大法学》2023年第2期。
[④] 宁立志、王宇：《叫停网络音乐市场版权独家交易的竞争法思考》，《法学》2018年第8期。
[⑤] "独家首播授权"，亦称窗口期模式，指的是版权人与平台以作品发表日期为起点，签订短期的专有使用授权协议。被独家首播授权的作品将于被授权平台优先上线，待首播期限届满时其他平台同步上线。授权期限内被授权平台享有作品的专有使用权，其他主体（包括版权人）均不得使用，且未经版权人同意不得擅自转授权。基于专有使用权，被授权平台可对侵犯作品信息网络传播权的行为提起诉讼。
[⑥] 该模式同样由版权人与数字内容平台就特定作品签订专有使用授权协议。授权期限内被许可人享有特定音乐作品的专有使用权，且未经音乐版权人同意不得擅自转授权。基于专有使用权，被授权平台可对侵犯作品信息网络传播权的行为提起诉讼。与独家首播相比，该协议通常期限较长，且适用期间无须以音乐作品首发日期为起点。

与"独家代理+转授权"① 三种。其中，"专有使用授权"在各数字内容行业应用最广、反响最大，相关讨论所涉违法性风险也多指向于此——例如，在数字音乐市场中，腾讯曾因"独家音乐版权"被认定构成"违法经营者集中"，于2021年被国家市场监管总局勒令解除；② 在学术期刊库市场中，中国知网也曾因实施"限定交易"行为被认定构成滥用市场支配地位，于2022年被国家市场监管总局罚款8760万元。③ 上述事件一度引发社会关注，其所产生的反竞争效果也引致其他经营者的抨击与消费者的反感。目前，大多数研究基本认为独家授权具有反竞争风险，法律监管尤其是反垄断监管应该及时介入，但采取何种举措、相关举措是否妥当仍未有充分讨论，亟待进一步思考与辨明。基于此，如无特别说明，本文所讨论的"独家授权"专指"专有使用授权"，并重点关注其法律治理问题。

需要特别说明的是，"数字版权"终归是私权，"独家授权"也只是一种权利行使方式。版权这一权利是否行使、如何行使本质上均属于版权人与数字内容平台的意思自治与行为自由范畴，我国《著作权法》已承认其原则上的合法性。是故，若非其超过了合理界限即违反了《反垄断法》，任何人均无权干预。尤其是在我国平台经济监管理念已从"强化反垄断"转向"常态化监管"的今天，若需对数字版权独家授权这一商业模式进行治理，即使在其具有潜在的反竞争风险的前提下，也需思考公法规范的介入程度如何把握方能在化解既存或潜在的反竞争风险的同时，也对市场契约自由给予足够的尊重。有鉴于此，本文将首先厘清数字版权独家授权的合理性与违法性内涵，明确法律"是否需要介入"；若得出肯定结论，再从既有建议以及本文观点两个维度，讨论法律"如何妥善介入"，以此为我国数字版权独家授权法律治理的纠偏与匡正抛砖引玉、贡献智慧。

---

① 在此模式中，版权人与数字内容平台存在三层法律关系：其一，版权人与平台签订特定作品信息网络传播权的非专有使用授权协议；其二，版权人与平台签订特定作品信息网络传播权的独家代理协议，前者为后者设置明确的"转授权"义务；其三，版权人授予平台对同行业侵犯作品信息网络传播权的行为提起诉讼的权利。

② 《市场监管总局依法对腾讯控股有限公司作出责令解除网络音乐独家版权等处罚》，中国政府网，https://www.gov.cn/xinwen/2021-07/24/content_5627058.htm。

③ 《市场监管总局依法对知网滥用市场支配地位行为作出行政处罚并责令其全面整改》，国家市场监督管理总局官网，https://www.samr.gov.cn/xw/mtjj/art/2023/art_89bb76f1dd2646a18065e693d878e680.html。

二 因与果：版权独家授权的合理性与违法性甄别

任一商业模式的生成与演进均有其内在的市场逻辑，其通常是具体社会环境下财产观念、人格观念、公共政策等多重因素相互作用得出的结果，因而难以用单一、线性的客观规律加以解释，① 版权独家授权亦是如此。归因于版权的私权属性与我国法律的不禁止性，独家授权模式有着极强的正当性基础，② 其更是长时间被视为我国数字版权行业的合理竞争手段而得到广泛应用。有鉴于此，在反垄断法进行大刀阔斧的监管之前，不妨先厘清版权独家授权这一特殊商业模式的生成机理与演进逻辑，以便正确看待与之对应的监管理念与举措。

（一）独家版权合理性澄清：市场与法律的双重视角

市场不是经济学家的发明，而是普通人的创造，是无数芸芸众生自发行为的结果。在这自生自发的秩序当中，企业的一举一动不是无目的，独家授权备受追捧必有其合理性。这既包括内在的原因，即从市场的角度进行评估——作为一个理性经济人，企业为何偏偏对独家授权情有独钟？也包括外部的因素，即从法律的角度进行分析——在既有的制度体系中，哪些环节的疏漏推动了版权人对独家授权的追逐？

从市场的角度进行评估，独家授权关乎内容产品市场特有的商业逻辑和竞争形式，正逐渐成为数字内容平台竞争策略的优先选择。首先，于平台本身而言：其通过独家授权获得一类优质版权资源后，能够收获一群忠实的消费者，独占一个稳定的利基消费市场，获得了海量版权资源的平台则能够直接打造无数个小型消费利基市场。这些利基市场的不断叠合，构成了由其独占的巨大消费市场，数字音乐平台正是如此。③ 其次，于平台竞争对手而言：版权资源是数字内容平台开展竞争的关键资源与核心优

---

① 崔淑洁：《数据权属界定及"卡—梅框架"下数据保护利用规则体系构建》，《广东财经大学学报》2020年第6期。
② 王伟：《平台独家版权集中的竞争损害及反垄断规制研究——基于腾讯音乐的考察》，《管理学刊》2021年第6期。
③ 王伟：《平台独家版权集中的竞争损害及反垄断规制研究——基于腾讯音乐的考察》，《管理学刊》2021年第6期。

势，独家授权导致大部分优质版权资源被少部分经营者垄断，其他经营者要么优质内容匮乏，要么内容投入成本剧增，可能因此不堪重负而降低竞争能力或退出市场竞争，最终导致"一家独大"格局。最后，于平台用户而言：其内容消费容易受到他人观点和市场环境影响，人们更偏好于观看或聆听那些已经受他人欢迎的内容。相应地，优质版权资源往往具有"超级明星"[①]效应，这有助于吸引消费者注意力并形成牢固的用户黏性，通过"网络效应最大化"来提高平台的市场力量与竞争优势，这也是平台"注意力经济"[②]的商业逻辑所在。

从法律的角度进行分析，独家授权作为"知识产权行使"的本质属性受到版权人的争相追捧，其诞生与发展可能与我国著作权法早期制度体系的缺陷失调休戚相关。具体而言：一方面，著作权法救济措施设计不足，独家授权便利于权利人维权。民事救济领域中，诉前保全、惩罚性赔偿等制度具有对侵权行为立竿见影的威慑与制止效果，但其都是在2020年修法之后才被正式纳入或有效执行，版权人在此之前实际上是面临着一个"侵权行为多、维权成本高、损害赔偿低、禁令救济少"的产业运行环境。[③]在此情况下，独家授权模式中作为被授权人的平台可以代表版权人直接参加维权诉讼，其往往拥有强大的技术优势和维权能力，能够有效降低上游版权人的维权和监管成本，备受欢迎自不待言。[④]另一方面，著作权集体管理制度失灵，独家授权便利于权利人行权。著作权集体管理制度是著作权法重要的配套制度之一，对于版权人高效率行使权利而言不失为一优选。然而，我国著作权集体管理制度存在行政垄断性较强、信息公开与资金分配不透明、版权人对其存在信任危机等问题，[⑤]并不利于兼顾权利人经济利益的实现与作品的传播。相反，独家授权模式能够构建出一个高效、灵活、透明的集中许可机制，为产业上下游开辟直接对话、友好协商

[①] "超级明星"效应是指少数杰出人物在其从事的活动中占据支配地位，并拥有暂时的垄断权力而获得巨大市场份额和超出个人禀赋的高额收入的社会现象，在文化、体育等创意产业最为明显。

[②] 由美国学者赫伯特·西蒙提出，是指依靠吸引公众注意力获取经济收益的一种经济活动，其将注意力视作一种关键性的稀缺资源，也被称作"眼球经济"。

[③] 谢晓尧：《著作权的行政救济之道——反思与批判》，《知识产权》2015年第11期。

[④] 熊琦：《移动互联网时代著作权专有许可限制规则释疑》，《武汉大学学报》（哲学社会科学版）2022年第1期。

[⑤] 杜伟：《我国著作权集体管理组织代表性审视》，《知识产权》2018年第12期。

的渠道，因而日渐成为权利人行使权利的最优选。

综上所述，版权独家授权并非"凭空出世"，而系一种适应市场竞争发展与法律制度完善过程的综合产物，对其不由分说地"一棒子打死"有违经济规律，往往弊大于利。当然，相关分析不能成为经营者的免责事由，但对需秉持市场本位与谦抑理念的反垄断监管而言，仍有些实在性意义。

（二）竞争违法性辨析：市场端与消费端的双重隐忧

竞争损害理论是反垄断法适用的起点。由于市场机制的复杂性、市场调节的自动性和人的认知能力的局限性，加之市场往往具有强大的自我疗愈和自我净化能力，① 若非某一行为事实上酿成了排除、限制竞争的恶果，通过反垄断执法干预市场竞争均应保持适当的幅度和必要的谦抑，以免公权力"父爱主义"式的横加干预造成更大的社会成本。与之相对应，受市场主体的利己主义驱使，版权独家授权可能具有排除、限制市场竞争与损害消费者利益两大隐忧，亟待相关法律监管的适时介入。

1. 市场端：排除、限制竞争的可能性分析

在我国《反垄断法》中，竞争损害对应的词是"排除、限制竞争"，这是所有垄断行为的共同要件。"排除、限制竞争"是一种结果，如何进行判断，一般又具体化为两种反竞争效应：共谋效应和排他效应。共谋效应指竞争者间的竞争被直接限制，主要体现为经营者行为的一致性；排他效应指不当削弱了竞争对手的竞争能力，主要体现为经营者行为的排他性。② 一种行为如果产生了这两种效应，通常可认定竞争损害存在，独家授权即为后者。

一方面，平台方凭借独家授权占有绝大多数优质版权资源，这可能压缩了竞争者选择空间，提高了下游市场进入门槛。具体而言，优质版权资源是内容平台的必要"投入"，其被个别平台"独占"后，其他经营者不得不花费更高的投入成本去选择市场剩余的版权资源，其结果势必导致其他竞争性平台竞争能力明显削弱——要么囿于内容投入成本过高

---

① 孔祥俊：《论反垄断法的谦抑性适用——基于总体执法观和具体方法论的分析》，《法学评论》2022年第1期。
② 焦海涛：《反垄断法上的竞争损害与消费者利益标准》，《南大法学》2022年第2期。

而被迫退出市场，要么因自身提供的内容或服务水平不断下降从而失去消费者的青睐。① 有时候，囿于互联网产业的"生态性"，这种限制还可能横跨行业实现。以在线视频市场为例，A 平台（长视频）基于独家授权所获得的专有使用权可以向 B 平台（短视频）上的未经许可二创行为提起诉讼，并要求 B 平台承担连带责任。如判定侵权成立，看似是 B 平台利益受到减损，在一条生态链上的关联企业 C 平台（长视频）也会受到牵连。②

另一方面，平台方凭借独家授权占据巨大市场份额与市场地位，这可能增加平台博弈资本，减少上游版权市场供应。具体而言，在其他经营者多数已被排挤出市场竞争的情况下，个别平台也具备较强的议价能力与充足的版权储备，版权人便可能从"卖方市场"进入"买方市场"，其可能不得不接受平台方为追逐利益最大化的刻意压价。久而久之，一些中小版权人可能因得不到合理激励而降低创作积极性，相关内容质量与服务得不到提升，其甚至可能主动退出市场。③ 当然，不排除有个别版权人在与平台的博弈过程中能够得到可观的经济报酬，但不该忽略其本身便具有强大的谈判、议价能力，这恰恰是大多数版权人所不具备的，而他们正是上游版权市场创新与开发的主力军，应该得到重点关注。

2. 消费端：损害消费者利益的可能性分析

通常认为，反垄断法与消费者利益也存在密切联系。促进竞争有利于保护消费者利益，而竞争损害最终必将传导至消费者利益损害。在传统反垄断法框架中，垄断行为可视作经营者在市场竞争中以不当方式损害消费者福利或者限制消费者选择的行为总称，前者以价格为标准，后者以行为为标准，④独家授权兼而有之。

一方面，权力结构异化提高内容消费成本，消费者在事实上可能遭到价格剥削。与传统的线下商品经济不同，互联网经济中的平台与消费者事实上处于一个权力高度不对称的经济结构中，较之于消费者意愿，平台利益对于决策的影响无疑更大。在消费者缺乏谈判、议价和筛选能力的情况

---

① 龙俊：《数字音乐版权独家授权的竞争风险及其规制方法》，《华中科技大学学报》（社会科学版）2020 年第 2 期。
② 殷继国：《长视频平台版权滥用行为的反垄断法规制》，《政治与法律》2023 年第 2 期。
③ 叶明、张洁：《利益平衡视角下的数字音乐版权独家授权模式研究》，《电子知识产权》2018 年第 11 期。
④ 焦海涛：《反垄断法上的竞争损害与消费者利益标准》，《南大法学》2022 年第 2 期。

下，消费者往往只能被动接受当事人的平等甚至不平等的交易条件，经营者可能会通过提高价格水平直接攫取超竞争性回报，[①] 与日俱增的平台会员订阅费用便是例证。同样的，处于强势地位的平台可能也不再需要刻意维护消费者以巩固其市场份额，甚至可能会通过降低服务质量来变相提高价格水平、牟取更高利润，诸如"超前点播"服务模式便已遭到消费者的抨击；加之畸形的市场环境也成为平台弱化质量管理、强化市场封锁的温床，[②] "消费者福利"可能只能沦为书本上的一句口号。

另一方面，用户锁定效应引致平台转移成本。消费者在事实上可能损失选择自由。具体而言，囿于优质版权资源文化体验感的低复制性，消费者的选择存在低替代性、高稳定性的特性，也即若非新平台具有足够强的吸引力，且这种吸引力可以抵得过平台间转移成本对用户转移的阻碍，否则用户一般不会轻易做出切换平台的选择。一种反对的声音是：即便存在转移成本的考虑，消费者在不同平台间的随意切换也不存在根本性的障碍。从技术的角度来看，这个结论当然成立。但结合"免费经济"的商业模式来看，消费者在消费时往往首先考虑的其实是：该平台有没有我想要的内容？它的资源储备能不能满足我未来可能出现的新需求？倘若有一个平台可以满足上述要求，即便事实上具备切换平台的条件，出于经济性的考虑，消费者也可能缺乏付诸行动的动力。退一步讲，即便消费者权衡利弊最终做出切换平台的选择，在某些领域也要面临网络成本、[③] 学习成本、[④] 机会成本、[⑤] 风险成本[⑥]等考虑，其存在的一定阻力应该得到重视。

综上所述，版权独家授权所引致的竞争隐忧不可小觑，市场端与消费

[①] 王伟：《平台独家版权集中的竞争损害及反垄断规制研究——基于腾讯音乐的考察》，《管理学刊》2021年第6期。

[②] 林秀芹、林锦晖：《数字版权领域反垄断规制的范式革新》，《科技与法律（中英文）》2022年第5期。

[③] 其含义为：平台经济具有较强的规模效应，假设A平台的用户规模远大于B平台，基于对平台经济共有的社交特征考虑，用户可能更愿意选择A平台。

[④] 其含义为：不同的平台有不同的操作规则，如视频观看入口、视频分区设置、弹幕聊天操作等均可能需要用户重新投入或多或少的时间进行学习。

[⑤] 其含义为：平台经济具有多种功能聚合的复合型商品样态，当老用户转移到新平台后必然不能继续享有原平台的积分反馈、折扣优惠等利益，这构成了巨大的机会成本。

[⑥] 其含义为：平台间的博弈带有不确定性，不经过时间验证和用户反馈无法得出准确结论，但用户的转移往往是基于对新平台体验的正向期待，其可能会承担新平台体验差、不能满足原有期待等风险成本。

端的双重隐患呼吁理论研究与执法实践的适时介入，实现数字内容平台可持续监管任重道远。

三　是与非：若干监管路径的正当性与可行性辨析

解决完法律"是否应当介入"的问题后，摆在我们面前的便是"如何妥善介入"的思考。回溯既有理论研究成果，既有著作权法视阈下的"引入强制性著作权集体管理制度"[①] 倡议，又有反垄断法视阈下的"确立版权控制人的必需设施开放义务"[②] 主张，为后续实践提供了丰富的理论基础。然而，上述方案的实施高度依赖行政命令的外在约束而非市场经济的内在规律，带有一定程度的计划经济色彩。在"常态化监管"的政策导向下，为避免严苛的监管对市场主体的长远发展产生不必要的恫吓与阻碍，需对上述方案重点考察其正当性与可行性，尽量做到科学合理、宽严适度，以促进平台经济规范健康持续发展。

（一）强制集体管理：过于激进且不符合我国国情

在著作权法的视阈下，引入"强制性集体管理"[③] 规制独家授权的倡议可谓最为热门，但同时也略显激进。在独家授权领域，可理解如下：无论版权人是否为会员权利人，均由集体管理组织代替其与使用者签订作品的使用授权协议，权利人不得干涉。著作权集体管理组织向使用者收取使用费并转付给版权人，版权人没有拒绝与异议的权利，也即一种不可抗辩、推翻的著作权"法定许可"。

按上述理解，作品的使用授权只能由集体管理组织进行，但基于相关垄断风险的考虑，集体管理组织大概率不会进行独家授权，故该制度的引入也可以视作对独家授权的"废除"。较之于欧盟，我国立法对该激进举

[①] 陈煜帆：《后独家时代数字音乐版权市场的治理困境与应对策略——从平台经济领域的反垄断切入》，《出版发行研究》2022年第7期。

[②] 王伟：《数字内容平台版权集中的法律规制研究》，《政治与法律》2020年第10期。

[③] "强制性集体管理"属于非会员集体管理模式中的一种，滥觞于1965年的德国著作权法，目前已在欧盟国家的立法层面得到推广。其不以集体管理组织具有事实垄断地位为前提，亦不需要权利人向集体管理组织授权。权利人的某些特定权利——如法定报酬请求权与个别排他权只能由集体管理组织行使，权利人对于其权利行使的结果也必须接受。

措持谨慎态度,仅有较为温和的"延伸性集体管理"在修法过程中曾被尝试引入,但其经多版修改后也遭到剔除,可见其引发争议之大、涉足问题之深。具体可从两个角度进行观察。

从非会员权利人的角度来看,引入"强制性集体管理"可能缺乏必要性与正当性。于必要性而言,版权人的最直接诉求便是获取可观的经济报酬,收益能否保障决定了其对于新制度接纳动力的有无。然而,由于作品价值的不确定性与难评估性,将不同类型作品做同质化处理来确定使用费标准很可能是惯常做法,此时如果权利人无法充分参与使用费标准的制定,其智力创造活动就可能无法得到合理的回报。加之我国著作权集体管理组织的透明公开程度仍不充分,在信息严重不对称的状态下,权利人无从得知其作品的真实使用情况和集体管理组织的真实收费情况,[①] 其对更为偏激的"强制性集体管理"并无拥戴之理。

于正当性而言,知识产权制度保障的是私权自由,新制度引入对于这一底线的打破是否经得住考验有待考究。著作权集体管理制度属于一种委托/信托法律关系,其成立需以双方当事人自愿为前提。然而,"强制性集体管理"突破了传统的"授权—管理"模式,集体管理组织无须具备权利人授权这一正当权源亦可管理权利人的作品,权利人非但不存在退出机制,甚至不具备申诉、抗辩等意愿表达机会,属于对著作权这一私权行使的严重限制。若非具备诸如"为维护公共利益所必须"等正当事由,该模式无疑剥夺了权利人排他性权利的特定权能,实乃自治与强制协调中的不恰当安排,在当前的法律体系中无法得出周延解释。[②]

从集体管理组织的角度来看,其也不具备引入"强制性集体管理"所需的资质与能力。于资质而言,有权适用"强制性集体管理"的集体管理组织要求其必须在权利人数量上具有广泛的代表性,这与我国现状并不契合。实践中,多数非会员权利人甚至并不知道相关著作权集体管理组织的存在,国内五家集体管理组织目前所拥有的会员数量及管理作品数量也十分有限,其仅占所在领域市场的一小部分份额而不具有代表性,音著协便

---

① 温云云、刘乔:《我国著作权延伸性集体管理制度探析》,《出版发行研究》2016年第11期。
② 戴哲:《我国著作权延伸性集体管理制度研究——兼评我国〈著作权法〉修改草案》,《中国版权》2015年第2期。

是例证。① 加之政府主导模式下的集体管理组织缺乏追求权利人利益最大化的经济诱因，部分会员权利人甚至已经存在抵制和退出集体管理组织的趋势，② 更谈不上"在全国范围内代表权利人利益"。

于能力而言，我国著作权集体管理组织虽承担着联结版权人和使用者的桥梁纽带重担，但其也存在着组织能力不足、服务意识淡薄、运作效率低下、信息透明度低、缺乏平等协商等问题。③ 正所谓"欲戴皇冠，必承其重"，倘若贸然引入"强制性集体管理"制度，人力资源有限的集体管理组织能否为权利人提供及时、合理、透明的服务？技术水平有限的集体管理组织能否对实际或潜在使用人进行有效的监督、管理和控制？权责定位不清的集体管理组织又能否化解作品类型不同引致的管辖争议与冲突？④ 毋庸讳言，罔顾我国著作权集体管理制度积弊已久、近乎停滞的残酷现实，盲目遵循所谓"国际通例"而进行制度上的机械移植，非但不合时宜，更恐另生祸端。

综上所述，"强制性集体管理"的引入在我国并不具备可供实施的土壤，机械地法律移植非但对独家授权的规制于事无补，还可能带来极高的负外部性成本，绝非优选之策。

（二）必需设施义务：不符合构成要件与市场规律

在反垄断法的视阈下，相较于限制版权并购的禁止经营者集中，引入"必需设施开放义务"则显得更为温和，⑤ 也系理论研究讨论独家授权对策的热门选择。在独家授权领域，可做如下理解：当个别经营者通过独家授权获得部分版权资源的专有使用权且其被认定为"必需设施"时，如果该独家授权造成了排除、限制竞争的效果，该经营者便有义务

---

① 音著协即中国音乐著作权协会，为我国成立最早、规模最大、运作最为成熟的著作权集体管理组织。截至笔者成文时即2023年，其会员数量有12000余名；截至2016年底，美国音乐著作权集体管理组织BMI和ASCAP的会员数就已分别超80万和65万，德国音乐著作权集体管理组织GEMA会员达7万，英国音乐著作权集体管理组织PRS会员达12.5万。
② 熊琦：《著作权集体管理中的集中许可强制规则》，《比较法研究》2016年第4期。
③ 张祥志：《破解信任困局：我国著作权集体管理"信任机制"的法治关注》，《新闻与传播研究》2019年第3期。
④ 林秀芹、李晶：《构建著作权人与作品使用人共赢的著作权延伸性集体管理制度——一个法经济学角度的审视》，《政治与法律》2013年第11期。
⑤ 王伟：《数字内容平台版权集中的法律规制研究》，《政治与法律》2020年第10期。

让其他经营者以合理的商业条款使用这部分版权资源。这起源于反垄断法上一个历史悠久的理论——"必需设施原则"①，最初滥觞于美国判例法，②主要应用于供水、供电、港口、桥梁等有形产品领域中的公用基础设施，迄今已扩展至知识产权、互联网甚至数据领域。③我国对此也表示承认。④

认定版权资源是否构成"必需设施"具有严苛的要件，也系争议最大的一个部分。综合世界各国相关立法、判例与研究，其构成要件可概括为六个：⑤（1）相关设施必须为占有支配地位的垄断企业独占且拒绝提供；（2）拒绝向竞争者提供该设施可能排除有效竞争或造成消费者损害；（3）竞争者事实上无法复制或者无法合理地复制这一设施；（4）缺少这一设施将导致竞争者无法在相关市场展开有效竞争；（5）向竞争者提供该设施具有可行性；（6）拒绝向竞争者提供该设施没有正当性商业理由。"必需设施开放义务"于独家授权领域的引入而言，因其至少不满足（4）（5）（6）三个要件而不能得到成就。

就（4）而言，缺少被独占的那一部分版权资源并不会导致竞争者无法在相关市场展开有效竞争。现如今，消费者关注新事物的信息搜寻成本已大幅降低，喜新厌旧与猎奇心理更是其标志性特征，即便竞争者在争夺

---

① 该理论最早可以追溯至1912年的"United States v. Terminal Railroad Association of St. Louis案"，但直至1983年才由美国第七巡回法庭于"MCI Communications Corp v. AT&T案"中正式提出。其含义为：当一个处于上游市场中的经营者控制了下游市场生产经营无法复制且必不可少的"必需设施"时，如果该种控制造成了排除限制竞争的效果且亟待消除，其便有义务让下游市场中的生产经营者以合理的商业条款使用该设施。在平台经济兴起之前，其主要应用于供水、供电、港口、桥梁等有形产品领域中的公用基础设施，迄今已扩展至知识产权、互联网甚至数据领域。

② 最早可以追溯至1912年的"United States v. Terminal Railroad Association of St. Louis案"，后在MCI案（1983）中提出了四个适用条件并经由Aspen案（1985）、Kodak案（1992）、Trinko案（2004）等案件不断发展。欧盟则对其也基本认可并对其适用持开放态度，诸如Magill案（1995）、Bronner案（1998）、IMS案（2004）、Microsoft案（2007）等经典判例层出不穷。

③ 王佳佳：《论数字内容平台版权滥用的法律规制》，《知识产权》2023年第3期。

④ 例如，《禁止滥用市场支配地位行为规定》第16条、《平台经济领域的反垄断指南》第14条、《禁止滥用知识产权排除、限制竞争行为的规定》第10条中均有对认定必需设施的考量因素进行规定。相关案例也有进行适用。

⑤ 段宏磊、沈斌：《互联网经济领域反垄断中的"必要设施理论"研究》，《中国应用法学》2020年第4期。

目标版权资源的战争中落败，其仍可通过创新长尾过滤机制、① 挖掘新的利基市场等方式来开展竞争。② 以在线视频市场为例，部分平台便因内容成本过于高昂而果断另辟蹊径，选择"自制自播"模式开展竞争，在业内形成较强竞争力，爱奇艺、芒果TV的自制综艺栏目便是例证。基于此，再结合出色的营销宣传手段，热度平平甚至冷门的版权内容也可形成一定的利基市场而具有不可忽视的商业价值，关注"尾部"产生的总体效益甚至会超过"头部"，③ 也更具经济合理性与可行性的考量。

就（5）而言，苛求经营者向其竞争对手提供该部分版权资源不具有可行性。一方面，这可能削弱市场的投资和创新。如果法律较为轻易地强制支配地位经营者分享其通过投资和创新获得的竞争性成果，或使其他竞争者在法律上可以轻而易举地"搭便车"，那么进行投资以获得支配地位与投入资源从事创新开发的动力均将被削弱；④ 另一方面，还可能引发反竞争性共谋。因为在竞价平台相互间往来频繁的情况下，先获得授权者可能向后来者透露谈判细节，导致权利人处于议价的不利境地。当存在多个被授权名额时，竞争者之间还可能会在竞价过程中合谋压价，进而引致交易成本的激增。⑤

就（6）而言，经营者也具有拒绝提供该版权资源的正当性商业理由。一方面，独家授权模式系数字内容平台为维护经营模式与保护特定利益所必须，除前文所述的抢占市场份额与形成用户黏性，还可防止其前期投入的宣传成本及效果不被竞争者搭便车而损失流量，具有商业上的合理性；另一方面，经营者在前期为获得独家授权往往已付出了较高的成本，其迫切需要通过对该部分版权的运营来实现回本以及进一步的盈利。如果强行要求经营者开放授权，又无法准确界定"合理的商业条款"的标准，最终

---

① "长尾理论"由美国作家克里斯·安德森提出，其认为商业和文化的未来不在于传统需求曲线上那个代表"畅销商品"的头部，而是那条代表"冷门商品"经常为人遗忘的长尾。这里的长尾有两个特点：一是细，即份额很少且不被重视；二是长，即市场虽小但数量众多。所有非流行的市场累加起来，在网络上甚至可以形成比流行市场还大的市场。

② 徐聪颖：《论数字音乐版权独家交易的法律规制》，《知识产权》2021年第7期。

③ 崔家龙、仲春：《长视频版权独家授权的反垄断法规制路径探析》，《中国物价》2023年第7期。

④ 宁度：《拒绝交易的反垄断法规制——兼评〈关于平台经济领域的反垄断指南〉拒绝交易条款》，《法治研究》2021年第4期。

⑤ 方燕、刘柱：《数字音乐版权、独家授权和集体管理组织：一个简要的经济分析》，《竞争政策研究》2018年第2期。

的结果可能是既损害了权利人的经济权利，也破坏了市场交易的正常进行。究其原因，指望并不了解真实商业实践的公权力机关对十分具体的事项做出决策，并不是值得信赖的事情。

综上所述，"必需设施开放义务"的引入可能并不具备基础条件，倘若为消除甚至只是可能的反竞争效果而强行上马，则市场机制运转与反垄断法实施的不确定性所引致的代价是否可以承受，亦是其"必需"回应的疑问。

四 虚与实：法律融合治理的优化性与创新性尝试

鉴于版权独家授权这一独特商业模式的跨部门法属性，不仅对其进行法律评价需遵循法秩序的统一性原理，对其进行法律规制亦应采取公私融合治理之道。毋庸置疑，知识产权法与反垄断法之间是"胡萝卜"与"大棒"的关系，二者既有立法宗旨的一致性，亦有制度功能的互补性。基于我国本土国情与市场发展需求，构筑数字内容平台长效监管体系，既要依靠反垄断法外部监管的主动作为，也要仰仗著作权法内部规制的协调配合，以实现知识产权法与反垄断法的协同性和体系性。[①]

（一）内部规制：著作权法的弹性调整

自近代由封建特权嬗变为资本主义财产权以来，知识产权始终以私权形式存在，其民事权利的逻辑体系外壳下蕴含着鲜明的社会属性与公法目的，公共利益之考虑亦是建构知识产权法利益平衡机制之所需。着眼于《反垄断法》与《著作权法》各自的定位与功能，个人权利与公共利益的对价衡平应主要通过知识产权制度内部的平衡与调整来完成，[②] 只有当著作权法的内部规制不能消除版权独家授权的反竞争效应时，反垄断法才应介入。在知识产权法价值目标的指引下，著作权法的内部规制应以知识产权的私权属性为依归，公权力的干预既要有"作为"，更需守"界限"。

1. 堵不如疏：允许附条件的独家授权

一方面，应尊重"市场主导，政府引导"的经济规律，允许"附条件

---

① 曾田：《内容平台版权许可纵向限制的反垄断规制》，《知识产权》2022年第10期。
② 吴汉东：《关于知识产权私权属性的再认识——兼评"知识产权公权化"理论》，《社会科学》2005年第10期。

独家授权"以深化行业改革。理性而论,在我国数字版权市场发展基础还不稳固、制度建设尚未完善的今天,独家授权确不失为一种兼顾交易效率与交易安全的合理选择,①允许其存在既是保护权利人许可自由的制度趣旨,也是实现市场合规竞争和优胜劣汰的应有之义。是故,在没有强制缔约情形和反垄断规则适用条件的情况下,绝不宜简单化、一刀切地以行政命令限制甚至禁止独家授权,而是应该适当借鉴域外经验、允许附条件的独家授权,为版权行业的数字化转型提供长期、系统、有效的制度保障。

具体而言:一是进行数量限制。可根据不同数字版权市场的实际情形确定平台可掌握的独家版权数量,超过该数量则不得再实施独家授权。如经评估后该独家授权确为维系合理经营所必须,报经主管部门批准后可允许其继续进行独家授权,但其必须接受来自其他平台的合理转授权要求。具体工作的展开可由相关主管部门牵头成立专门委员会,并吸纳相关行业协会、龙头企业、中小企业代表等以听取多方意见,确保合理划定数量限制与准确进行必要性评估。具体的数量确定,美国在录音制品领域的在先经验可为我国提供借鉴。②

二是进行期限限制。不得签订无期限的独家授权协议,所约定的授权期限必须具体、合理,具体可参照"阶梯型"的法定限制规则确定——获得独家授权的版权数量越多,约定授权期限则越短。为避免市场主体通过不间断地重复达成短期独家授权协议而实现对版权资源的长期垄断,还可针对被授权人获得同一版权资源的独家授权设定法定间隔期间。为降低经营者的合规成本,双方所签署的独家授权协议不需要事先审批,但需要向有关部门报备并通过相应机制向社会公开以受到监督。

三是鼓励独家原创,探索默示许可。一方面,针对数字内容平台发布的原创版权内容,可允许其与相对人签订较长期限的独家授权协议,且该

---

① 钱晓强:《网络时代下数字音乐市场独家版权模式探析》,《电子知识产权》2018 年第 8 期。
② 以美国为例,其规定版权人对交互式网络服务提供商进行录音作品的独家授权时,如果版权人拥有录音作品的版权超过 1000 个,其授权期限不得超过 12 个月;如果少于 1000 个,其授权期限不得超过 24 个月;被授权人无资格在前一独家授权失效时起算的 13 个月内接受该录音作品表演的另一独家授权。如果版权人已将其拥有的录音作品授权给了至少 5 家不同的交互式网络服务提供商(前述每项授权录音作品的数量至少占权利人拥有版权录音作品数量的 10%,且不少于 50 件录音作品),则独家授权期限不受前述 12/24 个月的限制。

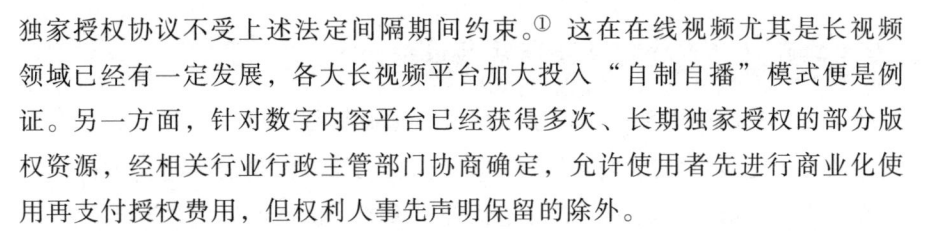

独家授权协议不受上述法定间隔期间约束。① 这在在线视频尤其是长视频领域已经有一定发展，各大长视频平台加大投入"自制自播"模式便是例证。另一方面，针对数字内容平台已经获得多次、长期独家授权的部分版权资源，经相关行业行政主管部门协商确定，允许使用者先进行商业化使用再支付授权费用，但权利人事先声明保留的除外。

2. 服务至上：重构集体管理信任机制

应推动"有效市场，有为政府"的高效结合，改革集体管理机制以形成常态化维护机制。作为联结版权人和使用者的桥梁和纽带，著作权集体管理制度与版权独家授权的实施目标具有高度的一致性，但其所面临的信任危机俨然已成为隔绝版权市场各方主体的"铜墙铁壁"，如何化解这一危机并重新维系起集体管理法律关系中各主体间的信赖网络是当前亟待解决的难题。② 是故，应从组织定位、服务强化、技术保障三个层面完善著作权集体管理制度，以重构集体管理信任机制作为破解该实践困局的切入口。

具体而言：一是明确组织定位。可考虑取消集体管理组织的法定垄断地位，转而通过提高准入门槛、完善退出机制、限制数量规模等措施引入限制竞争性的集体管理模式，以实现我国著作权管理制度由"管理型"到"服务型"的过渡。在此基础上，可结合著作权集体管理组织的自身特点构建更为完善的章程内容，以明确集体管理组织的权利、义务与责任。

二是增强服务意识。于会员权利人，应放开诸多限制以给予其更多自由，如明确权利人可在授权著作权集体管理组织后自行或者委托他人行使权利，以显示法律对其权利的尊重和保护。于商业使用者，应改变现有许可方式单一、版税机制僵化和异议制度停滞的状况，如引入处理许可方式、使用费异议的专门委员会进行裁决，为使用者提供更加便捷、畅通的反馈机制与沟通渠道。

三是夯实技术基础。国务院著作权行政管理部门应督促各集体管理组织采取必要的技术手段建立有效的作品使用记载与汇报机制，如建立一站式的权利登记许可信息查询系统、加快更新网站建设、拓展多元交易渠道，以响应网络时代的海量作品流转需求、降低市场交易成本。

---

① 魏建、路文成：《独家版权协议构成垄断的认定与规制：音乐版权的例证》，《上海商学院学报》2023 年第 2 期。
② 张祥志：《破解信任困局：我国著作权集体管理"信任机制"的法治关注》，《新闻与传播研究》2019 年第 3 期。

（二）外部监管：反垄断法的谦抑介入

当著作权法的内部规制无法消除版权独家授权的反竞争效应，反垄断法可成为进行版权独家授权法律规制的优选之策。但仍需注意，古往今来人类都在探索前行，反垄断法也不例外。市场经济的不确定性与人的有限认识能力之间存在巨大的鸿沟，以有限的认识能力应对纷繁复杂的客观事物，必然面对不确定性。在互联网行业广袤无垠的不确定性面前，人类总是需要保持必要的谦卑而非盲目冒进，倘若一味追求确定答案，甚至在客观规律面前不懂装懂，则只会产生认知的误差甚至是现实的灾难，手握"生杀予夺"大权的反垄断执法更是如此。① 是故，反垄断法的外部监管应以市场本位的谦抑理念为指导，公权力的干预既要讲"规矩"，也要控"尺度"。

1. 有所作为：优化反垄断法的分析框架

一方面，秉持"包容审慎，刚柔并济"的监管理念，遵循反垄断法分析框架进行违法性认定。理性而论，反垄断监管的目的在于"纠偏"，无"偏"则无"纠"之必要。另一方面，版权独家授权并不当然构成垄断行为，行为违法性的认定尤为关键，相关反垄断分析可结合版权独家授权的现实竞争状况有序展开，以求实现形式理性与实质正义的统一。

具体而言：一是准确界定相关市场。应遵循相关市场界定的基本依据和一般方法，并结合知识产权与多边市场的特殊性进行适度的调控与优化。如在需求/供给替代性分析中细化产品质量因素（如独家版权资源的用户评价、用户获得版权时所需观看广告的数量与时长）、补充产品生态系统因素（如用户选择该平台来获得版权是否受到相邻市场的影响、用户使用该平台的体验感）；或在以价格竞争为主的领域优先考虑 SSNIP 测试法，而在零价格以及非价格市场界定中则需重视 SSNDQ 法的应用。在此基础上，进行市场支配地位认定可重点关注规模效应、网络效应、用户锁定效应、技术创新能力等非结构性认定要素，以准确判断经营者在相关市场的市场支配力。

二是细化竞争损害标准。应确定以竞争损害作为反垄断法介入的标

---

① 孔祥俊：《论反垄断法的谦抑性适用——基于总体执法观和具体方法论的分析》，《法学评论》2022年第1期。

准，适用合理原则，并将其细化为"反市场竞争"与"消费者福利剥削"的二元分析结构，二者满足其一即可构成反垄断法意义上的竞争损害。于前者，应重点考虑相关市场的集中度、进入相关市场的难度、产业惯例与产业的发展阶段、相关限制的时间和效力范围、对技术创新和行业发展的影响、对上游市场与相邻市场的影响等，这主要应在版权独家授权的具体领域中进行经济学分析，此处不再赘述；于后者，应重点考虑该行为是否侵害消费者的自由选择权与公平交易权等，考虑因素包括但不限于是否增加消费者的内容获取成本、平台转移成本与服务体验成本，具体可通过比较独家授权实施后相关产品或服务价格、质量以及消费者数量变化来评估。此外，还需考虑该行为是否侵害消费者的隐私权或个人信息权益，如数据可携权等，具体应依据相关法律规定进行判断。在判断消费者福利是否受到损害时，对于涉及消费者利益的重大复杂案件，还可考虑在程序层面上通过听证程序等听取相关消费者群体的意见，以作为案件调查的考量因素之一。

三是合理审查豁免抗辩。在认定独家授权协议构成纵向垄断协议后，若其满足反垄断法规定的豁免情形，可允许经营者在反垄断执法机构开展调查前主动申请豁免，反垄断执法机构应综合权衡经营行为的竞争损害效果和消费者福利增进效果，对其进行合理审查。在条件成熟时，还可就特定类型作品所涉行业如音乐或长视频领域出台豁免指南，为反垄断执法机构进行相关审查提供具体依据。对于涉嫌滥用市场支配地位的经营者所提出的"具有正当理由"的抗辩，应考虑在独家授权发生后，其行为对创新和效率可能产生的积极影响，如版权人基于所获报酬继续创作的作品数量与质量变化如何；能否使消费者分享由版权独家授权产生的福利，如用户可获得的版权资源数量、质量是否与其支付的价格成比例；是否严重排除限制市场竞争；是否为维系合理经营所必须等，如平台经营状态是否存在从亏损到盈利的转变等。具体应结合版权独家授权的上下游行业特征进行评估。考虑到消费者福利与市场竞争均系反垄断法重点保护的法益，消费者福利标准应作为豁免要件重点考察，不宜因反市场竞争后果的存在而想当然地驳回抗辩。

2. 松弛有度：探索适用保护性救济措施

坚持"惩前毖后，治病救人"的政策方针，对于反竞争效应较弱，尤其是存在反市场竞争后果但又对消费者福利有所增进的独家授权，可优先适用承诺、宽恕等保护性救济措施。[1] 毋庸讳言，惩戒本身绝非反垄断规制之目的，过度"重制裁、轻救济"[2] 可能因惩戒力度的随意性与不适当性而导致对市场竞争的过度干涉，有违反垄断法"罚则谦抑""过罚相当"的基本原则。基于消除竞争损害、恢复市场竞争与增进消费者福利之考虑，反垄断监管应尽可能优先选择保护性救济措施，以给予市场各方主体自我调适的空间和机会。

一是善用承诺制度。可依据《垄断案件经营者承诺指南》并结合相关执法经验补强其实定法层面的规范依据，通过将承诺制度上升至反垄断法的立法层面并针对反竞争效果相对较弱的独家授权进行适用，可形成统一的执法尺度并完善反垄断法的实施体系。为推动承诺制度的独立适用，还可完善相应的信息公开公示制度和公众意见征询机制，并通过各类羁束性程序增强对经营者的防御权保障，[3] 以保证承诺制度适用的自愿性与平等性。

二是优化宽恕制度。应细化宽恕制度的申请、审查与决定程序，如考虑设立申请前匿名咨询程序、申请意向标记制度等，并明确执法机构的职权范围以减少经营者所面临的不确定性，相关细则的完善应充分考虑版权独家授权上下游行业的特征。为鼓励经营者的主动报告，还可建立针对报告者的保密制度，如考虑在实施宽恕制度的案件中应报告者要求不公布行政处罚决定书或隐去宽恕信息，但需采取其他方式对其执行进行监督。

三是轻罚兼顾重罚。应在个案中明确对版权独家授权所涉垄断行为的处罚标准与考量因素，如在反垄断案件中引入"首违不罚"原则——对于初次违法且危害后果轻微并及时改正的，可以不予行政处罚；对于多次违法且危害后果严重的，则可在合理范围内从严从重处罚，以此限制反垄断执法机构对自由裁量权的滥用。

---

[1] 保护性救济措施是指以法律的功利性为基础，以国家强制力为最终保证，以责任主体通过作为或不作为的形式主动履行和实现义务为主要内容的法律责任，如承诺、宽恕制度等。

[2] 此处"制裁"指的是制裁性救济措施，即以法律的道义性为基础，以国家强制力为实施手段，对责任主体实施的以惩罚和威慑为主要内容的法律责任，如作为民事制裁的损害赔偿、责令停止违法行为等。

[3] 詹馥静：《反垄断执法和解的新定位——从附属适用到独立适用》，《政治与法律》2023年第7期。

五　结语

　　保护知识产权早已成为全社会的共识，强化竞争政策基础地位亦是我国新的历史条件下的重要战略部署，[①] 版权独家授权的法律治理应尝试在二者间探索出一条均衡协调的中间道路。为避免相关理论研究的碎片化和"自说自话"现象，本文立足于著作权法与反垄断法两个维度，尝试为版权独家授权法律治理抽象出一套根植于我国市场经济土壤、服务于数字经济发展的分析框架和制度方案，从而为相关学术研究与执法实践提供交流和对话的空间。行文至此，不奢求本文提出的分析框架和制度方案尽善尽美，只期望能够为不断变化的财产理念和不断调适的规范路径搭建起分歧回归、共识重塑的桥梁，以待后续的调适与发展。

---

① 殷继国：《长视频平台版权滥用行为的反垄断法规制》，《政治与法律》2023 年第 2 期。

青年沙龙

电子商务中刷单炒信的演化、成因及平台规制[*]

林慰曾[**]

摘　要：从传统市场的线下请托到互联网市场的刷单炒信，市场竞争呈现出复杂化的趋势。刷单炒信源于部分经营者的理性失偏和极端自利行为，也与消费者群体的分化有关。这扭曲了市场信息供给，引导消费者选择特定的商品或服务，衍生出市场的逆向竞争。2017年反不正当竞争法新增了相关的立法供给，在填补规制空白、细化行为责任的同时，具有启动困难、成本高昂和威慑不足的局限。规制刷单炒信还需要发挥社会成员特别是平台自我规制的功能。建议通过平台和行业协会发挥社会主体的多元监督作用，提高评价主体的资格门槛并完善信息的过滤和惩戒机制，从而遏制刷单炒信行为，实现互联网市场竞争有序的理性均衡。

关键词：刷单炒信　信息供给　数据失灵　平台规制

　　刷单，是指为了获取商品销量、服务评价、店铺信誉、市场排名等特殊利益，经营者与特定行为人联合进行虚假交易，谋取市场竞争优势的行为。炒信则是指"在电子商务及分享经济领域以虚构交易、好评，删除不利评价等形式为自己或他人提升信用水平"。[①] 刷单与炒信往往相伴相生，

---

[*]　基金项目：国家社会科学基金重大专项《社会主义核心价值观融入行业规章体系建设的法治路径研究》（20VHJ007）、厦门大学2023年研究生田野调查基金项目《我国行业规章的法理诠释及运行机制》（2023FG021）阶段性研究成果。

[**]　林慰曾，厦门大学法学院博士研究生。

① 炒信的概念参见国家发展改革委等八部委《关于对电子商务及分享经济领域炒信行为相关失信主体实施联合惩戒的行动计划》（发改财金〔2016〕2370号）。

不仅在范围上扩展到互联网市场的每一个版图，而且进化出各种形式，成为危害网络市场长远发展的毒瘤。刷单炒信如果得不到有效治理，它将进一步加剧数据造假，扭曲市场的信用评价机制。

2017年新修订的《中华人民共和国反不正当竞争法》对刷单炒信的行为进行了法律规制，但存在有效威慑不足、追责启动困难、适用成本高昂的问题，导致规制的效果欠佳。文章以行为法经济学为主要的分析方法，结合刷单炒信衍化的市场基础与行为背景，通过解构经营者、消费者在刷单炒信行为中的利益形成，分析不同主体参与刷单炒信的内生动因，在法律规制之外提出社会主体参与规制刷单炒信的具体路径，以期降低法律规制刷单炒信的行为成本，实现规制行为的效益最大化。

一　刷单炒信的市场与行为基础

互联网市场打破了传统市场相互独立与分割的形态。信息技术的发展、金融与信用制度的建设、支付手段的革新都为互联网市场提供了更加便利的条件。通过加快物流、资金流、人流等各种要素流动，互联网市场成倍放大了交易的金额、机会和数量，网络市场的竞争开始呈现出自身特性。

（一）刷单炒信的市场背景

在互联网市场诞生以前，传统市场的交易主体之间通常具有一定联系，彼此之间较为熟络。刷单炒信在此环境中失去了形成条件。在费孝通看来，乡土社会安土重迁，是一个生于斯、长于斯、死于斯的社会。[①] 人们因熟悉而获得信任和可靠性认知，[②] 商业活动的主体之间往往有着血缘或者其他关系，对利益的追求呈现出一定的克制。不论是通过言语交流，还是日常的交易活动，他们逐渐形成了互相熟知的交易习惯，彼此之间建立了良好的社会关系。在这一过程中，逐渐经历了从传统社会走向现代社会、从人情社会走向契约社会的转型过程。[③] 传统市场诞生于一个竞争范

[①] 费孝通：《乡土中国生育制度乡土重建》，商务印书馆，2016，第54页。
[②] 陈柏峰：《熟人社会：村庄秩序机制的理想型探究》，《社会》2011年第1期。
[③] 刘小峰、周长城：《"熟人社会论"的纠结与未来：经验检视与价值探寻》，《中国农村观察》2014年第3期。

围有限、竞争对手不多、竞争程度温和的社会环境之中，它当然会产生包括混淆行为、贿赂、虚假宣传等不当竞争行为，但是因为商业联系有限、交易规模较小、传播速度较慢等特点，此类不当竞争行为的危害往往限缩在一个有限的范围内，形成了较为稳定的市场格局。

主要由陌生人构成的互联网市场为刷单炒信行为提供了背景条件。其一，互联网扩大了市场竞争的范围，凡是互联网能延展到的地方，都是商家的竞争之处。这大大加剧了市场竞争的激烈程度。激烈的市场竞争逐渐淡化了交易主体之间的联系，利益成为陌生人交易最重要的纽带。其二，商品或服务的市场价格因为信息的公开和透明被压缩到极致，导致经营者的利润被大大压缩。网络市场的竞争呈现出原始社会的"丛林法则"，如果不能形成自身独特的竞争优势，处于劣势地位的经营者就很容易被市场淘汰。其三，网络竞争是一种流量竞争。[1] 数据或流量暗含着成交机会和变现的可能性。部分经营者从事刷单炒信活动是为了优化自身的经营数据，使得有购买意愿的消费者在第一时间搜索到自身的商品，从其他竞争者手中争夺可能的交易机会。网络社会具有传导效应，出于先发优势的经营者一旦积累了一定的市场竞争优势，这种优势很容易借助互联网渠道发挥出"乘数效应"。在上述因素的影响下，为了避免不利的竞争格局，原本遵纪守法的经营者被动加入刷单炒信的队伍，网络市场开始呈现出竞争失序的局面。

（二）刷单炒信的行为基础

刷单炒信并非网络市场凭空产生的不正当竞争行为，它起源于传统市场的"线下请托"，变异于形势复杂、竞争激烈的互联网市场。两者的共同之处在于利用消费者盲目跟风的心理，扭曲市场信息供给，营造一种商品或服务备受欢迎的假象。从行为的构成要件来看，如果这样的行为对商品或服务做出了与实际不符的描述，对消费者利益或公共利益造成了损害，它就属于不正当竞争行为。

如果某样商品或服务能够广受消费者的喜爱，大概率是因为它在质量或价格方面具有相对于其他同类产品的比较优势，优势的经营者门前

---

[1] 蔡慧永：《虚假网络流量法律问题刍议——兼论不正当竞争行为的评判标准》，《法学论坛》2019年第10期。

往往排起人流的"长龙"。在传统的线下市场中，部分经营者如果不能通过正当形式胜出，他们往往会选择从事不正当竞争行为、夺取本属于他人的交易机会，线下请托由此产生。实践中"托儿"的表现形式多种多样，有"饭托""酒托""茶托"等形式。线下请托能够迅速炒热商业环境和氛围，引诱难辨真假的消费者盲目跟风。在商业市场发展到线上、线下市场多维联动的背景下，此类不当竞争行为也传导至互联网市场中。

在网络市场这样一个关系疏远、道德虚化的空间里，人的"自利性"被最大化了。商业竞争是一场残酷的斗争，竞争的方式不仅包括正当竞争，也包括不正当竞争，甚至非法竞争，这是一场超越一切界限和限度的战争。[①] 对于经营者而言，如果无法通过提升质量水平、优化服务等手段战胜对手，那么通过刷单炒信的手段给数据掺假、减损竞争对手的优势则不失为一项经过利弊分析之后的"理性选择"。网络数据造假犹如附骨之疽，破坏了信息数据的真实性。[②] 因为信息网络的高效传播，此类不当竞争行为的影响能够在短时间迅速扩散，网络市场将长期处于被污染的情况，市场的评价机制开始失灵，陷入了"信任危机"。

二 刷单炒信的内生动因

法律经济学在世俗观点之外，为人们解读特定主体的行为、认识法律提供了不同的视角。行为法经济学以有限理性、有限意志、有限自利和大量的经验分析与实验数据，[③] 修正了传统法律经济学过于理想化的结果。对于刷单炒信而言，秉持行为法律经济学的方法有助于充分认识复杂环境下经营者和消费者的行为选择。

（一）经营者的行为失衡

部分经营者从事刷单炒信的不当竞争行为并非意味着他们不忌惮监

[①] 乔良、王湘穗：《超限战与反超限战》，长江文艺出版社，2016，第5页。
[②] 江德斌：《"网络数据打假"需法律与技术"双管齐下"》，《人民政协报》2018年12月4日。
[③] 周林彬、黄建梅：《行为法经济学与法律经济学：聚焦经济理性》，《学术研究》2004年第12期。

管当局的惩罚。相反，经过衡量长期利益与短期利益、声誉利益与物质利益、自身利益与他人利益、行为收益与行为成本等内容之后，他们认为刷单炒信有利可图，方才逾越法律边界，从事数据造假、信用造假的活动。

1. "理性人"假设失灵

古典经济学的"理性人"假设需要理想的条件。赫伯特·西蒙最早提出了人类行为的"有限理性"理论。在他看来，人的认知能力是有限的。[①]将网络市场经营者一概视为理性的经营主体并不是明智的看法，衡量经营者是否理性应当是一个综合判断的结果。

尽管刷单炒信能够在市场初期为经营者带来一定优势，但是从长远来看往往得不偿失。理性的经营者应当从物质利益与非物质利益、短期利益与长期利益等角度出发，做出更加合理的决策。部分经营者对于刷单炒信的危害性认识不足，他们一旦采取了刷单行为，往往过度自信，对手头拥有的自由权利估值过高，形成行为上的"禀赋效应"。[②] 在缺乏足够惩戒的情况下，要使经营者放弃既有不当竞争行为所获得的利益是不现实的。个体的"理性行为"最终汇聚成集体的非理性，刷单炒信将导致市场的非合作博弈，形成恶性竞争并迫使其他市场竞争者加入"数据造假"的行列，增加经营者的运营成本。长此以往，互联网市场上逐渐充斥着大量的虚假信息，理性的消费者被动提高了警惕意识，他们会采取扩大搜索、辨别评论、逐一比较进行信息筛选。这样一来，不法经营者的行为往往徒劳无功，而且给消费者造成了商家欺诈和不诚信的印象，严重影响了经营者的市场声誉。

2. 自利行为极端化

自利行为最大化（或称效用最大化假设），是传统法律经济学认识和解释行为的基础。理性而自利的经济人会通过"利他"行为形成市场的多方共赢。通过正当手段能够获取优势的经营者当然不屑于采用刷单炒信的形式，他们已通过声誉机制形成了良好的正反馈效应。但是，对于网络竞

[①] Herbert A. Simon, A Behavioral Model of Rational Choice, *Quarterly Journal of Economics*, 1955 (1): 99–118.

[②] 禀赋效应是指当个人一旦拥有某物品，个体通常会要求交易相对方支付比市场平均价格更高的对价。参见 Richard H. Thaler, Toward A Positive Theory of Consumer Choice, *Journal of Economic Behavior and Organization*, 1980 (1): 39–60。

争中处于劣势的经营者而言，通过刷单炒信快速提升自我的竞争优势不失为一个明智的选择。此时，不正当竞争取代了正当竞争，自利极端化取代了自利最大化，和谐的市场竞争状态不复存在。换言之，正当竞争耗时，而且成本高昂，非理性的经营者往往不屑于采用此种方式。不法经营者会通过不实评价、数据掺水等活动降低竞争对手的市场排名，提升自身位次，从而缩小与他人的差距。这种打击竞争对手的方式可以帮助他们实现一举多得的目的。部分的网络经营者为了追求个体利益，不顾市场道德和行业规范，无节制地组织刷单者进行虚假消费，这种过度自利的行为严重扰乱了市场交易和竞争秩序，亟待法律进行规制。

（二）消费者的行为失衡

消费者的决策有赖于必要的信息资源。如果缺乏正确的信息，或者赖以决策的信息不完整，消费者往往会做出令自己后悔的选择。充分理解消费者决策的先决条件，有助于充分认识刷单炒信造就的信息障碍和消费者的决策分化。

1. 信息决策的理论失效

自利理性下的市场主体往往会利用自身的信息优势获取有利的交易地位。人们的价值偏好在不同程度上受到外部的环境影响。完全信息的理论假设是理想环境下的静态解读，在市场低质信息泛滥、虚假信息充沛、有效信息不足的条件下，普通消费者很难做出正确的决策。

由于消费者有限的认知和非专业的辨识能力使得消费者在面临决断时往往不能正确决策。具言之，在刷单炒信的市场环境中，部分经营者通过扭曲市场的信息供给，引导者消费者选择特定的商品或服务，培养消费者的习惯并改变他们的消费行为。一是通过夸大商品质量和服务水平，诱导消费者进行消费；二是通过虚构成交数额，吸引容易跟风的消费者；三是通过消灭负面评价，统一好评内容，造成信息同质化和低质化，使得消费者无法进行有效的信息筛选和过滤……互联网市场部分经营者充分利用了自身优势地位，通过刷单炒信使得评价机制与声誉机制失灵，造成了市场竞争的非有效性。

2. 非理性偏好造就逆向选择

个体成长的环境和性格不同，导致不同主体的价值判断和选择也不尽相同。面对刷单炒信的经营者，消费者这一群体并非都以经济利益最大化为目的。明智的消费者会拒绝来自经营者的引诱，在他们看来，自己的信誉评价远比商家的经济引诱重要。相反，市场上存在着许多主动为经营者刷单的消费者，他们更看重经营者给予的报酬。

从行为模式来分类，刷单炒信中消费者行为可以分为"利己利人""利己不一定利人""利己损人"三种模式。其一，倘若商品或服务是优质的，那么刷单炒信就是一件"利己利人"的事情，消费者当然乐意在正当消费的同时获得额外收益。其二，当行为人做出与实际不符或夸张的好评时，"利己不一定利人"的模式由此产生。其三，其他消费者在看到与真实情况相悖的评价时，很可能被激发了购买欲望，"利己损人"的情况由此产生。在不法商家的诱导下，消费者的行为出现了分化。刷单炒信使得消费者无法通过正常的商业评价、搜索排名等获得预期的结果，本欲采购质价齐优的消费者因为评价、搜索排名、店铺信誉评分等误导而选购了劣质产品。网络市场中出现了"劣币驱逐良币"的现象，造成了市场的逆向选择。

三 反不正当竞争法规制刷单炒信的实效分析

一项法律制度之所以能固定下来，很大原因在于它提供了稳定而可靠的规范，使得人们能够预测行为的后果。2017年新修订的反不正当竞争法增加了"刷单条款"回应网络市场刷单炒信的乱象,[①] 对于矫正互联网市场失衡的交易和竞争秩序具有积极作用。另外，鉴于行为主体从事刷单炒信的成本较低，对刷单炒信的规制应当尽可能地节约有限的执法资源，提升规制行为的性价比。

（一）法律市场的理论分析

人们的守法行为在无形中促进了法律市场的发展，人们愿意为遵守法律而付出的牺牲就是该项法律的市场价格。一项法律如果不能给守法者带来足够的利益，那么它往往被无视，其结果就是人们选择通过其他途径来

[①] 《反不正当竞争法》第8条规定：经营者不得对其商品的性能、功能、质量、销售状况、用户评价、曾获荣誉等作虚假或者引人误解的商业宣传，欺骗、误导消费者。经营者不得通过组织虚假交易等方式，帮助其他经营者进行虚假或者引人误解的商业宣传。

保障自我权益。

目前，不少学者对刷单炒信行为的刑事责任进行了探讨，涉及行政处罚与刑事处罚的衔接、罪与非罪、适用何种刑事罪名、是否创设新的罪名等问题，刑事追责有其必要性。然而，主流的观点普遍认为应当慎用刑事手段。在充分运用非刑法手段之前不得率先动用刑法，① 其原理在于：刑事司法的规制手段要求完整的国家机器、严格的流程和精确的条件，往往迁延时日、成本不菲。采用民商事法律进行前置性规制具有必要性。这有助于降低司法成本，具有规制的成本优势。同等条件下国家和私人主体会优先选择竞争法等民商事法律而非刑法的庇护。

美国司法机关对于涉及网络刷单的案件，多以民事诉讼而非刑事手段进行治理。除了罚当其罪的刑事因由，这也是国家机制运行的过高成本所导致的。在市场能够自我平衡的情况下，公权主体应当保持谦抑和必要的克制，让市场发挥自我平衡的作用。相似地，俄罗斯对于违反其数据法规的行为多为象征性处罚。② 这并非因为国家不想惩戒此类不法行为，而是因为国家无法有效监管、渗透每一个微观角落。作为互联网市场的密切相关者，私人主体更具有制止刷单炒信的行为动机和利益动机。相比于刑事司法机关的被动执法，通过竞争者或者消费者的举报，平台、协会等主体能够在第一时间发现刷单炒信的行为并获得充足的证据，根据行为人的行为类型，合理追究他们的非法律责任。

（二）法律供给需求的理论分析

一方面，2017 年修订的《反不正当竞争法》实现了刷单炒信规制从无到有的突破。基于法律固定性的考虑，首先应当以法律内确定的类型或者条款优先适用。③ 2017 年修订的《反不正当竞争法》第八条对刷单炒信的行为进行了正面回应。该法第十一条对反向刷单炒信进行了逆向规制。④

---

① 叶良芳：《刷单炒信行为的规范分析及其治理路径》，《法学》2018 年第 3 期。
② 例如，对于数据本土化的处理，俄罗斯监管机构对不遵循规范的四家企业仅进行了轻微罚款，并给予了 6 个月的时间期限进行改正。转引自何波《俄罗斯跨境数据流动立法规则与执法实践》，《大数据》2016 年第 6 期。
③ 谢兰芳、黄细江：《互联网不正当竞争行为的认定理念》，《知识产权》2018 年第 5 期。
④ 《反不正当竞争法》第 11 条规定：经营者不得编造、传播虚假信息或者误导性信息，损害竞争对手的商业信誉、商品声誉。

同时,《反不正当竞争法》第五条第三款做出了行业组织的自律性规定。①通过直接规定与间接规定、公权主体和私人主体的组合搭配,竞争法实现了对刷单炒信的多元规制。

1993年出台的《反不正当竞争法》由于时代局限不可能预见新型不正当竞争行为,因此旧法对刷单炒信行为只能依据一般条款(诚实信用的原则性条款)对经营者进行处罚。该条款的规定过于笼统,导致法律适用困难。并且,该条款针对的更多是传统市场中不正当竞争行为,并不适用于互联网社会。新修订的《反不正当竞争法》具有浓郁的时代意识和现代化定位,②它创新性地将刷单炒信纳入规制的范围,此类竞争法律的出台能够有效填补立法空白。通过细化行为主体、明确行为要件、确定行为后果的形式,对原有的反不正当竞争法进行了优化。

另一方面,新法的规制实效有待提高。《反不正当竞争法》第二十条和第二十三条关于违法责任的规定构成了对刷单炒信行为人的法律威慑,③但其运行效果不尽如人意。因为惩罚的力度有限,怀有侥幸心理的不法经营者仍然进行着不当竞争行为。

在"电商起诉刷单平台第一案"中,一审法院判决杭州简世网络科技有限公司赔偿阿里巴巴经济损失20.2万元。④司法对刷单的惩戒具有强烈的警示意义,然而市场的风气并未得到有效的改善。当下的惩戒路径不仅惩戒力度不大,而且查处概率低,因而不具备合理的威慑力,导致规制失灵。⑤ 2014年出台的《网络交易管理办法》对于刷单炒信行为的处罚金额

---

① 《反不正当竞争法》第5条规定:"国家鼓励、支持和保护一切组织和个人对不正当竞争行为进行社会监督。国家机关及其工作人员不得支持、包庇不正当竞争行为。行业组织应当加强行业自律,引导、规范会员依法竞争,维护市场竞争秩序。"
② 孔祥俊:《论新修订〈反不正当竞争法〉的时代精神》,《东方法学》2018年第1期。
③ 《反不正当竞争法》第20条规定:"经营者违反本法第八条规定对其商品作虚假或者引人误解的商业宣传,或者通过组织虚假交易等方式帮助其他经营者进行虚假或者引人误解的商业宣传的,由监督检查部门责令停止违法行为,处二十万元以上一百万元以下的罚款;情节严重的,处一百万元以上二百万元以下的罚款,可以吊销营业执照。经营者违反本法第八条规定,属于发布虚假广告的,依照《中华人民共和国广告法》的规定处罚"。《反不正当竞争法》第23条规定:"经营者违反本法第十一条规定损害竞争对手商业信誉、商品声誉的,由监督检查部门责令停止违法行为、消除影响,处十万元以上五十万元以下的罚款;情节严重的,处五十万元以上三百万元以下的罚款。"
④ 张智全:《"刷单平台"败诉具有标杆意义》,《中国商报》2017年11月22日。
⑤ 陈兆誉:《互联网经济中炒信行为的规制路径》,《浙江大学学报》(人文社会科学版)2018年第6期。

最高只有20万元。这种处罚相对于违法获利而言明显太轻，无法形成有力威慑。如果违法活动带来的损失大于违法所能获得的收益，理性的经营者不会冒着损失的风险而从事虚假交易。2019年1月1日起正式施行的《电子商务法》将对刷单炒信行为的处罚提高到最高50万元；2018年1月1日起实施的新版《反不正当竞争法》将对刷单炒信行为的处罚额度提高到最高200万元，其威慑力显著提高。① 但是，由于行政效率往往不甚理想，对刷单炒信的执法活动往往不尽如人意。运动执法后是刷单炒信的死灰复燃，无法从根本上解决互联网竞争的乱象。

（三）法律成本效益的理论分析

法经济学有一个经典例子：为了限制人们在高速道路上的超速行为，可以通过罚金迫使人们遵守限速的规定。如果收取罚金的成本过高，超过了限速收益（如罚金收入、减少交通事故等），那么收取罚金的法律就"缺乏效率"，应该进行优化。② 规制刷单炒信的关键在于实现这样一种理想状态：它能够合理分配各方主体的权利和义务，使得国家规制的成本低于不法经营者的行为成本，保障规制行为的可持续性，优化规制行为的成本和效益。

一方面，如果想要分析刷单炒信的规制成本，则需要分析经营者的违法成本和国家规制刷单炒信的投入成本。其一，刷单行为的程序简便且门槛较低，被雇用者通常只需要在移动通信工具上进行文字编辑即可。因此，参与刷单炒信的人数众多，不法经营者拥有充足的议价空间。再加上被雇用者利用的多为自身空闲时间，他们的时间成本较低。不法经营者往往只需要支付有限的佣金，所以他们从事刷单炒信行为的违法成本低。其二，从法律的实施成本来分析，行政执法机关或司法机关过高的执行成本使得国家规制刷单炒信行为的效果欠佳。为了遵循法定的程序规范，公权机关必须依照既有的法律来办事。由于专业限制、流程规范和其他因素的考量，公权机关的反应效率往往落后于市场主体。经营者采取刷单炒信，行为成本往往不高，所获收益却十分可观；公权机关规制刷单炒信，执法

---

① 胡立彪：《治理刷单炒信必须峻法重惩》，《中国质量报》2019年3月21日。
② 罗伯特·考特、托马斯·尤伦：《法和经济学》，史晋川、董雪兵译，上海人民出版社，2012，第4页。

成本往往居高不下，所获收益却十分有限。如不能有效降低规制的行为成本，对刷单炒信的治理恐将难以落到实处。

另一方面，虽然国家机关规制刷单炒信行为的成本和收益呈现出不均衡状态，但是规制刷单炒信的行为具有必要性。2017年修订的《反不正当竞争法》关于刷单炒信的规定有助于刺破互联网市场繁荣的假象，这种规定的积极影响是多方面的。其一，通过制定并明确刷单炒信的禁止性规范，强调对违法行为的惩戒，有助于构成对不法分子的威慑，减少市场上的数据造假和信用造假。前述条款的积极意义在于：它们将共同促进并恢复互联网市场的信用机制，引导经营者将营销重点放到商品的质量提升、服务提升等正当优势上面。其二，通过立法、司法、执法等活动践行相应的监管规范，在净化市场环境的同时，起到了传播诚信经营理念的作用。网络市场的评价环境因此逐渐得到净化，有利于恢复正当竞争、信用反馈的良性循环机制。

四 电子商务平台规制刷单炒信的策略

妥善平衡市场主体的权利义务关乎竞争秩序的天平是否公正。2017年修订的《反不正当竞争法》新增了禁止经营者组织虚假交易、宣传不实信息的规定，并且突破性地倡导了行业协会在规范竞争秩序中的作用。虽然我们承认新法在弥补疏漏、规范市场秩序中发挥了积极作用，但也无法忽视现有规定的不足之处：公权机关规制刷单炒信具有启动困难、成本高昂和惩戒不足的问题。要实现网络市场竞争的均衡，斩断刷单炒信行为，还应当发挥社会主体——特别是电子商务平台——参与网络治理的积极作用。

（一）发挥平台和行业协会的多元监督作用

在传统的线下市场中，市场监督部门、第三方媒体、行业协会等社会各方积极关注虚假营销、产品质量等重点领域，对违法的线下请托行为进行了监督。社会治理的核心问题是解决国家与私人之间监控和惩罚成本问题，应借助法定化的平台促成公权与私权合作进行社会治理。[1] 如欲有效规制互联网市场中的刷单炒信，首先应当借鉴传统规制的积极之处，发挥

---

[1] 唐清利：《公权与私权共治的法律机制》，《中国社会科学》2016年第11期。

平台和行业协会的外部监督作用，以多元主体的监督形成有效的制度合力。

一方面，倡导平台的软性治理，有助于在国家强制之外有效弥补立法疏漏。具言之，电商平台可以依据与经营者签订的合作协议、经营承诺等事前规范将不法行为排除在外。如果发生了刷单炒信的不法行为，就可以依据双方的协议采取"停止交易、降低信誉评价、关停店铺"等措施进行处理。另一方面，行业协会可通过自律公约对电商平台的竞争行为进行规范，如果协会成员违反了自律公约，行业协会可以根据协会章程等依据进行通报批评、降低评级、驱逐资格等惩戒。

美国《2016年消费者评价公平法案》明确规定，禁止消费者发布明显错误或误导性的内容，或者是与所提供的产品或服务无关的评价。[①] 其目的正在于以软性的法律资源和较低的成本有效地维护市场竞争秩序。同类竞争者之间最能洞悉彼此的变化，如果竞争者进行了不法行为，他的对手可以选择向监管当局投诉、司法起诉、媒体报道等多种途径，揭露竞争对手的不当行为，这将及时地净化市场环境。事前签署的平台经营协议、协会自律公约、经营者自我承诺等规范将构成裁判的依据，通过前期的权利义务分配、事中的各方协商与事后的法律规制，由多元主体建立的监督机制能够起到提供行为准则、预防纠纷和化解矛盾的作用，减少刷单炒信的案件进入司法程序，缓解法院的诉讼压力。社会主体的自我治理能够有效降低刷单炒信的规制成本，摆脱运动式监管后的反复顽疾，实现互联网市场的可持续治理。

（二）适当提高评价主体的资格门槛

与熟人社会、线下市场中频繁、紧密的互动相比，网络市场的交易主体往往缺乏必要的接触和信任。有效规制刷单炒信应当充分考虑互联网市场的特殊性。来自匿名者的不实评价阻碍了消费者有效识别交易信息，网络消费的虚拟性使得消费者很容易冲动决策。网络市场中评价主体的资格门槛不高，新注册的用户可以自由评价商品好坏。在开辟海外电商市场中，国内的一些经营者照搬中国本土实践，将刷单炒信传播到海外。过低

[①] 吴沈括、徐丽倩：《美国〈2016年消费者评价公平法案〉述评》，《互联网天地》2017年第6期。

的评价门槛降低了不法行为人的违法成本,从反面刺激着刷单炒信的不法活动。

公允、可信的电商信用评价机制是其得以持续蓬勃发展的灵魂和基石,[①] 有必要适度提高评价主体的门槛。域外某电商平台将评价机制调整为只有"Prime"会员才能进行评价。"Prime"会员要收取一定的年费。这笔年费的数额界定在这样一个理性的范围内:它会过滤掉市场上的非忠诚客户,留下平台的忠实使用者。此类用户往往更注重自身的信誉水平。不法经营者要撬动此类消费者进行评价活动往往十分困难,除非他们愿意支付足够的报酬。但当他们支付过高的成本时,刷单炒信的收益就大大降低了,这使得不法经营者陷入无利可图的境地,从而减少了市场上的不实评价。域外平台的行为为我们规制刷单炒信提供了借鉴:对于评价机制应当建立一定的资格门槛。这种门槛可能表现为会员费、信誉评级、评价积分等形式。它力图实现"主体评价——信誉反馈"的良性循环。如果不能提高评价主体的门槛,至少应当表明评价主体的信用水平,使消费者能够借助简易的积分信息、会员标识等工具,对评价主体的可靠性做出大致判断。如何准确制定这样的评价门槛和差异化的标识,将构成对电商平台经营者的挑战。

(三) 建立信息过滤与惩戒机制

网络市场中的评价信息真假参半、质量参差不齐,影响了各方的交易效率。从信息的生产、收集、加工、保存、删除等流程入手优化评价机制,将有助于提升评价的质量。其一,应当综合运用大数据、云计算等信息技术工具进行智能识别与分析,剔除显而易见的机器人评价等造假行为。其二,应当强化深度识别的能力。对于人工伪造的模板化评价进行清理,对明显不符合实际的诱导性、欺诈性评价进行查处,以平台的软性治理进行规制。其三,为了鼓励消费者积极参与评价活动,对于消费者基于真实体验进行的个性化评价不宜过度干预。负面的评价有它存在的价值,一项商品通常不可能获得百分之百的好评。真实的评价能够反映商品或服务的现实状态,不仅有利于保障消费者"向经营者或者有关行政部门反映情况或者提出建议",而且有利于形成市场沟通的良性互动。

[①] 王华伟:《刷单炒信的刑法适用与解释理念》,《中国刑事法杂志》2018年第6期。

在矫正信息失偏的基础上，提高刷单炒信的惩戒力度能够威慑不法者，减少此类行为的再次发生。其一，网络交易平台可以依据自律公约、平台规范、店家承诺等对经营者进行管理，当刷单炒信发生时，网络平台或可采取扣取保证金、降低信誉评级、关闭店铺等举措，有效惩戒不实言论者。其二，通过强化工商查处、树立典型案件、司法兜底的形式，对严重扰乱市场交易安全或秩序的行为进行查处，有效追究不法经营者的行政责任、民事责任和刑事责任。其三，赋予正当竞争行为的守法激励也至关重要。应当考虑通过积分奖励、信誉积累、授予荣誉等措施，发挥声誉制度的积极作用，形成守法的正向激励，从侧面减少刷单炒信的行为。

五　结语

传统市场中经营者雇用他人炒作氛围的请托行为在互联网市场中演化为刷单炒信，成为危害互联网市场长远发展的毒瘤。为了进一步遏制刷单炒信行为并优化互联网市场的竞争秩序，一方面应当尊重平台的主导地位并发挥平台规则的自律作用，另一方面应当发挥市场监督机关等国家机构的兜底功能，共同维护互联网市场和谐有序的交易环境。

非上市公司 ESG 体系构建必要性及实现进路

曹 峥[*]

摘 要:"环境、社会、公司治理"(ESG)已在国际上引起广泛关注。非上市公司同样应认识到 ESG 是实现可持续发展的有力抓手,是其响应国家经济高质量发展议题的必然要求。为使非上市公司有动力有能力实施 ESG,应通过分层级的 ESG 法制化、合理的激励政策、差异化信息披露制度来解决当前非上市公司 ESG 体系构建面临的法律法规缺位、资金限制、信息披露制度缺失的问题。

关键词: ESG 非上市公司 可持续发展 信息披露

一 引言——ESG 兴起与我国经济高质量发展议题

ESG 是英文 Environmental(环境)、Social(社会)和 Governance(公司治理)的缩写,是一种关注企业环境、社会、治理绩效而非财务绩效的投资理念和企业评价标准。过去几十年,全球面临着日益严重的环境问题、社会不平等和公司治理缺陷等挑战,包括气候变化、资源枯竭、生物多样性减少、劳工权益和人权保护等课题。随着危机意识的与日俱增,投资者、消费者和监管机构的态度也发生了变化,整个社会开始涌起对传统商业模式的批判和对可持续发展的迫切需求。联合国全球契约组织(UNGC)在其发布的报告《关心者赢》(Who Cares Wins)中正式使用 ESG 的相关表述,号召全球金融机构与投资者将 ESG 更好地融入金融分析、资产管理与证券交易,呼

---

[*] 曹峥,华东政法大学硕士。

吁金融市场引领社会经济的可持续发展工作。许多国家和机构开始制定政策和法规，鼓励企业关注 ESG 问题并报告其绩效。

目前，我国经济已进入高质量发展阶段，提出了"双碳"目标，节能环保、科技兴国、共享发展、绿色金融等与可持续发展密不可分的议题。ESG 维度下的环境表现能够反映企业有效地利用环保管理方法，不断提升在污染防治和资源利用等方面的效果。[①] 社会表现则强调企业在生产经营过程中对利益相关方关系的管理，为利益相关方创造价值。[②] 公司治理表现包括内部治理与外部治理，通过制度安排与执行，协调企业与利益相关方之间的关系，实现企业可持续发展。[③] 由此可见，ESG 与我国创新、协调、绿色、开放、共享的新发展理念以及"双碳"等战略目标的内核一致。然而 ESG 在我国仍属于新生事物，对 ESG 的研究尚处于起步阶段。我国当前仅对上市公司、央企做出了 ESG 信息披露的相关要求，大部分非上市公司在无明确法律法规约束的情况下，对 ESG 并不重视，甚至闻所未闻。企业之于经济发展的作用不言而喻，公司是最有利于经济可持续发展的组织架构[④]。因此引导非上市公司关注、学习、逐步开展 ESG 管理工作不仅能推进我国 ESG 的研究与落实，加快向国际靠拢，而且是实现我国"双碳"目标等新发展理念的有力抓手，也是推动我国经济高质量发展的应有之义。目前的研究多集中于金融、经济、环境等领域，主要是从理论层面介绍 ESG、分析 ESG 对企业的影响机制与实践价值，鲜少有文章以非上市公司为研究对象。本文拟以非上市公司为视角，探讨其实施 ESG 的必要性及面临的困境，提出可能的实现进路，助力我国经济向可持续、高质量的目标发展。

二　ESG 体系概述

ESG 体系包含三个环节：ESG 信息披露、ESG 指标评价、ESG 投资指引。

[①] 杨东宁、周长辉：《企业环境绩效与经济绩效的动态关系模型》，《中国工业经济》2004 年第 4 期。

[②] 李伟阳、肖红军：《基于社会资源优化配置视角的企业社会责任研究——兼对新古典经济学企业社会责任观的批判》，《中国工业经济》2009 年第 4 期。

[③] 李维安、郝臣等：《公司治理研究 40 年：脉络与展望》，《外国经济与管理》2019 年第 12 期。

[④] 朱慈蕴、吕成龙：《ESG 的兴起与现代公司法的能动回应》，《中外法学》2022 年第 5 期。

（一）ESG 信息披露的强制化、标准化趋势

首先，ESG 信息披露呈现向强制化过渡的趋势。从国际发展现状来看，目前部分交易所已要求强制披露，美国证券交易委员会对于不按规定披露的上市公司将处以罚款。各国交易所对 ESG 披露的态度以鼓励披露为主，但一些国家也明确了在不久的将来区分公司类型逐步实行强制披露的态度。例如韩国的监管合规要求所有韩国综合股价指数的上市公司从 2030 年起披露其环境数据，对大型企业则 2025 年起强制执行。还有的交易所如我国香港联合交易所采取"不遵守就解释"的半强制披露原则。内地监管层面也针对上市公司和央企做出了明确要求。根据上交所和深交所相关监管规定，上证 180 指数、科创 50 指数样本公司、深证 100 指数、创业板指数样本公司以及境内外同时上市的公司已明确须进行 ESG 信息强制披露。《提高央企控股上市公司质量工作方案》中也表示力争到 2023 年实现 ESG 相关专项报告披露"全覆盖"。

其次，ESG 信息披露已形成一套较完整的标准体系。多家国际组织发布了大量 ESG 体系相关原则指引。目前国际上通用的标准包括全球报告倡议组织的 GRI 标准、可持续发展会计准则委员会的 SASB 准则、国际标准化组织的 ISO 26000 社会责任指南、气候披露标准委员会（CDSB）的披露框架等。ESG 在国际上发展迅速，国际可持续发展标准委员会（ISSB）于 2023 年 6 月 26 日正式发布了《可持续发展相关财务信息披露的一般要求》（IFRS S1）以及《气候相关披露》（IFRS S2），将于 2024 年 1 月 1 日正式生效。由此企业便可应用一套具有较高适配性的全球基准，简化其可持续报告编制流程。中国企业改革与发展研究会也于 2022 年 11 月 26 日批准发布《企业 ESG 报告编制指南》（T/CERDS 4—2022）团体标准，为中国企业 ESG 报告编制提供了参考。

（二）日益成熟的 ESG 指标评价

ESG 指标评价即指 ESG 评级，由第三方机构对一家公司所披露的 ESG 信息及表现进行打分评级。当前全球 ESG 评级机构数量已超过 600 家。许多国际上具有影响力的评级机构包括明晟公司（摩根士丹利资本国际公司 MSCI）、标普道琼斯、富时罗素、穆迪、汤森路透等均推出了较完备的 ESG 指数来对企业披露的 ESG 信息进行评级。近几年国外 ESG 评级已进入

行业兼并整合期，ESG评级标准尚未统一的问题有望日后解决。中国ESG评级发展稍显落后，但也在加深研究，设计符合我国国情的评级方法。中国生物多样性保护与绿色发展基金会等社会团体以及深圳市企业社会责任促进会等地方协会都发布了企业ESG评价标准。

（三）良好的投资指引效果

ESG评级的主要使用对象是投资机构，企业ESG的评级结果能够为投资机构进行ESG投资提供指引，如使用ESG评级结果对投资组合进行负面剔除或正面筛选，将ESG评级应用于选股或改变组合内股票权重等。美国养老金、退休金等公共投资领域，非常关注"负责任投资"。[①] 近年来，中国证券投资基金业协会也在积极探索基金促进环境、社会、企业可持续发展的路径。2018年11月，中国证券投资基金业协会发布《绿色投资指引（试行）》，指出有条件的基金管理人可以采用系统的ESG投资方法，综合环境、社会、公司治理因素落实绿色投资，强调为境内外养老金、保险资金、社会公益基金及其他专业机构投资者提供受托管理服务的基金管理人，应当发挥负责任投资者的示范作用，积极建立符合绿色投资或ESG投资规范的长效机制。[②]

三 非上市公司ESG体系构建的意义

（一）响应国家号召的必然要求

党的十九大提出"我国经济已由高速增长阶段转向高质量发展阶段"，之后便一直朝着"建立健全绿色低碳循环发展的经济体系"努力。绿色发展是经济发展具备活力、创新力和竞争力的根基。2020年我国在联合国大会上提出的"3060双碳"目标更是展现了中国促进全球环境治理和可持续发展的坚定决心。党的二十大报告所强调的"完善中国特色现代企业制度，弘扬企业家精神，加快建设世界一流企业"是对所有企业的号召。中国人民银行、市场监管总局、银保监会、证监会2022年印发的《金融标

---

① 朱慈蕴、吕成龙：《ESG的兴起与现代公司法的能动回应》，《中外法学》2022年第5期。
② 安国俊：《绿色基金ESG投资策略探讨》，《中国金融》2023年第20期。

准化"十四五"发展规划》提出了建立环境、社会和治理（ESG）评价标准体系的要求。依据该文件整体用语习惯可知，ESG 相关条款并非仅适用于上市公司。在"2023 银行业 ESG 发展论坛"上，新网银行凭借在深耕绿色金融、推进乡村振兴工作上的出色表现，成功上榜"非上市银行 ESG 综合表现 TOP20"并成为"2023 银行业 ESG 年度社会责任典范案例"。可见，坚持绿色发展，推动我国经济高质量发展本就是所有企业的责任和目标。"双碳"目标的提出和相关政策文件的出台更是对非上市公司提出了新的要求。ESG 与绿色发展理念高度契合，成了非上市公司响应国家制度要求的新的着力点。

（二）ESG 帮助非上市公司完善治理的功能和作用

非上市公司往往处于发展初期，其在治理方面通常存在以下问题：第一，控股结构不够透明，很可能存在家族控股、个人控股的情形，股权结构较为复杂；第二，治理结构不够完善，内部管理规范性相对不足；第三，控制权集中，容易出现内部人控制；第四，信息披露程度低，缺乏市场监管。以上特点使得非上市公司在治理和合规管理方面存在着特殊的风险和挑战，对其可持续发展造成威胁。根据 Wind 统计数据，2014 年以来，每年新增债券违约公司中，非上市公司占据了极大比例，2016 年新增 23 家出现违约的公司更是全部属于非上市公司。我国非上市公司信用风险的形成主要在于公司自身经营管理方面存在问题。[①] 实施 ESG 能够完善公司治理，防止因经营不善、财务管理制度不健全等问题而产生的风险。

首先，ESG 可以帮助非上市公司完善治理，维持合法合规经营。一方面，ESG 体系可以帮助非上市公司识别和管理潜在的风险，采取相应的防范措施，增强公司的稳健性。例如 MSCI 的 ESG 评级针对 E、S 维度下设置了风险项指标，评估公司的风险敞口。相关指标包括公司各产品或业务的风险情况、各运营点的风险情况、外包业务风险情况以及对政府部门业务的依赖情况等。即使非上市公司没有被 MSCI 纳入评级也可以依据其公开的风险评估标准来发现风险与规避风险，同时可以参照 G 维度下的关键议题指标来完善内部控制机制。另一方面，践行 ESG 能够帮助非上市公司应

---

① 王佳琪：《基于 PFM 模型的我国非上市公司信用风险度量与债券违约研究》，商务部国际贸易经济合作研究院，2022。

对合规监管。ESG 的关键议题展示出了与我国法律法规的高度相关性，如 E 维度的自然资源管理、污染物排放可以对应《环境保护法》，S 维度的员工管理、数据安全与《劳动法》和《个人信息保护法》、《数据安全法》等要求不谋而合，G 维度的公司治理则主要对应《公司法》。因此履行 ESG 责任就是在满足我国对市场主体合法经营的要求。此外，目前我国出口企业正面临着国际上合规监管的严峻的考验。2023 年 10 月 1 日起，欧盟碳边境调节机制（CBAM）法规，即全球首个"碳关税"开始实施。按照新规，欧盟将对从境外进口的钢铁、铝、水泥和化肥额外征税，金额取决于商品生产过程中排放的温室气体数量。非上市公司若经营相关出口业务，就必须加快转型、进行技术升级，否则会降低其国际竞争力，失去一定的市场份额，这对于初创型非上市公司的发展来说将是重创。ESG 国际标准包含了"碳排放""产品碳足迹""在清洁技术领域的机遇"等关键议题，有助于相关非上市公司进行绿色转型，攻克"碳关税"带来的挑战。

其次，履行 ESG 责任能够帮助非上市公司提高治理效能。ESG 信息披露的国内国际标准涵盖公司治理全方位，能够帮助非上市公司识别其最应增加投入和产出的实质性议题。例如 SASB 准则强调企业的可持续性，通过规范企业的行为和活动来维持或提升企业长期创造价值的能力。SASB 所制定的针对各个行业的实质性标准，同样能够为非上市公司确定实质性议题提供参考依据，从而帮助非上市公司识别与自身行业的财务和经营业绩最相关的可持续发展目标，进行最有效的资源配置。

（三）ESG 为非上市公司带来的财务回报效用

有人认为在非上市公司层面无法履行 ESG 责任，非上市公司的融资渠道有限，学习和运营 ESG 的成本反而掣肘其可持续发展。虽然实施 ESG 的过程需要非上市公司投入一定成本，短期内账面资金会流出较多，但从可持续发展角度出发，这种短期的高比例资金投入能够与未来绩效的增长和持续的盈余置换，对非上市公司以及整个市场经济的稳定持续发展都是利大于弊的。实际上，推动非上市公司关注、学习、实施 ESG 最终都是为了其长期的经济绩效，经济利益对于资产规模相对有限的非上市公司来说是开展 ESG 管理的根本动因。[1]

---

[1] 崔海潮、赵勇：《理性、激励机制与企业社会责任构建》，《求索》2008 年第 1 期。

首先，非上市公司主动进行 ESG 信息披露能够减少与利益相关者之间的信息不对称，降低非上市公司的交易成本和代理成本，提高运营效率。[①]同时，根据声誉理论，履行 ESG 责任能够帮助非上市公司树立良好的声誉和形象，帮助其赢得利益相关者的信任和支持，进而获取可持续发展所需的关键战略资源，并与利益相关者建立长期、稳定的联系，提升长期盈利能力。非上市公司应意识到即使无信息披露要求，也可以主动展示公众道德感和责任感，从而在利益相关者中建立良好的声誉，暗中为自己创造机遇。

其次，非上市公司履行 ESG 责任能够提升在投融资领域的竞争力，缓解融资约束。非上市公司的融资渠道有限，主要通过向银行贷款、债券发行、私募股权融资等方式筹集资金，而前文提到的令人担忧的非上市公司的信用风险现状以及信息披露机制的欠缺让本就对投资者风险较大的非上市公司融资更为困难。非上市公司唯有在融资过程中提升信息透明度，完善治理结构，降低投资者风险方能提高融资成功率。正是因为 ESG 表现能够展示非上市公司多方面的信息，有助于减少市场主体间的信息不对称，因此 ESG 信息披露意愿更高的非上市公司很可能因信息透明度更高而受到投资者的关注。而且良好的 ESG 表现表明其社会意识和可持续发展能力更强、治理机制更完善，能够向投资者或银行等金融机构传递积极的信号[②]，降低债权人决策的风险[③]。

最后，成本问题可以通过制定适合于非上市公司的 ESG 信息披露标准来解决，而不应因噎废食。目前，欧盟 EFRAG 已制定了非上市公司自愿性 ESG 信息披露标准，并公开招标对该标准进行成本效益的分析。综上所述，只看到履行 ESG 责任给非上市公司造成的成本增加而忽视其带来的财务回报效应是短视而片面的，不利于推进我国 ESG 研究。

[①] 白雄、朱一凡、韩锦锦：《ESG 表现、机构投资者偏好与企业价值》，《统计与信息论坛》2022 年第 10 期。

[②] 王琳璘、廉永辉、董捷：《ESG 表现对企业价值的影响机制研究》，《证券市场导报》2022 年第 5 期。

[③] Y. Tan, Z. Zhu, "The Effect of ESG Rating Events on Corporate Green Innovation in China: The Mediating Role of Financial Constraints and Managers Environmental Awareness," *Technology in Society*, 101-106（2022）.

四 非上市公司 ESG 体系构建面临的问题

(一) 法律法规缺位，ESG 认识不足

首先，ESG 当前在法律层面处于无法可依的状态。本次《公司法》修订对如何承担社会责任（CSR）进行了补充："公司从事经营活动，应当在遵守法律法规规定义务的基础上，充分考虑公司职工、消费者等利益相关者的利益以及保护生态环境等社会公共利益。"并增加了"鼓励公司参与社会公益活动，公布社会责任报告"的表述。CSR 被定义为企业自愿将社会因素纳入其业务运营以及与利益相关者的互动中。[①] 从语义上理解旨在强调公司的单向度义务，在没有规定法律责任的情况下，对于非上市公司来说缺乏实践的动力。ESG 与社会责任的本质相同，但 ESG 更关注于企业的可持续发展，并非仅强调企业的义务与责任。而且该条规定仅仅体现了"利益相关者"理论，而 ESG 的理论内涵更为丰富，除了"利益相关者理论"和"社会责任理论"，"可持续发展"理论也是它的核心，另外还有"经济外部性理论"。ESG 涉及环境、社会责任、公司治理三个维度，关注范围更宽泛且更具有可量化性，是一种更综合的理念，在建立企业可持续发展战略、分析企业风险、评估企业绩效等方面具有更广泛的应用前景。本次《公司法》修订并没有完全体现 ESG 理念。《证券法》也仅仅对"报告和公示公司经营、财务等信息"进行了规定，并未涉及环境保护、劳工管理等方面。同样地，《环保法》中规定的信息公开也未能涵盖 ESG 的全部方面。

其次，在监管部门制定的其他规范性文件层面，目前只针对上市公司和央企实施 ESG 做出了相关规定。全国中小企业股份转让系统改革、精选层和创新层扩容、全国股转系统的影响力扩大，为很多非上市公司融资提供了一条重要的途径，但有关监管文件没有非上市公司实施 ESG 的管理规范。这样的制度空白对于非上市公司尤其是在全国股转系统挂牌的非上市公众公司以及投资者来说都是不利的。对于非上市公司，他们很可能因缺乏指引而在环境、社会、公司治理方面的风险管理不到位以及信息披露不

[①] R. Strand, R. E. Freeman, K. Hockerts, "Corporate Social Responsibility and Sustainability in Scandinavia: An Overview" *Journal of Business Ethics*, 1-15 (2015).

充分，进而失去投资者的青睐。投资者投资决策的全面性和科学性也会因难以获得非上市公司全方位的信息而受影响。

最后，在行业协会自律监管层面，由于缺乏上位法的依据，并且非上市公司尚未成立全国范围内的行业协会，故也存在相应的制度空白。

上市公司规模更大，产品一般更加多元化，更注重声誉，拥有更大的利益相关者群体，会受到更多监管，而非上市公司往往规模较小，相较于上市公司缺乏提升ESG表现的主动性。[①] 同时因为缺少法律文件、外部监管的协同推动，大部分非上市公司对于ESG的关注和投入少之又少，对ESG重要性的认识不充分，对ESG标准的理解也十分浅显。在我国公司整体ESG实施不理想的情况下，非上市公司践行ESG的更是寥寥无几。

（二）资金限制，缺乏ESG实施动力

资金不足俨然是当前大多数非上市公司实施ESG的主要阻碍因素。

首先，非上市公司资金投入难度大。一方面，非上市公司的经营能力和经营范围有限，知名度不高，吸引资金的能力不强。另一方面，由于非上市公司的体量较小，抗风险能力较弱，银行和其他金融机构往往认为非上市公司经营状况不稳定，向其提供贷款的风险较大，因而对非上市公司的融资门槛往往较高。而实施ESG需要进行一系列的环境保护、社会和公司治理改善工作以及数据的收集、整理和披露工作，这些工作均需要较多的资金投入。例如，在环境保护方面，非上市公司若进行绿色转型，需要改用可再生材料和环保产品、进行清洁技术的应用研发、使用智能计量设备等；在社会责任方面可能需要增强数据保护的技术、对信息安全政策与系统进行定期合规审计、提高员工福利等；在公司治理方面则需要聘请相关的专业人才。这对于大部分资金规模有限且受融资约束的非上市公司来说，可能难以承担这些成本，从而影响ESG实施的深度和广度。

其次，ESG的投资回报周期长。一方面，ESG更注重发展的可持续性，以长期利益为目标。非上市公司须在发展战略及日常经营管理中植入ESG基因，ESG从无到有的体系构建就是一个动态持续的过程。此外，非上市公司在进行一些ESG项目的投资时，如环保设施建设、员工培训、改善劳工环

[①] J. Hörisch, M. Johnson, S. Schaltegger, "Implementation of Sustainability Management and Company Size", *Business Strategy and the Environment*, 765–779 (2015).

境、加强公司治理结构等，并不能立即获得明显的经济回报。非上市公司需要一定的时间通过良好的 ESG 表现来建立声誉和信任以此来获得市场和投资者的认可。另一方面，正如上文所述，ESG 能够帮助非上市公司完善治理，提高经营水平，降低潜在的风险，这些都是无形的利益，同时，这也使得非上市公司在短期内看不到 ESG 投资回报，为其开展 ESG 施加了困难。

（三）信息披露制度缺失，ESG 信息披露现状不佳

信息披露制度是指企业向投资者和其他利益相关方提供关于其经营状况、财务状况和风险管理等方面详细信息的制度。ESG 信息披露则是指企业根据官方的 ESG 报告编制指南或者 ESG 信息披露标准向投资者和其他利益相关方公开披露环境保护、履行社会责任和公司治理相关信息的制度。这些信息包括公司在三个维度的政策、目标、实践和绩效等内容。ESG 信息披露是 ESG 体系的首要环节，只有做好 ESG 信息披露，才能推动后续 ESG 评价和 ESG 投资的开展，实现 ESG 体系的良好运作。目前适用于非上市公司信息披露的相关制度尚未建立，即便是非上市公众公司，监管文件也仅仅要求披露财务信息，没有相关 ESG 信息披露的规定。由于欠缺明确的规范指引，非上市公司很少进行信息披露，更别说披露其 ESG 信息。这不仅将掣肘非上市公司 ESG 体系搭建进程，而且会使非上市公司缺乏透明度，导致投资者难以评估以及在同行业间比较该公司 ESG 表现，因而失去获得 ESG 投资的机会，更加限制其获得资金的渠道。即使个别非上市公司主动披露，因尚未建立应用于非上市公司的 ESG 信息披露标准，且现有的指引也存在标准不一的问题，因此披露报告往往会出现篇幅过短、框架模糊、内容和形式随意等问题，难以保证报告的真实性、完整性、准确性，也许反而会成为非上市公司发展的"绊脚石"。同时，缺少 ESG 信息披露的约束，无法倒逼非上市公司履行在环境、社会、公司治理方面的责任，正视和提高自身可持续发展能力。

五 非上市公司 ESG 体系构建的现实进路

（一）进行分层级的 ESG 法制化

1. 公司法的规制

基于企业在经济发展中的关键地位，为引导非上市公司关注 ESG、履

行 ESG 责任，从而贯彻绿色发展理念、推动实现经济高质量发展，有必要将 ESG 融入公司治理"龙头法"——《公司法》，借助法律的指引作用，促进更广泛的可持续发展实践。

一方面，应在《公司法》总则部分体现 ESG。ESG 与《公司法》的内在机理相契合。《公司法》上的有限责任、两权分离、社会责任等制度设计都旨在构建企业利益相关者治理模式，发挥公司持续发展内在机制的功能。本次《公司法》修订更是将利益相关者理论体现于纸面上，规定公司应充分考虑各利益相关者和社会公众的利益。显而易见，传统的"股东利益至上"理论已经受到了利益相关者理论的颠覆性挑战。[1] 现代公司治理俨然从以股东为中心转变成了与企业社会责任相适应的利益相关者治理模式。ESG 三大理论支柱之一即属于利益攸关者主义流派的企业社会责任理论。[2] 首先，企业社会责任理论为 ESG 理念的普及和发展奠定了坚实的理论基础，促进企业全方面关注环境、社会和公司治理三个议题。其次，利益相关者理论促使企业在经营管理过程中统筹兼顾利益相关者的诉求。ESG 管理体系中很重要的一个环节便是利益相关方与议题识别，具体可采用电话讨论、调查问卷、实地访谈以及定期会晤等多种形式确定利益相关方对各 ESG 议题的关注程度，并对问卷回收数量、定期会晤频率等数据进行细致披露。ESG 信息披露做得好的企业往往会在 ESG 报告里披露明晰且科学的利益相关方识别程序。因此，ESG 与《公司法》所体现的现代公司治理机制一脉相承，且能为理论落实提供有效的外部支点。

另一方面，应将 ESG 责任纳入《公司法》中的董事信义义务。这符合《公司法》修订的最新趋势。第一，本次《公司法》修订依旧没有对董事信义义务做出明确的内涵阐释，这为 ESG 进入董事义务体系留下了空间。第二，2023 年 12 月 29 日通过了修订后的新《公司法》，从本次《公司法》修订过程可以看出我国正在倒向董事会中心主义的权利配置模式。此前，《公司法（修订草案）》一审稿放弃了一直以来的"列举式+兜底条款"规定董事会职权的立法方式，删除了董事会职权的具体事项，将剩余控制权配置给了董事会。虽然《公司法（修订草案）》三审稿维持了二审稿的

---

[1] 金海平：《股东利益至上传统的颠覆——国外公司利益相关者理论评介》，《南京社会科学》2007 年第 3 期。

[2] 黄世忠：《支撑 ESG 的三大理论支柱》，《财会月刊》2021 年第 19 期。

改变，回归至现行《公司法》对董事会职权的"列举+兜底"式规定，但通过其删除了股东大会"决定公司经营方针和投资计划"、"审议批准公司的年度财务预算方案、决算方案"的职权，增加了"股东会可以授权董事会对发行公司债券做出决议"的规定以及关于董事会职权部分删除了"董事会是公司的执行机构"的表述可以看出正在逐渐往董事会中心主义的方向倾斜，董事会的权利正在扩大。因此对董事信义义务进行明确的扩张也符合权利与义务相一致原则，有助于董事更好地履行管理公司的责任。除此之外，ESG理念与董事信义义务具有同质性。非上市公司的董事应对公司负责，维护公司利益，ESG能够帮助完善公司治理，提升可持续发展能力，因此董事在公司运作中践行ESG理念恰恰是在遵循其信义义务。

2. 监管机构和行业协会的规制

在高效力层级的法律规范中融入实施ESG的指导性意见后，监管机构的政策以及行业协会的自律规范也应当跟进，根据上位法确定的ESG基调，制定出更加详细的规范要求和实施细则。可以参照ESG在我国《上市公司治理准则》中的构建，在借鉴国际经验的基础上，又具有中国特色，将新发展理念、脱贫攻坚、党建工作要求等内容融入其中。考虑到非上市公司数量庞大、交易相对灵活，相关制度设计在为非上市公司了解、实施ESG提供度量尺度和提升方向的同时应注意预留非上市公司自主实践的空间。

（二）推出合理的激励政策

为引导非上市公司关注、学习和实施ESG，同时减少非上市公司实施ESG所面临的资金压力，提高其积极性，可从投资者和非上市公司两头考虑，实行合理的激励措施。首先，政府可出台相关的保障与激励政策引导社会资本关注ESG投资，指引我国资管等金融行业主动参与建设中国绿色金融体系，将更多资金投入生物多样性保护、循环经济建设等ESG相关领域，创新ESG投资技术，持续提升核心ESG投资能力。[①] 由此，非上市公司为获得投资者的青睐，也会在ESG管理方面更加用心。其次，可以将帮助非上市公司解决自身发展所面临的实际问题作为激励。如前文所述，非

[①] 黄思瑜：《中国ESG投资按下"加速键" 还有哪些发展困境待突破》，《第一财经日报》2023年第8期。

上市公司面临的突出问题就是资金限制，可以开放更多有效的融资渠道，实现资金的多元化；在贷款融资时对自愿披露ESG信息及ESG表现良好的非上市公司提供一些优惠与优先政策。同时，也可在其创新管治、绿色转型以及技术研发上给予相关财政补贴，提供更加差异化和精细化的财税政策。政府补贴是非上市公司决定是否提升ESG表现的关键因素。[1] 政府补贴一方面是政府指导和影响非上市公司实施ESG的有效政策工具，另一方面作为一种直接的现金流入可以通过降低非上市公司实施ESG的投入成本来进一步提高ESG表现的效率。已有研究表明，政府补贴能够促使非上市公司自愿提升自身的ESG表现。[2] 此前出台的加速折旧政策起到了督促企业加大固定资产投资、加速设备更新换代的作用，从而对企业履行环境责任水平具有显著的正向影响。[3] 政府可出台针对非上市公司的类似于加速折旧政策的相关税收优惠政策，降低非上市公司的税负，缓解资金压力，同时引导其在ESG相关领域增加投入。

（三）建立差异化信息披露制度

差异化信息披露是指在同一国家或地区内，针对不同类型或同一类型不同情况的公司，在立法、监管和实践中适用不同的信息披露内容和形式标准。[4]

首先，要考虑非上市公司的披露水平和成本承受能力，在当前应区别于上市公司和央企，以实行自愿披露制度为主，不宜过高要求。若是在全国股转系统挂牌的非上市公众公司，可参考《非上市公众公司信息披露管理办法》中对财务信息差异化披露的要求，从基础层、创新层、精选层到转板上市，对层级越高的公司设定越高的ESG信息披露义务，如创新层和基础层实行自愿披露，而对精选层则实行类似香港"不披露就解释"的模式。

其次，合理地界定披露信息的范围和边界，是差异化信息披露制度下

---

[1] C. Zhao, Y. Guo, J. Yuan, et al., "ESG and Corporate Financial Performance: Empirical Evidence from China's Listed Power Generation Companies", *Sustainability*, 1-18（2018）.

[2] E. Lee, M. Walker, C. Zeng, "Do Chinese State Subsidies Affect Voluntary Corporate Social Responsibility Disclosure", *Journal of Accounting and Public Policy* 43, 179-200（2017）.

[3] 徐晔、蔡奇翰、宗赞：《加速折旧政策对企业研发创新和固定资产投资的影响分析》，《复旦学报（社会科学版）》2021年第6期。

[4] 徐聪：《试论我国上市公司差异化信息披露制度之构建》，《证券法苑》2011年第1期。

促进非上市公司充分且有能力履行义务的前提和基础。第一，需要考虑非上市公司披露的成本和效益是否均衡。有关主体在设计非上市公司 ESG 信息披露制度时，应当聘请专业机构进行评估，充分衡量非上市公司进行信息披露的成本和信息披露后能够获得的效益，提高信息披露义务履行的可操作性和效率性。只有满足非上市公司的营利性，即将压力转化为收益激励，才能推动其持续进行 ESG 信息披露，提升 ESG 信息披露水平，实现良性循环。第二，应根据重要性原则、简化和标准化原则，在参考国际标准的基础上，制定可供我国非上市公司参考及执行的 ESG 信息披露指引。在设定范围时，若与非上市公司所处行业息息相关的 ESG 议题存在重大纠纷或负面消息，应尽可能地全面披露，同时防止不必要的信息冗余。

六　结语

ESG 体系在国际上发展迅猛，我国虽然起步较晚，但也引起了实务界和理论界的广泛关注与探讨。我国一直致力于全国乃至全球的可持续发展。而企业对于可持续发展起着关键的作用。企业在环境保护、社会责任、创新与技术发展、供应链管理和合作伙伴关系以及法律合规与透明度等方面的行为和决策，都会对经济发展产生深远影响。我国非上市公司的数量巨大，非上市公司的发展问题对我国经济可持续发展意义不言自明。非上市公司践行 ESG 不仅是响应国家政策要求的号召，而且还有助于非上市公司完善治理，提升可持续发展能力，并能够为其带来长期的财务回报效应。然而大多数非上市公司对 ESG 并不了解，也没有引起重视，甚至有所误解。目前，非上市公司搭建 ESG 体系面临着法律法规缺位、资金限制、信息披露制度缺失的突出问题，导致非上市公司没有意识和动力去学习和开展 ESG 管理。为促进非上市公司实施 ESG，首先，应进行分层级的 ESG 法制化。将 ESG 融入《公司法》，与最新《公司法》修订所确立的现代公司治理主流理论相契合，同时进入董事义务体系有助于 ESG 实施落地。其次，应推出合理的激励政策，引导投资者和非上市公司共同搭建 ESG 体系。最后，应建立符合非上市公司特点的差异化信息披露制度，平衡其 ESG 管理的成本和效益。

会议综述

经济高质量发展需要经济法治创新

——2023年中国法学会经济法学研究会年会综述

陈 兵 董思琰[*]

摘 要： 当前世界百年变局加速演进，国际力量对比深刻变化，我国经济发展面临需求收缩、供给冲击、预期转弱三重压力，对加快推动数字经济发展提出新的更高要求。历史上，中国的经济法发展经历了改革开放和市场经济体制建立两次重要机遇，如今数字经济则可能成为第三次重要机遇，数字经济的发展直接关系经济的高质量发展以及中国式现代化发展目标顺利实现，本次经济法年会以"因应数字时代经济法发展挑战"为主题，关注经济法基础理论、数字时代的竞争法治、数字时代的财税金融创新、人工智能治理、数据法治等领域的最新动向与趋势，进一步推动数字经济的相关制度完善和理论研究的深化。

关键词： 数字经济法治 竞争法治 财税金融 人工智能治理 数据法治

2023年11月4~5日，由中国法学会经济法学研究会主办、南开大学法学院承办的中国法学会经济法学研究会2023年年会暨第三十一届全国经济法理论研讨会在天津成功举办。会议以"因应数字时代经济法发展挑战"为主题，来自全国各地的近四百名专家学者围绕数字时代的经济法相关问题展开深入研讨。

---

[*] 陈兵，南开大学法学院教授，博士生导师；董思琰，南开大学法学院硕士研究生。

一 经济法理论的时代机遇

（一）经济法基础理论创新

北京大学法学院张守文教授指出，数字经济的发展直接关系经济的高质量发展以及中国式现代化发展目标的实现，故法学各分支学科都高度重视数字法学的研究，尤其经济法学研究会应围绕保障和促进数字经济发展展开深入研究。历史上，我国的改革开放和市场经济体制的建立，为中国经济法学提供了两次重要发展机遇，如今的数字经济则可能提供第三次重要发展机遇，希望各位理事和代表能够在以往对数字经济的经济法问题较为分散的研究基础上，进一步从整体经济法视角进行集中研究，尤其要注重基础理论的研究，从而推动数字经济的相关制度完善和理论研究的深化。

武汉大学法学院冯果教授认为，此次大会主题贯彻了学界的共同诉求，经济法对于数字经济的内容以及本质做出深度回应，提出经济法的变与不变。数字经济时代，经济法之"变"，在于资源要素配置内涵会发生变化，市场竞争结构会发生变化，契约双方的实力会发生变化，这对于如何认识平台、如何有效规制以及如何创新治理都提出了新的挑战；经济法的"不变"之处在于，市场资源配置的方式、经济法的基本范式和规制逻辑保持不变，经济法追求实质正义和实质公平的精神不变，经济法发展促进法的品格及创新发展理念不会改变。数字经济时代，应当"以不变应万变"，用经济法的理论推动数字经济的发展，并从市场规制、宏观调控、风险治理三方面开展精细化的研究。

北京师范大学法学院袁达松教授讲述了"中国—世界范式下的经济法普遍性、特殊性和包容性"，指出中国经济法的特殊性与其国别性、民族性、地域性等特点密不可分，但过分强调特殊性可能导致法律差异和利益冲突。经济全球化背景下，向世界输出中国经济法的理念和具体做法具有重要意义。[①] 需要以包容性的中国经济法协调特殊性与普遍性以及世界经济的包容性发展两个方面，从多元视角综合考虑中国之特殊性与世界之普

---

① 袁达松：《数字经济规则和治理体系的包容性构建》，《人民论坛》2022年第4期。

遍性的良好融合，在中国—世界范式下推进中国经济法自主知识体系建设。

扬州大学法学院马辉副教授则分享了"经济法解释论的整体主义方法论立场阐释"的相关内容。他指出，职业打假人惩罚性赔偿规则的适用在民法和经济法中具有不同解释论立场。民法的个人主义方法论推理从个体出发，保障个体利益；经济法的整体主义方法论推理则从整体出发，强调从整体经济秩序的角度落实社会责任。整体主义方法论为经济法论证提供了独特的解释论分析范式，在《广告法》和《反不正当竞争法》适用过程中展现了经济法解释论的特有立场和推理逻辑，应当发挥基础性方法论的指引作用，在经济法规范解释中自觉应用。[①]

华东师范大学法学院李帅副教授发言的题目是"中国特色社会主义经济法的独立生成路径"。他指出，现阶段经济法的主要任务就是以立法形式巩固经济法的改革成果，逐步解放"市场之手"，提高我国社会主义市场经济发展和人民生活水平。[②]

（二）区域经济发展的法治保障

华东政法大学经济法学院陈婉玲教授讲述了"区域发展权与中国式现代化的逻辑对接"：第一，区域发展权作为人权范畴的新型表现形式已经得到广泛认同；第二，区域发展权与中国式现代化在功能面向上具有逻辑一致性；第三，区域发展权是以"区域"为主体的权利谱系，其核心是经济发展权。在推进中国式现代化的过程中，需坚持系统整体观的指导，坚持区域先行，让区域实践发挥示范性效应，通过矫正区域发展不平衡、不充分的现状，促进国家治理体系和治理能力的现代化。

西南政法大学经济法学院黄茂钦教授则以"区域经济法治中创新价值目标的确立与实现"为题进行分享，首先从区域协调发展中创新价值目标的特色意涵、区域经济法治中的创新价值目标、创新价值目标的确立三个角度阐述了区域经济法治中创新价值目标确立的现实理据，其次从主体结构、行为结构、后果结构三个角度分析区域经济法治中创新价值目标确立的规范结

[①] 马辉：《经济法解释论的整体主义方法论立场阐释——以"知假买假"惩罚性赔偿争议为切入点》，《政治与法律》2022年第10期。

[②] 李帅：《法学研究与学科构建的中国路径——以我国经济法独立生成路径为切入点》，《毛泽东邓小平理论研究》2017年第12期。

构,最后从完善区域协同立法创新体系、执法创新体系、司法创新体系、守法创新体系四个方面系统推进区域经济法治中创新价值目标的实现。[①]

(三) 政府调控行为法治化动态

上海财经大学单飞跃教授以"数字社会中政府与市场关系的'变'与'不变'"为题发表主旨演讲,从"数字社会带来的生产要素改变""数据立法中的数据要素配置""数字社会中政府与市场关系的变""数字社会中政府与市场关系的不变"四个方面进行汇报,指出数字社会中并没有出现超越市场的新经济业态,数据确权难题虽然涉及数据作为基础性生产要素影响下的政府与市场关系问题,但政府与市场的基本分工结构关系没有变、第一性的市场与第二性的政府的序列关系没有变、现代市场经济关系结构的本质在数字社会中没有变,数字经济并未根本性地改变国家经济职能要素与职权结构。[②]

中央财经大学法学院邢会强教授则以"新时代宏观调控法的新发展"为题进行发言。十八届三中全会提出要在市场决定性作用的基础上发挥宏观调控作用,充分发挥宏观调控的科学性与政府治理的有效性。宏观调控的目标是保持经济总量的平衡,促进重大经济结构的协调和生产力布局优化,减缓经济周期性波动,防范区域性、系统性风险,稳定市场预期,实现经济持续健康发展六大目标。同时,梳理政策发展脉络后可发现宏观调控的制度体系正在不断扩张,应密切关注这一变化。他指出,党的十九大报告中指出健全货币政策和宏观审慎政策双支柱调控框架,将宏观审慎管理作为宏观调控新的组成部分。

中国政法大学民商经济法学院李东方教授提到了经济法的检讨与计划经济的关系,强调中国经济法在方向上与资本主义国家有所不同,倾向于从计划经济过度干预走向政府适度干预。他指出,随着改革开放进程加快,近年来面临失业率上升等问题,主要集中在教培和房地产行业,需要冷静思考。同时,对金融领域应保持适度的监管,不要过度干预市场。他指出,对全球经济下行和国际形势等因素需要仔细思考,贯彻中央金融工

[①] 黄茂钦、刘晨希:《区域经济法治中创新价值目标的确立与实现》,《广西大学学报》(哲学社会科学版) 2023 年第 2 期。

[②] 单飞跃:《数字与智能对经济法主体结构的初步影响》,《地方立法研究》2023 年第 4 期。

作会议的精神。

暨南大学法学院郭宗杰教授的发言题目是"《价格法》修订的功能定位与制度转型"。他指出，目前政府定价范围模糊，形式僵化，部分程序流于形式，《价格法》在不正当价格行为的规制中未能起到应有的作用，宏观调控上缺乏保供规定，干预措施较多，调节基金制度失灵。价格作为市场经济的核心要素，应当具有经济基本法的地位，唯有如此才能解决与其他部门法冲突的问题。应当进一步压缩政府定价的范围，使其限于极少数具有公益性、垄断性的商品或服务价格，确立以价格主管部门为主的综合价格监管体制机制，剥离有关微观行为规制的内容。

（四）创新市场规制法的理论与实践

南京大学法学院教授李友根以"公共承运人理论与互联网平台规制的正当性——美国公共承运人判例变迁的考察报告"为题发言。李友根教授指出，数字经济时代，互联网平台尤其是超级数字平台的法律规定至关重要，不同国家的法律实践和理论研究提供了多种理论依据，包括美国的公共承运人理论和欧洲的数字"守门人"理论。但是，法律规制的创新需要注重正当性问题，以确保法律的公平公正。同时，行政裁量自由和地方立法探索也是应对新科技挑战的有效方法。通过这些方式，能更好地回应社会和制度、技术等方面的新挑战，为我国的法治建设做出贡献。[1]

中国政法大学民商经济法学院薛克鹏教授发言的题目是"数字经济时代经济法规制理论的创新"。他指出，规制是以禁止、限制和强制方式限缩权利和自由的法律形式，源于并寓于经济法。规制不等同于行政规制，而是立法、行政和司法的共同行动。数字经济时代规制的本质没有因市场本身的创新而改变，政府具有监管者和被规制者两种角色，宏观调控活动必须严格依照法律规制，防止不正当利用数据资源造成不公平竞争的后果。只有将所有与公众利益、市场秩序有关的行为纳入规制范围，才是法治的全部内容。

浙江大学光华法学院张占江教授发言的题目是"经济法的规制法内核"。首先，其以《反不正当竞争法》为例从实证角度说明经济法存在过

---

[1] 李友根：《公共承运人理论与互联网平台规制的正当性——美国公共承运人判例变迁的考察报告》，《上海政法学院学报》（法治论丛）2023年第8期。

度干预的倾向。其次，从负面清单的类型化条款、一般条款并非"宽泛的剩余类型"以及规制之外的"法无禁止即自由"三个方面分析了规制框架中存在过度干预，法律中只规定了"单向禁止"，缺少对过度干预的规制。再次，运用宪法上的基本权利防御功能，对规制的原理以及限制干预的结构性架构进行了论证。[①] 最后，从合于宪法整体秩序的规制架构这一角度出发，阐述经济法应当对基本权利的防御功能进行呼应和转化，借由规制强化自治阐释经济法规制法内核。

（五）数字贸易及营商环境法治化

中国政法大学国际法学院戴龙教授发言的题目是"数字贸易法的一般理论"。他指出，数字贸易法是规范数字贸易法律关系，跨越公法和私法、国际法和国内法两个维度的新型部门法；数字贸易法聚焦数据治理的核心问题，属于社会科学研究范畴。厘清数字贸易法与相关部门法的关系，重点要明确数字贸易法与数字法、数据法、传统的国际贸易法以及数字经济法的关系。

杭州师范大学沈钧儒法学院孙伯龙副教授以"市场化、法治化、国际化营商环境的经济法保障机制研究"为题进行发言。他认为，营造一流法治化营商环境应当遵循社会利益本位原则，充分协调宏观与微观、长期与短期、自然环境与社会环境之间的利益冲突，通过"帕累托改进"最终达到综合效益最优，实现社会财富分配实质公正的目标。新时期，我国可以从促进政府角色转型、完善对外开放法律制度、优化分配法律制度三个经济法治维度，促进我国营商环境进一步市场化、国际化，提升我国现代经济体制竞争力。

（六）中国特色社会主义法治探析

南京晓庄学院李昌庚教授发言的题目是"学思践悟习近平法治思想 全面推进中国式现代化"。他指出，依法治理是最稳定、最可靠的治理，法治建设依赖于相应的政治支持、依托于社会主义民主政治建设进程，全面深化改革既要求审慎选择改革路径，又需要法治保障。要加强和改善党的领导，推进党的领导制度化、法治化，协调好改革、发展、稳定三者之

---

① 张占江：《论不正当竞争认定的界限》，《政法论丛》2021年第2期。

间的关系，有目的、有步骤、有秩序地推进全面依法治国。

南京审计大学法学院胡智强教授分享了"当代中国审计监督权的运行逻辑研究"。他首先介绍了审计监督权的范畴。审计监督权概念的产生有着深刻的中国背景和法律依据，如今其内涵早已超出宏观调控的范围。当前关于审计监督权的研究，强调监督倾向的多，强调促进市场经济发展的少，对价值功能方面的研究也不充分。在实践逻辑层面，审计监督权的运行可以分为三个阶段，制度的演进使得审计监督权在实践层面加速发展、创新内容增加，展现出鲜明的中国特色。在理论逻辑层面，胡智强教授指出，审计监督具有政治逻辑、法治逻辑、技术（数据）逻辑以及财政逻辑。

二　数字时代的竞争法治

（一）反垄断制度创新研究

对外经济贸易大学法学院黄勇教授结合近年来竞争法领域的修法情况及相关讨论，简要介绍了竞争法与数字经济之间的密切关联。

山东大学法学院叶高芬研究员围绕"中国式现代化的竞争法治保障：以行政性垄断规制为例"展开发言。她指出，竞争政策是中国式现代化的竞争法治保障，反行政性垄断是实施竞争政策的重要一环，竞争政策实施和反行政性垄断相伴而行。在行政执法方面，"分散型"执法可能产生执法不足、执法标准和尺度不统一的问题，自我纠偏的"单向度"机制无法解决行政性垄断的经济属性问题，且约束力较弱。在公平竞争审查方面，自我审查存在"地方化"问题，各地各级标准不一。应当强化竞争执法的刚性约束，完善公平竞争审查，竞争执法要提升层级，探索中央事权，并扩展行政执法权限，要健全自我审查机制，探索外部审查机制。[①]

上海政法学院丁茂中教授则探讨了"经营者促成他人达成垄断协议的规范认定"。丁茂中教授认为，2022年修订的《反垄断法》第19条主体要件必须为经营者。行为要件是必须存在组织其他经营者达成垄断协议或者为其他经营者达成垄断协议提供实质性帮助行为。实质性帮助行为引入主

[①] 叶高芬：《全国统一大市场视域下行政性垄断规制模式的重构》，《法学》2023年第3期。

观要件，要求主观存在过错且该行为对达成垄断起到了直接作用。结果要件是结果必须导致了其他经营者达成垄断协议。符合修订后的《反垄断法》第 18 条第 2 款或者"安全港"制度的，应当不属于垄断协议。如果经营者明确对垄断协议做出肯定性的意思表示，或者实施了垄断协议，那么就达成了垄断协议。①

南京航空航天大学王炳教授的发言题目是"论未达到申报标准经营者集中的反垄断法规制构造"。他认为，要形成对未达到申报标准经营者集中规制的理性认知，认清其规制的核心在于对当事人设定义务，而非一般集中审查之复权和违法调查之追责，将其规制归类于特殊经营者集中审查较为合理。未达到申报标准经营者集中规制的合理结构为：预防、防止、补救三阶段规制体系，当事人、审查机关、第三方合作性程序启动方式，快速双层审查机制。最后，王炳教授对审查期限、审查时效、商谈与接受承诺、法律风险告知、处理决定方式提出了完善建议。

兰州大学法学院刘光华教授以"行政垄断司法形象的循证描述——基于 150 个适格司法案例的分析"为题进行发言。他指出，时间上，将行政诉讼纳入反行政垄断制度体系只能在有限的程度上激活反行政垄断司法实践，长时间上未必能够达到预期效果。地域上，反行政垄断司法实践的发生及数目可能与地区经济发展水平有关。司法实践上，其背后法律关系的复合性和专业性较为复杂，又因为高昂的诉讼成本，当事人未必会积极地为权利而斗争。

（二）反垄断理论及适用的分析框架革新

上海交通大学凯原法学院王先林教授以"反垄断法与促进创新"为题做主题演讲。他指出，党的十八届五中全会将创新列在了五大发展理念之首，作为市场经济的一项基本法律制度，反垄断法也要从自己独特的角度关注并促进创新，重视维护竞争与促进创新之间的平衡。"一个竞争的市场还是垄断的市场更能激发创新"的争议对于把握反垄断法的正确定位以及具体制度的合理设计和有效运用具有重要意义，不仅要求反垄断法在维护竞争的同时促进创新，也要求反垄断法在以往重视静态竞争、相关市场和市场份额的基础上，更加关注动态竞争、创新活动和进入壁垒。总体

---

① 丁茂中：《经营者促成他人达成垄断协议的规范认定》，《环球法律评论》2023 年第 5 期。

上，反垄断法的一般制度框架为创新提供有利的市场竞争环境，但在知识产权和数字经济等具体领域也应体现对创新的促进。

西华大学知识产权学院张利国教授以"论'专利池'反垄断规制中的选择性激励措施"为题进行发言。他提出，用选择性激励措施来促进我国"专利池"发展，包括为专利权人提供一定的垄断诱惑，对于本质上违法的反竞争行为实行严格的制裁以及鼓励按照开放、公平、合理、无歧视原则组建和许可"专利池"。此外，也要利用"看得见的手"，并发挥标准制定组织、行业协会和行业中具有主导地位的领头企业的作用，推动"专利池"的组建。

天津师范大学法学院胡兰玲教授的发言题目是"论必要设施理论在数据反垄断领域的适用"。根据数据的固有属性即数据的非排他性和数据的不可替代性，以及维护竞争秩序的目的，必要设施理论在数据反垄断领域具备可适用性。同时，要注意数据开放的可行性，包括技术上的可行性和经济上的可行性。必要设施理论的引入一定要处理好三对矛盾，即合理把握契约自由与竞争之间的平衡、信息共享和个人信息保护的冲突、数据利用和数据保护的冲突。

（三）反不正当竞争法理论与实践

南京大学法学院宋亚辉教授分析了"论反不正当竞争法的一般分析框架"。第一，实务中流行的权益损害范式是有问题的，《反不正当竞争法》保护的应当是"作为制度的竞争"。第二，行为中心主义范式源于竞争的本质，而且与《反不正当竞争法》的价值目标和立法文本一脉相承。第三，构建了动态竞争分析框架，分析一个竞争行为对整个市场结构的影响。在此框架下，当疑难案件中行为中心主义无法得出清晰结论时，竞争利益才发挥作用。宋亚辉教授构建的分析模型是"行为构成—违法性—有责性"的三阶层构造。其中，违法性产生停止侵害的法效果，有责性产生损害赔偿的法效果。[1]

西南政法大学经济法学院万江教授的发言题目是"浮萍无根：商业贿赂何以违法"。他指出，现有法律缺乏对商业贿赂的定义，对商业贿赂本质的认识不断扩张甚至冲突，账外暗中说影响日渐式微，但入账问题仍然

---

[1] 宋亚辉：《论反不正当竞争法的一般分析框架》，《中外法学》2023年第4期。

埋下了隐患。万江教授比较了入账说、信义义务、效能竞争三种学说分别的优劣，认为三者都存在一定程度的不足。在 2022 年《反不正当竞争法（修订草案征求意见稿）》中，商业贿赂的违法性本质以及商业贿赂的判断标准依然模糊。他认为，商业贿赂立法应当从规则导向走向原则先行，稳定预期，降低法律遵从成本，保持逻辑一致性，而非依赖"口袋条款"。

暨南大学知识产权学院仲春副教授则分享了"'用户同意'在网络不正当竞争纠纷中体系定位与适用研究"。他认为，以《反不正当竞争法》保护消费者利益存在以下问题：消费者不具备提起反不正当竞争诉讼的诉权、消费者无法以第三方身份参与不正当竞争纠纷、仅关注经营者之间的竞争行为存在减损消费者利益的风险。我国将消费者因素引入不正当竞争行为的认定标准中，逐渐促成了《反不正当竞争法》公共利益、经营者利益、消费者利益"三元叠加"的利益衡量格局。要更充分地为消费者赋予主体意愿表达空间，将用户意愿纳入司法审判衡量要素的可行制度尝试，让消费者直接代表自己选择并最终实现消费者利益保护。

（四）平台经济领域竞争法治的挑战与创新

扬州大学王承堂教授发言的题目是"平台'守门人'责任的中国表达"。他指出，平台的设立打破了企业、市场与政府之间的分工界限，具有一种双重性质。平台责任具有立法悖论，未来出租者对商家的控制力不如平台，却要承担产品责任，而平台控制力更强，却承担较容易免责的安全保障义务，这不符合法律的要求。同时，涉及平台责任的管制套利，企业和市场是可以相互替代的，在这种情况下，平台技术市场和企业之间存在套利的机会。王承堂教授认为，中国话语体系的逻辑如何形成，有以下几步：不能故步自封、不能照搬全抄、中国话语+共同的理论内核。

华东政法大学经济法学院任超教授以"竞争秩序和集体劳动权的冲突与协调——以平台'零工经济'劳动豁免为视角"主题进行发言。他指出，在集体劳动权扩张的背景下，我国应关注集体劳动权行使与反垄断法之间的潜在冲突，通过反垄断法的劳动豁免解决冲突。但我国并无专门的集体劳动法，也未在反垄断法律制度中确立相应的劳动豁免规则。平台经济背景下，集体劳动权适用劳动豁免面临双重困境：平台用工者身份定位不清和缝隙工作场所的扩张。集体劳动权适用反垄断法劳动豁免，有以下三种路径：将集体劳动权归入基本人权，优化集体劳动权权利主体认定标准，以及基于利益平衡原则扩大劳动豁免范畴。

中国政法大学民商经济法学院赵红梅教授则以"由外部层面组成的独立机构对大型平台的专业化、常态化监督"为主题进行发言。赵红梅教授指出，专业化监管意味着多个具备一定的专业素质和能力的独立机构交叉运作，负责不同领域的监管；而常态性监管表示监管机构是常设的，与企业有长期的监督关系。独立监管机构应当具有独立的法律地位，由5~19人组成，具备专业的成员选拔机制，并且拥有获取大型平台企业相关信息的权威。最后，监管机构的权力和责任方面，要保持适度的平衡，以避免权力过于集中。

安徽财经大学法学院洪莹莹副教授的发言题目为"欧盟《数字市场法》及其对中国的启示"。她指出，《数字市场法》中的"守门人"是通过自我约束守护市场竞争秩序的，其认定标准包括影响力标准、"服务+门户"标准、稳固持久的地位标准。《数字市场法》为"守门人"设定了确定程度不一的义务清单，包括数据类义务与非数据类义务。《数字市场法》对全球数字博弈下的竞争政策目标设定、数字竞争政策路径选择、与其他数字政策的冲突和协调，都具有启示作用。[1]

安徽大学法学院丁国峰教授则探讨了"平台经济视域下数字音乐独家版权市场滥用的规制困境与出路"。他认为规制困境有：现行申报标准与数字音乐市场不适配，数字音乐市场寡头垄断影响无法消除，《反垄断法》的适用存在局限性，《著作权法》中缺乏对版权独家授予模式的合理限制。据此，他提出，应当调整审查标准，以独家版权份额替代上一会计年度营业额。在业务层面，全面禁止独家版权交易并不合理，应当明确版权控制人的关键设施开放义务，拓展数字音乐平台多元化义务，消解数字音乐市场的寡头垄断。在技术层面，应当利用技术对抗数字侵权行为。在制度层面，则引入强制性集体管理制度。[2]

中国社会科学院大学法学院谭袁副教授发言的题目是"平台经济反垄断规制路径选择——从'行为'到'身份'?"。他认为，对大型平台从行为规制到身份规制的转变，在解决传统规制困境的同时，也将产生新的问

---

[1] 洪莹莹：《欧盟〈数字市场法〉及其对中国的启示》，《上海政法学院学报（法治论丛）》2023年第2期。

[2] 丁国峰：《平台经济视域下数字音乐独家版权市场滥用的规制困境与出路》，《社会科学辑刊》2023年第5期。

题。行为规制与身份规制并非对立与割裂的关系，各自都有相应的比较优势，可以构建从身份规制到行为规制的连续规制模式，实现规制的融合。

法律出版社法治与经济分社陈妮副编审指出，平台经济反垄断究竟是采用行为规制还是身份规制，实际就是政府应该如何干预市场主体行为，是事前干预还是事后干预的问题。从行为规制转向身份规制主要是解决认定困难的问题，其时间成本将导致竞争者被排除出市场这种不可挽回的后果。在这种情况下，要从合理分析转向本身违法分析，从事后规制转向事前规制，对于超大型互联网平台的行为应该进行事前干预。

三 数字时代的财税金融创新

（一）金融监管的法理与实践

武汉大学法学院李安安副教授发言的题目是"数字资本市场的适应性监管范式初探"。数字技术带来了巨大的监管挑战，具体包括：数字技术应用场景多，提升了金融创新力度，资本市场监管进退失据；改变了金融风险样态，传统监管难以为继；去中心化的特性解构了资本市场监管中心化的权力配置格局。他认为，从规范主义的进路，要做好技术规范、监管规范和法律规范之间的衔接、互动；从功能主义的进路，要处理好技术创新与监管创新、技术伦理与法律正义、技术治理与法律治理之间的矛盾关系。

辽宁大学法学院郭金良副教授以"金融司法穿透式审判中的挑战与回应"为题进行发言。他认为，应明确监管规则的应用范围和金融司法的特殊功能；准确把握金融司法和金融监管政策的类型；以资管产品交易中的合同认定和效力认定为例，采取相应的措施。郭金良副教授提出了五个步骤来处理金融司法案件，包括对案件影响的预判、找准法律依据、分析法律关系的实质、加强裁判处理以及专业化审判的建议。

云南大学法学院周昌发教授的发言题目为"数字金融纾解中小企业融资约束的法治进路"。他认为，在数字经济急速发展的背景下，应确立金融资源平等共享的观念，坚守金融服务实体经济的本质，推动精细化的金融立法，降低银企融资互信成本，促进建立金融竞争多元格局，运用数字技术完善金融监管和风险控制体系，进而纾解中小企业融资之困。

沈阳师范大学杨松教授讨论了地方金融监管的风险处置以及中央金融工作会议的新做法，认为解决地方金融风险问题需要从金融与财政两个角度共同出发，单纯依靠金融手段无法从根本上解决问题，需要加强金融和财政之间的联动。此外，地方政府在解决金融风险问题时起着重要作用，值得进一步探讨。最后提到了学界对于制定统一的金融监管法的重要性，认为现有单独领域或机构的监管方式并不能解决当前金融所面临的所有问题。

中国政法大学法与经济学研究院任泽宁副教授指出，金融监管需要从国际和国内的角度进行研究，解决市场失灵和经济波动等问题，并强调了地方政府在金融监管中承担的责任和行业主管单位与地方政府在金融风险处置中的角色及如何解决金融危机的成本问题。同时，强调了制定法律规范的重要性，金融监管需要与经济法相结合。

（二）金融稳定立法探究

北京大学法学院叶姗教授认为，在当前经济形势下，我们需要思考如何应对金融风险和保持金融稳定，同时适应金融创新及新时代的需求。她指出，分会场讨论内容，主要围绕金融风险防范展开，特别是对小微企业金融信用难题的评价，其中，提出了改造完善现行法律或制定新的法律两种途径来解决金融创新和风险引发的法律问题。

海南大学法学院常健教授发言题目是"《金融稳定法》中危机银行处置信息披露机制的法律完善——以包商银行案为样本分析"。他指出，信息披露对于银行的透明度、金融安全和金融稳定极为重要，提高信息披露质量有助于缓解银行风险处置情况，增强市场信心并降低债权人的损失。然而，银行的信息披露存在一些挑战，如非官方发布的信息被视为核心信息、信息披露随意性强、透明度低等。为了改进信息披露制度，建议明确银行信息披露的目标和基本要求、实现多元化的全方位信息披露、优化危机处置过程中的信息披露渠道、建立统一的信息发布平台、建立信息披露预警机制以及对信息披露进行持续评估，以提高银行信息披露的质量和透明度，进一步促进金融市场的健康发展。

中国社会科学院法学研究所肖京副研究员从三个方面展开了关于"金融危机历史镜鉴下的中国金融稳定立法"的讨论和思考。他指出，金融稳定法的制定需要考虑国内外的影响因素和中国的具体国情，同时还强调了金融危机处理过程中法治的作用，需要根据相关条文的明确性和有效性，从更高的层面和更广泛的角度认识其宏观架构和制度性前提。当前面临的百年未有之大变局对金融稳定建设提出了挑战，需要通过金融监管执法和司法等手段来维护金融稳定。①

（三）平台经济领域财税法面临的挑战与创新

中国政法大学民商经济法学院李蕊教授针对"平台企业数据资产所得纳入'应税所得'的制度困境及克服"展开发言。李蕊教授指出，平台企业数据资产所得纳入"应税所得"面临增益衡量不清、税基冲突及扣除规则不明等制度困境，建议通过确立预期及其概括性所得的公允价值测算规则，系统调整"无形资产"认定相关规范，并探索平台企业数据资产"加速摊销"规则，推动构建契合我国数字经济发展的平台企业数据资产所得税收治理机制。

西南政法大学经济法学院胡元聪教授的发言题目是"人工智能研发与应用风险治理财税法协同机制之根本目标"。他认为，风险治理的财税法激励与约束协同机制的根本目标包括发展可信赖人工智能、确保风险可控可分担、稳定风险与财富比例、助推国家治理现代化和构建人机命运共同体。发展可信赖人工智能属于逻辑起点性的根本目标，确保风险可控可分担属于风险治理性的根本目标，稳定风险与财富比例属于经济效益性的根本目标，助推国家治理现代化属于国家治理性的根本目标，构建人机命运共同体属于人类终极性的根本目标，它们共同为人工智能研发与应用风险治理的财税法协同机制构建提供了方向性指引。

中国政法大学民商经济法学院翁武耀教授以"数字经济背景下增值税实体规则的问题与完善"为题进行分享。他指出，在现行税收制度下适应数字经济的形态变化，可以通过内部的税制改革或完善现有税种来应对数字经济的发展。在实体规则和程序规则方面，可以通过界定数字经济交易的客体范围、处理数字产品交易的税收课题等方式来解决税收问题。同时，需要考虑数字经济交易的空间界定和跨境交易的重复征税问题。

北京航空航天大学法学院乔博娟副教授就"'双支柱'背景下互联网

---

① 肖京：《金融危机历史镜鉴下的中国金融稳定立法》，《山东大学学报》（哲学社会科学版）2023 年第 6 期。

企业课税的信息基础设施路径分析"进行分享。乔博娟副教授指出，互联网企业课税的税收挑战主要有：互联网企业具有跨境经营特点；数字经济的税收监管复杂性；数据作为生产要素的性质和相关科税规则的不明确性；互联网企业在税收筹划方面的避税行为。通过引导经济行为，可以促进互联网企业在信息基础设施方面的发展，借助信息基础设施则可以完善互联网企业的税收规则，但应充分考虑数字经济的特点和发展需求。

（四）税法基础理论与制度探讨

天津工业大学法学院付大学教授以"溢出效应与企业研发的税式资助"为题进行发言，指出创新的溢出效应对社会福利增长是有好处的，应得到鼓励。与财政资助相比，付大学教授认为，税式资助原则上更适合于在合理时间内能推向市场的应用研究项目，效率更高，并提出了通过企业研发投入的加计扣除、高新技术企业税收优惠、技术转让的税收优惠来具体实现对企业的税式资助。

首都经济贸易大学法学院贺燕副教授分享了"税制改革与转型正义：税法过渡条款研究"，分析税制改革及其成本，介绍有关过渡条款的学理、争议以及税法过渡条款的设计基础。她提出，可以根据不同情形下新法的溯及程度做出相应设计，同时可以采取优先采用市场机制、权衡财政负担、制定专门施行法的方式贯彻过渡规则的设计思路。

河北经贸大学法学院李大庆副教授发言题目为"地方立法中财政支出条款的科学化研究"，指出了目前财政支出条款存在的问题，包括支出主体单一、支出对象不明确、支付路径不清晰等。建议在财政支出条款中建立正面清单和负面清单，明确政府和社会资本的责任分担，引入PPP等合作模式以解决问题。

四 数据、人工智能治理法治化

（一）个人信息与消费者权益保护研究

哈尔滨师范大学法学院白云教授发言的题目为"个人信用信息权益分析"。首先，白云教授对个人信用信息进行了隐私信息、琐细信用信息、敏感信息的类型化分类。白云教授主张，个人信用信息权益是一个综合体，所以对其应当进行体系保护。同时，白云教授认为，个人信用信息所带来的财产利益不适合作为财产权来保护，而应当通过财产人格权理论的扩张来进行保护。①

兰州大学李玉虎副教授的发言题目是"数字经济背景下消费者新兴权利及其体系化构造"。他指出，现行法律框架下消费者概念存在逻辑缺陷，难以反映现阶段我国市场环境和特定的经济社会条件。同时，数字经济背景下，生产者与消费者的关系已然发生改变，有必要引入消费者新兴权利，将消费者信息权、消费者数据权、消费者评价权、消费者删除权等权利纳入消费者的权利之中。体系化构造数字消费者的新兴权利有两种具体途径：修改《消费者权益保护法》，扩充现有消费者权利；增加经营者相关义务。

（二）数据竞争行为规制

南开大学法学院陈兵教授发言的题目是"以精准规制数据不正当竞争行为促进数据安全高效流动"。陈兵教授首先提出了数据不正当竞争行为的内涵及典型类型，通过梳理司法实践中的典型案例，归纳总结从采集到使用全过程中数据规制不正当竞争行为面临的难点与挑战，并指出应对原始数据、衍生数据、创生数据的不同属性从法律与事实层面进行精细化规制。其次，陈兵教授指出，需要从完善《反不正当竞争法》对数据竞争行为的规制、做好竞争法与其他法律部门的协同、支持数字经济下多元主体参与治理等角度出发，以精准规制促进数据要素流通。

清华大学法学院张晨颖教授以"'大数据杀熟'行为监管的路径思考"为题进行发言。张晨颖教授首先从数字平台的定义、竞争特性以及数字平台垄断行为发展出发，介绍了数字平台"大数据杀熟"的基本理论、对市场竞争的影响和竞争损害评估指标，以及对数字平台"大数据杀熟"的监管，并由此提出了数字平台垄断行为监管的整体困境和数字平台"大数据杀熟"的规制困境。其次，张晨颖教授提出，应当正确理解竞争法益与非竞争法益这一反垄断法的理念问题，引发对反垄断边界的思考。

广东海洋大学法政学院董成惠副教授的题目为"大数据算法定价行为的法律探究"。她指出，通过算法技术进行个性化定价，达成定价共谋，

---

① 白云：《〈民法典〉视角下个人信用信息权益分析》，《征信》2021年第4期。

从而诱导消费者做出购买决定。数据算法定价法律关系的法理分析,由主体资格的认定和客体资格的认定两部分组成。她认为,大数据算法定价可以促进科技创新,提高社会和经济效率,但具有反竞争性,对传统产业产生冲击,还可能破坏利益平衡机制。因此,既要对算法定价技术理性思考,又要健全大数据算法定价监管机制。①

(三) 数据要素治理

上海政法学院上海司法研究所孟飞教授以"小微企业融资能力提升的数据法进路"为题进行发言。传统上,小微企业在融资中扮演着被动的角色,而通过成为数据主体,可以提升其融资能力。他提出了数据生成和流动应用两个方面的逻辑分析,阐述了利用多维数据进行融资能力提升的理论模型。在法律构建方面,结合特定数据携带权的原则,提出了三种不同的方案,以实现小微企业数据的流通和利用。

河南大学法学院娄丙录教授发言题目为"国家数据局组建与数据要素市场化改革:耦合与展望",提出了我国数据要素市场的几个问题。第一个问题是数据要素供求机制的滞后,主要体现在数据的产权制度不完善和数据孤岛效应比较显著两方面。第二个问题是数据要素价格机制的短缺,数据的场景特异性决定了同样的数据在不同的场景下价值会有天壤之别,因此,不同主体对于相同的数据可能产生截然不同的价值判断和价格判断。第三个问题是数据要素竞争机制不够健全,主要体现在监管方面和数据竞争的监管职能方面。为解决上述问题,娄丙录教授提出,首先要调整数据要素的供求机制,其次要构建数据要素价格机制,最后要确立数据要素的竞争机制。

浙江大学光华法学院范良聪教授则以"数字治理的规范构造——一个交易成本的分析视角"为题进行分享。第一,数据具有四种属性,排他性、竞争性、可分性和可替代性。第二,考虑交易层面可从三阶段识别数据:找到交易对象、与其讨价还价、实现交割。第三,市场层面的数据使用会产生"搭便车"的问题。第四,为构建数据治理体系,必须引入经营规则、指定负面清单;建立数据安全管理制度;进行数据确权。

西南政法大学人工智能法学院刘小红副教授发言的题目为"数据按贡

---

① 董成惠、黄琼:《大数据算法定价行为的法律探析》,《价格月刊》2023年第12期。

献参与分配实现的法律意蕴"。她提出，可以从这三个思维进路去理解：第一，融入当前中国社会发展的历史进程与未来的趋势去思考；第二，结合收入分配制度演进的历史逻辑与现实问题去分析；第三，梳理相关的法律政策去表述。

（四）人工智能治理法治化

辽宁大学法学院闫海教授以"ChatGPT善治：生成式人工智能的风险迭代与规制革新"为题进行发言。随着人工智能技术的发展，传统的决策式AI迅速发展成生成式AI，引发了三种较大的风险转变：其一，风险客体从对象工具到共情伙伴；其二，风险类型更加泛化，对公共利益和私人利益都产生了冲击；其三，风险识别方面，生成式AI的运作机制含有更为复杂的技术黑箱。据此，闫海教授提出了基于元规制的风险规制框架，引导市场主体制定自我规制规范。该框架主要包含客体范围、主体关系、规范体系、程序控制四个方面。[①]

华南师范大学法学院张永忠教授发言的题目是"论人工智能透明度原则的法治化实现"。首先，张永忠教授对透明度原则的内涵进行厘清，认为对人工智能系统的相关信息不经转化直接以计算机语言进行披露，其专业性会形成知识壁垒，透明度原则是破解"算法黑箱"治理难题的钥匙。关于透明度原则的内容限度，他指出，披露和解释的内容应当是有限度的，包括要考虑现有的客观技术条件以及信息接收主体。在考虑现有技术条件的基础上，应将人工智能风险分为四级，并根据风险等级提出不同的透明度义务要求。从保护用户知情权及确保国家监管、社会监督的路径出发完善监管制度。

大连财经学院文法学院刘怡琳教授提出，人工智能领域天然存在一定的垄断，人工智能前期需要大量的研发资金投入，这种资本和金融运作过程中的偏好也容易引发系统性风险。人工智能应是可解释的，相关信息应是被披露的，但是披露的程度应该如何把握和判断仍值得思考。人工智能系统的设计和实施过程中是否能够保证对实践中的操作进行监督，包括对其风险进行客观评价，是否能够为后续人工智能的审查还有责任认定提供相关信息仍需探索。

[①] 王洋、闫海：《生成式人工智能的风险迭代与规制革新——以ChatGPT为例》，《理论月刊》2023年第6期。

五 新兴领域、重点领域经济法治探讨

(一) 数字正义视域下城乡数字经济要素流通的风险防范与制度设计

华中科技大学法学院教授李长健的题目为"数字正义视域下城乡数字经济要素流通的风险防范与制度设计"。他强调,主要风险包括:城乡主导力量失衡,多元主体协调发展数字经济基础不一;数字平台建设程度不均衡,乡村数字经济发展平台建设相对滞后;长效机制保障失能,数字经济要素的可持续保障动能不足;利益目标协同失联,资源重配导致多元主体利益诉求不同。剖析风险产生的原因主要有以下几点:一是城乡数字经济要素互补结构尚未达到理想平衡;二是乡村数字经济要素市场体系存在客观差距;三是城乡数字经济要素制度设计存在部分滞后。在法制进路上,首先要进行城乡数字经济要素流通的体系化制度建设,其次要基于多要素适配城乡数字经济要素流通的制度设计,最后要基于城乡协同视角进行数字经济要素流通的制度设计。

(二) 网约车模式的经济法规制研究

江南大学法学院教授钱玉文的发言题目是"网约车模式的经济法规制研究",共分为五部分。他指出,网约车模式的法律规制面临三种困境:执法工具缺失与政府治理失效、市场逐利本质与平台治理失灵以及"有限理性"和社会参与不足。网约车模式的法律规制路径优化的方向有以下三点:竞争法视阈下的差异化规制,如公平竞争审查、引入市场第三方竞争、价格规制等;规制的严厉性与灵活性相结合以及最优规制;在纳什均衡与执法金字塔理论下创新阶梯式公私合作规制路径。

(三) 中国式现代化进程中自然资源及能源保障的经济法学回应

山西大学法学院董玉明教授发言的题目是"中国式现代化进程中自然资源及能源保障的经济法学回应"。董玉明教授建议主要关注三个方面。第一,由于自然资源能源的多重属性,法学专业学科体系的变化以及经济

法学理论研究有待完善，中国式现代化经济法缺少对自然资源和能源的回应。第二，自然资源和能源是生产的基本要素，对自然资源和能源的研究与教学不容忽视。第三，自然资源及能源保障的经济法学回应有以下几步：恢复教学体系，深入理论研究，丰富实践创新。

（四）垃圾邮件法律规制的优化路径

广西大学法学院阳东辉教授发言的题目是"垃圾邮件法律规制的优化路径"。关于垃圾邮件的界定及法律性质，理论上的主流学说为非法说，分为侵犯动产说和网络妨害说两种类型。关于政府监管垃圾邮件的正当性论争，主流学说仍是严格监管论，其依据是市场失灵理论。通过总结国外反垃圾邮件立法的成功经验，阳东辉教授针对我国立法的现存问题提出了加强统一立法、结合技术手段与法律规则、采用"默示拒绝"机制等建议。

（五）ESG（环境、社会、治理）研究

上海财经大学法学院教授吴文芳以"论ESG标准中劳工保护信息的强制披露范围"为题进行分享。吴文芳教授首先对强制披露范围提出了问题，强调论证ESG强制披露的正当化的理由是绝对不能离开范围的。在该问题基础之上，介绍了国际上对于劳工保护信息披露的现状，其中存在相同，也存在很多不同，由此找到ESG劳工信息强制披露的法理基础。在此法理基础当中，一个重要原则就是损害原则。基于上述法理基础和法律定位结合的逻辑，最后推导出一般企业和上市公司强制披露的范围的不同。

DIGITAL ECONOMY AND LAW

Vol. 2
May. 2024

Abstracts

The Shift in the Position of Anti Unfair Competition Regulation against Ban Behaviors

Zhang Zhanjiang / 3

Abstract: The behavior of blocking seems to contradict the interconnected context of the Internet. However, openness is based on the protection of autonomous operation, and blindly emphasizing platform openness may lead to stagnation in the development of Internet-related industries. Blocking behavior has many positive values and is a legitimate business practice. It reflects the business freedom of enterprises, promotes competition, drives innovation, and safeguards users' decision-making freedom and information security. Only in the situation where competition order is distorted and the market itself cannot overcome, shall blocking be prohibited by the Anti-Unfair Competition Law.

Keywords: Blocking Behavior; Malicious Incompatibility; Anti Unfair Competition; Internet Platform

The Application Requirements of the Malicious Incompatibility Norm in the Anti-Unfair Competition Law

Du Ying / 12

Abstract: Article 12 (2) (3) of the Anti-Unfair Competition Law is the norm of malicious incompatibility. Through the analysis of the two elements of malicious and incompatible, the contradiction that the provision's expression is not specific enough and may cause controversy in its application could be resolved. In addition, the identification of "obstructing or disrupting the normal operation of network products or services legally provided by other operators", conducting competition effect tests, moderate application of the principle of interconnection, and giving the platform operators a moderate choice of compatibility, are all important considerations in judging malicious incompatibility. Achieving interconnection shall be gradually implemented and shall be implemented while security measures and regulatory measures are well considered, and corresponding responsibilities are clarified.

Keywords: Malicious Intent; Incompatible Behaviors; Anti－Unfair Competition Law; Internet Platform

Interpretation Dimensions of the Malicious Incompatibility Clause　　　　　Liu Wei / 17

Abstract: The elements of the malicious incompatibility clause in the Anti-Unfair Competition Law are malice and product incompatibility. The supporting case for the clause comes from the 78th Guiding Case of the Supreme People's Court. Regarding the confusion in academia and practice about the application of the clause, the author believes that the normative connotation of this clause can be determined by combining the purpose interpretation, systematic interpretation, and opposition interpretation.

Keywords: Malicious Incompatibility; Anti－Unfair Competition Law; Teleological Interpretation; System Interpretation

Establishing an Altruistic Personal Health Data Model in the Digitalization of China

Zhang Yan, Kong Ruijing / 25

Abstract: Personal health data altruism is an indispensable component of China's digital strategy. With the assistance of data altruistic organizations, data altruism can establish a trust foundation, break data monopolies, and create diverse consent mechanisms, making credible, convenient, compliant, and scalable data sharing possible. A four-tier data altruism platform should be constructed, comprising the data resource layer, technical support layer, service system layer, and application scenario layer, along with the determination of data collection, data matching, and data sharing processes in the three phases of operation. Data altruism legal relationships includedata public interest trust legal relationships between the data subject and the altruistic organization, as well as data licensing legal relationships between the altruistic organization and data users. To ensure the orderly operation of the altruistic models, institutional safeguards must be provided in the dimensions of supply, management, use, and regulation. Specifically, the implementation of data portability rights and incentive mechanisms enhances the data subject's control and participation. The establishment of a neutral, transparent, and compliant altruistic platform fosters mutual trust among all stakeholders. Strictly regulating access behaviors is essential to ensure the use of data for public interest purposes. Furthermore, building a comprehensive public regulatory system is crucial for strengthening compliance oversight.

Keywords: Health Data; Data Altruism; Data Altruism Organization; Data Altruism Platform; Public Data Sharing

Research on the Standard Contract System in Cross-border Data Flow   Dong Yanan / 49

Abstract: With the rapid development of the digital economy, cross-border data flow is experiencing explosive growth. Cross-border data flow has become an important engine driving global economic growth in the digital age, and it has also led to a rapid increase in the demand for data from data processors to leave the country. Based on the reference of the EU GDPR standard contract terms, China has formulated and officially implemented the "Personal Information Export Standard Contract Measures" and the "Personal Information Export Standard Contract" demonstration text. Standard contracts have the advantages of high efficiency and convenience, facilitating the integration of compliance systems with multinational corporations, and flexible dispute resolution methods. They also have a relatively low impact on the national and public interests of China, and are more suitable for enterprises with smaller scale of personal information processing and lower frequency of outbound demand. In current practice, there are challenges, such as personal information processors not truly establishing a data flow management system, potential conflicts in contract terms in two-way data flow, and the efficiency of cross-border transmission of personal information being affected. In response to the above practical challenges and the existing problems in the personal information protection impact assessment system, data classification, and the responsibility for entrusted processing of outbound personal information in legislation, relevant countermeasures and suggestions are proposed to benefit future legislation.

Keywords: Cross-border Data Flow; Standard Contract; Personal Information Protection Impact Assessment; Data Grade and Classification

Conflict and Reconciliation of Cross-border Data Flow Rules in Criminal Justice Field
Yao Xiuwen, Wang Ran / 70

Abstract: With the rapid development of the Internet, a large amount of criminal evidence exists in the form of online data in the field of criminal justice, and cross-border forensics and data exit are inevitable. At present, there are no unified international rules for cross-border data flow in the field of criminal justice, and the conflict of laws between countries is severe, which is not conducive to crime fighting and international cooperation, but also leads to the development of digital service economy. The dispute between China, the United States and the European Union about the mode of "data controller" and "data storage place" in cross-border data retrieval in criminal justice field; China's domestic law divides the two scenarios of "criminal justice" and "cross-border business", and at the same time, there are differences in the concept of active data retrieval and data conservative exit. Behind international conflicts are deep disputes over data sovereignty and data freedom, economic interests and human rights protection, while behind domestic conflicts are disputes over the evidential attributes and technical characteristics of data sovereignty, territorialism and personalism, data security and digital development. On the basis of adhering to the principle of data sovereignty, China should rebuild the new understanding of data sovereignty, from emphasizing the evidential attributes of data in this field to restoring the technical characteristics, and then change the territorialism of jurisdiction into personalism. Promote the formulation of United Nations unified international rules under the framework of personalism, and rationalize the cross-border flow of domestic data by establishing a free flow of open data and a hierarchical system for non-public data in the field of criminal justice.

Keywords: Electronic Data; Cross-border Data; Data Sovereignty; Territorial Jurisdiction; Personal Jurisdiction

Dilemmas and Corrections to the Application of the "15-day Silent Period" of the E-commerce Law   Li Chaoguang, Wang Ting / 99

Abstract: The design of the "15-day silent period" rule of the E-Commerce Law is intended to fully protect the rights of the right holders and realize the balance of interests of the relevant stakeholders in e-commerce, but the development of information technology has made the role of the established platforms out of touch with the reality, the "15-day silent period" rule can no longer meet the requirements of the balance of interests under judicial practice, and problems such as abuse of rights, frequent occurrence of false infringement noticesand poor connection with the existing pre-litigation injunction system have begun to appear. In order to improve the "15-day silent period" rule, it is proposed to amend the inherent setting logic derived from and continued in the "notice-delete" rule, namely the principle of technology neutrality, replace it with the alternative liability determination standard, and advance the alienation regulation method of the "15-day silent period", and reasonably arrange the platform's prior review obligation; At the same time, the same regulation measures as the "15-day silent period" should be set up—freezing measures, so as to return to the tripartite balance pattern of interests in the context of e-commerce and promote the healthy development of e-commerce industry.

Keywords: E-commerce Law; "15-day Silent Period"; Technology Neutral; Freeze Account

The Path and Optimization of Credit Supervision for Out-of-School Education and Training Institutions in China   Zhang Yu / 122

Abstract: The use of credit tools to regulate out-of-school education and training institutions is a necessary means to standardize China's out-of-school education and training market and help achieve the policy goal of "double reduction". Credit supervision is essentially a collaborative supervision mechanism of multiple subjects with credit information as the medium of communication, through the four mechanisms of credit information collection, credit profiling, credit evaluation and credit rewards and punishments to dynamically monitor and manage the supervisory objects, the core of which is the effective transmission of credit information. However, there are still problems such as flaws in the quality of credit information and poor circulation of credit information in the operation of the credit supervision mechanism of China's out-of-school education and training institutions. Based on this, the credit supervision of China's out-of-school education and training institutions can be optimized in terms of guaranteeing the truthfulness, accuracy and completeness of credit information, updating credit information in a timely manner, and facilitating the transmission of information.

Keywords: Out-of-school Education and Training; Credit Supervision; Credit Information Transmission; Cooperative Supervision

How to Manage the Exclusive Licensing of Digital Copyright: Origins, Difficulties and Solutions　　　　　　　　　　　　　　　　　　　　　　　　Chen Shenglan, Cui Jialong / 138

Abstract: In the era of "content is king," digital copyright resources emerge as the crucial assets and core advantages for digital content platforms to engage in competition, with exclusive licensing widely employed as a business model. From both market and legal perspectives, it can be observed that exclusive licensing is both reasonable and inevitable. It serves as a form of commercial competition that adapts to market development and is also an inevitable outcome of early deficiencies in China's copyright law system. However, at the same time, exclusive licensing may exclude, limit market competition, and harm consumer interests, necessitating timely intervention by relevant legal regulations. Two representative approaches are proposed: "mandatory collective management" and "mandatory facility access obligation." The former is deemed too radical and inconsistent with China's national conditions, while the latter does not meet the relevant criteria and violates market principles, and both should not be adopted. In light of this, the regulation of exclusive copyright licensing in China may adopt a path of integrating public and private law governance. On the one hand, conditional exclusive licensing should be permitted, and a trust mechanism for collective management should be restructured. On the other hand, the antitrust legal analysis framework should be optimized, and protective remedies should be prioritized for exclusive licensing with weaker anti-competitive effects. This dual approach aims to establish a collaborative regulatory framework that safeguards the normative, legal development of the market economy through regularized governance.

Keywords: Digital Copyright Exclusive Authorization; Compulsory Collective Management; Necessary Facilities Theory; Legal Integration Management

Evolution, Cause and Platform Regulation for Fake Online Sales, Reviews and Credit in Electronic Commerce　　　　　　　　　　　　　　　　　Lin Weiceng / 161

Abstract: Market competition becomes complex because hype from traditional market evolves into fake online sales, reviews and credit in Internet market. By distorting the supply of information, affecting consumer psychology and choices, fake online sales, reviews and credit has caused adverse competition in online market, which attributes toeconomic ration of businessman and insufficiency of information for consumer decision. While 2017 competition law of China has been reformed and added relevant terms to fill regulation gap and refine responsibility, it still need to be improved because of difficulty in start of accountability, high costandlack of deterrence. To achieve an orderly rational balance of competition in the Internet market, it could be effective to establish a workable supervision system from multiple subjects, raise the qualification threshold for evaluation subjects, improve filter system and punish false reviews by platform to sufficiently restrain fake online sales, reviews and credit and restore balance of Internet market order.

Keywords: Fake Online Sales, Reviews and Credit; Information Supply; Data Malfunction; Platform Regulation

Necessity and Implementation Approach of ESG System Construction for Non-listed Companies　　　　　　　　　　　　　　　　　　　　　　　　　　　　　　Cao Zheng / 175

Abstract: Environmental, social, and corporate governance (ESG) has attracted widespread attention. Non-listed companies should also recognize that ESG is a powerful lever for achieving sustainable development and a necessary requirement for responding to the national agenda of high-quality economic development. In order to provide non-listed companies with the motivation and capability to implement ESG, it is necessary to address the current challenges which they faced in ESG system construction, such as the lack of legal regulations, financial constraints, and absence of information disclosure mechanism, through hierarchical legalization of ESG, reasonable incentive policies, and differentiated disclosure systems.

Keywords: ESG; Non-listed Companies; Sustainable Development; Information Disclosure

High Quality Economic Development Requires Innovation in Economic Rule of Law
　　——Summary of the 2023 Annual Conference of the Economic Law Association of China Law Society　　　　　　　　　　　　　　　　　　　Chen Bing, Dong Siyan / 191

Abstract: The current world is accelerating its evolution, and the international power balance is undergoing profound changes. China's economic development is facing triple pressures of demand contraction, supply shock, and weakened expectations, which pose new and higher requirements for accelerating the development of the digital economy. Historically, the development of China's economic law has experienced two important opportunities of reform and opening-up and the establishment of the socialist market economic system. Now the digital economy may become the third important opportunity. The development of the digital economy is directly related to the high-quality development of the economy and the smooth realization of the development goal of Chinese path to modernization. This annual meeting of economic law, with the theme of "Responding to the challenges of the development of economic law in the digital era", focuses on the basic theory of economic law, competition law in the digital age, fiscal and financial innovation in the digital era, artificial intelligence governance, data rule of law and other fields of the latest trends, and further promotes the improvement of relevant systems and deepening of theoretical research in the digital economy.

Keywords: Rule of Law in the Digital Economy; Competition law; Finance and Taxation; Artificial Intelligence Governance; Rule of Law for Data

约稿函

《数字经济与法治》是南开大学竞争法研究中心主办的以数字经济与法治发展前沿为主题的学术集刊,由社会科学文献出版社周期出版,一年两辑。

本刊以中国为观照、以时代为观照,立足中国实际,解决中国问题,面向全球与未来,聚焦世界数字经济与法治领域研究前沿,关注多维度、多学科、多规则、多工具下的理论认知与实践经验,致力于对数字经济发展及其法治化展开全面、系统、前沿研究,推进数字中国建设的整体性、系统性、协同性,总结数字经济与法治共益发展的实践规律,推动具有新时代特征、立足新发展格局的中国数字法学学科体系、学术体系、话语体系的建设与完善。

《数字经济与法治》现面向国内外学术界和实务界公开征稿,诚邀各界人士不吝赐稿!

一 征稿范围

包括但不限于以下相关主题:

1. 数字经济发展与中国式现代化建设

2. 数字中国建设的基础理论与法治前沿

3. 数字经济与法治共益发展的基础理论与实践

4. 数字经济发展中要素治理的理论与实践

5. 数字经济竞争与治理中的国际合作

6. 数字经济、数字政府、数字社会治理的前沿问题

7. 数字司法、数字检察、数字监管中的理论与实践

二 栏目设置

(一) 名家观点

本栏目将邀请权威知名专家学者,刊登其在数字经济领域内具有基础性、创新性的文章、笔谈等。

(二) 数字法治专题

本栏目将定期总结归纳数字经济与法治领域的核心问题,包括但不限于数据、算法、人工智能等前沿热点问题,鼓励师生围绕上述问题以多元视角展开剖析与说理,以达致准确把握、精确分析、最终有效解决问题的目的。

(三) 国际视野

本栏目旨在及时反映国际数字经济与法治发展动态,认真研究现有国际规则,遵循国际法治发展规律,引进国际经验,对接国际市场,借助国际法治的预见性、稳定性和强制性,为数字经济与法治发展创造新机遇。

（四）实务研究

法律实务是推动法治进程的重要元素，法律工作者在实务工作中办理案件的经验则是法学发展不可或缺的宝贵资源。本栏目旨在集合法律实务人员的智慧，以期为法学理论提供源源不断的经验支撑。

（五）青年沙龙

本栏目为青年学者积极搭建平台，促进数字经济与法治学脉学统和优良学风的薪火相传，助力数字经济与法治的健康持续发展。

三　原创性要求

投稿论文原则上要求未公开发表在其他期刊上，作者应确保论文的原创性和前沿性，符合学术规范。所载文章，均由作者授予自发表之日起一年的专有使用权。刊稿仅反映作者个人的观点，不代表主办单位的立场。

四　格式要求

（一）文稿体例

文稿由题目、摘要、关键词、正文和注释构成。需同时提供英文版的题目、摘要和关键词。摘要在300字左右；关键词3~6个。稿件字数一般不少于1.5万字。

正文采用宋体、五号字、首行缩进两个字符、1.5倍行距。

（二）基金项目

如果文稿得到基金项目的资助，请在首页下脚注释中标明资助背景，包括基金项目的类别、名称、批准号，感谢语尽量简化。

（三）作者简介

文稿应在文章首页下脚注释按如下顺序标明作者信息：姓名、单位、职称（职务）、研究方向等。作者通常仅标明所在单位及技术职务，同一作者原则上只标明一个工作单位，最多不超过两个。

作者的联系地址、邮编、联系电话、电子信箱等内容放在文末单独附页，不作为文章内容，为方便联系作者使用，应单独统计。

（四）各级标题

文稿标题应层次分明，标题前的数字按不同级别依次使用：文内体例顺序一般采用：一、（一）、1.、（1）、①、A.、a.；其中标题一的样式采用四号字体、黑体、加粗、首行缩进两个字符；标题二的样式采用小四号字体、宋体、加粗、首行缩进2个字符；标题三以下的标题采用五号字体、宋体、首行缩进两个字符。

（五）注释体例

参见《法学引注手册》。

五　投稿方式

本刊投稿采用电子邮箱投稿。

投稿邮箱：szjjfz@nankai.edu.cn。

作者需提交 word 版本和 pdf 版本稿件各一份。编辑部将对论文进行初步审核，初审不超过 10 个工作日，初审通过后，将对稿件进行外审，根据外审意见，提交编辑会决定是否录用，整个审稿周期不超过 45 个工作日。本刊不收取审稿费、版面费等任何费用。稿件一经录用，即付薄酬，对高质量稿件，采取优稿优酬。

《数字经济与法治》编辑部

图书在版编目(CIP)数据

数字经济与法治.2024年.第1辑:总第2辑/陈兵主编.--北京:社会科学文献出版社,2024.5
ISBN 978-7-5228-3672-0

Ⅰ.①数… Ⅱ.①陈… Ⅲ.①信息经济-中国-丛刊②互联网络-科学技术管理法规-中国-丛刊 Ⅳ.①F492-55②D922.174-55

中国国家版本馆CIP数据核字(2024)第101806号

数字经济与法治 2024年第1辑(总第2辑)

主　　编／陈　兵

出 版 人／冀祥德
组稿编辑／任文武
责任编辑／郭　峰
责任印制／王京美

出　　版／社会科学文献出版社·生态文明分社(010)59367143
　　　　　地址:北京市北三环中路甲29号院华龙大厦 邮编:100029
　　　　　网址:www.ssap.com.cn
发　　行／社会科学文献出版社(010)59367028
印　　装／三河市龙林印务有限公司
规　　格／开本:787mm×1092mm 1/16
　　　　　印张:14.25 字数:233千字
版　　次／2024年5月第1版 2024年5月第1次印刷
书　　号／ISBN 978-7-5228-3672-0
定　　价／88.00元

读者服务电话:4008918866

版权所有 翻印必究